卓越法律人才培养
民商事法学系列教材

总主编 李少伟 张翔

担保法实训教程

A Practical Training Course in Guarantee Law

主 编 | 赵林青

撰稿人 | 赵林青 朱启莉
以撰写章节先后为序 | 付颖哲 陈凌云

法律出版社
LAW PRESS · CHINA

总　　序

2011年12月23日，教育部和中央政法委员会发布《关于实施卓越法律人才教育培养计划的若干意见》（教高〔2011〕10号，以下简称《意见》）。《意见》针对我国法律人才培养中所存在的突出问题，决定实施卓越法律人才教育培养计划，并明确了卓越法律人才教育培养的指导思想、总体目标、主要任务、工作措施等，其中也提出了教材建设的任务。

西北政法大学承担着全部三个类型的卓越法律人才教育培养的重要任务，民商法学院则担负着全校卓越法律人才培养的民商事实体法学和程序法学的教学任务。五年来，围绕卓越法律人才的教育培养，我们开展了一系列教学改革研究和实践，其中也包括教材改革和建设。"卓越法律人才培养民商事法学系列教材"就是在法律出版社的大力支持下推出的我院教材改革和建设的成果。

该套系列教材是我们在认真研究、深入领会《意见》精神，总结多年课程教学经验、吸收教学改革成果的基础上，组织学术水平较高、教学经验丰富的教师编写完成的。为了实现《意见》的总体目标和要求，我们试图通过此套系列教材达到两个基本目的：一是深化、扩展和丰富民商事实体法学和程序法学的教学内容；二是体现理论与实践的结合，培养学生的法律专业技能或实务操作能力。

我们计划编写和出版的教材有：侵权法实训教程、担保法实训教程、公司法实训教程、证券法实训教程、票据法实训教程、破产法实训教程、保险法实训教程、非诉讼纠纷解决机制（ADR）实训教程、律师公证实训教程、民事案例研习、商事案例研习、家事案例研习、民事诉讼案例研习、民事执行学、仲裁法学、中国司法制度、法律职业道德等。

这套系列教材的出版，既是我院围绕卓越法律人才培养所进行的教学改革的阶段性成果的体现，更是一种新的尝试，其中难免有欠妥适之处，诚望同仁和读者不吝指正。

编 者

2016 年 6 月

作 者 简 介

赵林青 法律硕士,教授、硕士生导师、西北政法大学民商法学院民法学教研室主任。主要社会兼职有:陕西省法学会民法学研究会常务理事、陕西省职业警官学院兼职教授、西安市中级人民法院专家咨询委员会委员、西安市雁塔区法院专家咨询委员会委员、汉中市仲裁委仲裁员、陕西法智律师事务所兼职律师。出版专著《民法总论法理研究》《债因制度法理研究》《知识产权的利用与保护及法律规制》三部,分别在《法学杂志》《法律适用》《人大复印资料民商法学》《西北大学学报》等专业期刊上发表专业论文四十余篇,主编和参编《民法学》《民法学教程》《民事案例评析》等多部教材。主要研究方向:民法学、知识产权法学。

朱启莉 法学博士,副教授、硕士生导师、西北政法大学民商法学院专职教师、陕西云德律师事务所兼职律师。分别在《当代法学》《江西社会科学》《河北法学》《人大复印资料民商法学》等刊物上发表专业学术论文二十余篇,参编多部教材。主要研究方向:民法学、知识产权法学。

付颖哲 法律博士,副教授、硕士生导师、西北政法大学民商法学院民法学教研室教师。主要社会兼职有:陕西省法学会民法学研究会理事。出版专著《外国判决承认与执行制度研究》,分别在《德国研究》《西部法学评论》《华东政法大学学报》等专业期刊上发表专业论文、译著十余篇,主编和参编《合同法教程》《国际私法教程》《民事案例评析》等多部教材。主要研究方向:民法学、国际私法学。

陈凌云 法学博士,副教授、西北政法大学侵权法研究所副所长、土地与物权法研究所副所长,陕西省法学会民法学研究会副秘书长,陕西省法学会婚姻家事法研究会常务理事。在《环球法律评论》《当代法学》《黑龙江省政法管理干部学院学报》等核心期刊发表论文十余篇。主持并完成中国法学会、陕西省教育厅、陕西省社科联等多个项目。主要研究方向:民法学、家事法学。

编 写 说 明

担保法是民商法的重要组成部分,它对促进资金融通和商品流通、保障债权的实现、发展市场经济具有其他制度不可替代的作用。为了适应担保法教学需要,我们组织编写了《担保法实训教程》。本教程力求全面、系统、准确地介绍担保法的基本理论和基本制度,在学理上注重通说,并注意吸收近年来担保法学术研究的新成果。为使读者能够运用担保法知识分析现实中的法律问题,加强对担保法知识的运用能力,本教程在每章后列有司法考试题目、案例分析训练、思考和拓展阅读的内容,引导学生扩大阅读,思考问题,在应用中加深对所学知识的理解和记忆。

本书是集体合作的成果,由赵林青担任主编,朱启莉、付颖哲、陈凌云撰写完成。初稿完成后,由赵林青统稿和定稿。

各章节的撰写分工如下(以撰写章节先后为序):

赵林青 第一章;

朱启莉 第二章、第七章;

付颖哲 第三章、第四章;

陈凌云 第五章、第六章。

编 者

2017 年 9 月

主要法律法规及司法解释缩略语表

全　称	缩略语
《中华人民共和国民法总则》	《民法总则》
《中华人民共和国物权法》	《物权法》
《中华人民共和国担保法》	《担保法》
《中华人民共和国企业破产法》	《企业破产法》
最高人民法院《关于适用〈中华人民共和国担保法〉若干问题的解释》	《担保法解释》
最高人民法院《关于适用〈中华人民共和国婚姻法〉若干问题的解释(一)》	《婚姻法解释(一)》
最高人民法院《关于适用〈中华人民共和国企业破产法〉若干问题的规定(二)》	《企业破产法解释(二)》
最高人民法院《关于适用〈中华人民共和国破产法〉若干问题的规定(二)》	《破产法解释(二)》
最高人民法院《关于审理民事案件适用诉讼时效制度若干问题的规定》	《诉讼时效规定》
最高人民法院《关于适用〈中华人民共和国民事诉讼法〉的解释》	《民事诉讼法解释》
最高人民法院《关于适用〈中华人民共和国物权法〉若干问题的解释(一)》	《物权法解释(一)》
最高人民法院《关于审理买卖合同纠纷案件适用法律问题的解释》	《买卖合同解释》
最高人民法院《关于审理民间借贷案件适用法律若干问题的规定》	《民间借贷司法解释》

目　　录

第一章　担保法总论

｜本章导语｜

担保法是规范担保关系的法律规范的总称，适用于为债权所设立的担保。债权的担保方式很多，不同担保方式的效力不同。学习本章应重点掌握担保的含义和特点、担保的分类和效力。

第一节　担保概述

本节主要明确担保的概念及其特点。

一、担保的概念和特征

债的担保，是指促使债务人履行其债务，保障债权人的债权得以实现的法律措施。

债的担保有一般担保与特别担保之分。[1] 债的一般担保，是指债务人必须以其全部财产作为履行债务的总担保。它不是特别针对某一项债务，而是面向债务人成立的全部债务。此种担保在保障债权实现方面有明显弱点，即在债务人没有责任财产或责任财产不足的情况下，债权人的债权便全部不能或不能全部实现。债的特别担保，即通常所言之担保，是指以特定人的一般财产或者一般人的特定财产所设立的以确保债权实现和债务履行为目的的担保。

债的担保是为保障债权的实现而设立的，它具有如下不同于其他民事权利

---

〔1〕 王利明：《合同法研究》，中国人民大学出版社2002年版，第301页。

制度的属性：

（一）债的担保的从属性

其又称担保的附随性，是指债权担保的成立和存在必须以一定的债权关系的存在为前提。担保的设定都是为既存的债权债务关系而设，或者在债权债务关系成立时同时设定，因此，法律在原则上不允许为不存在的债的关系设定担保。债的担保不能离开一定的债权而独立存在。因而从债权方面来说，担保是一种从权利，从债务方面来看，担保是一种从义务。

（二）债的担保的补充性

这是指债权人所享有的担保权或者担保利益，对于其债权的实现具有补充意义。如依照我国《担保法》第 17 条的规定，一般保证的保证人在主合同纠纷未经审判或者仲裁，并就债务人财产依法强制执行仍不能履行债务前，对债权人可以拒绝承担保证责任。在连带责任保证、抵押、质押、定金的担保人债务履行期届满而债权人没有得到清偿时，担保人才承担担保责任。

（三）债的担保的相对独立性

这是指因担保的成立而发生与其担保的债的关系有别的法律关系。担保的相对独立性主要体现在担保合同的独立性，这表现在：(1)当事人就债的担保须另外达成合意；(2)担保的范围，须当事人另行约定，不必和所担保的债务范围完全相同；(3)由第三人提供担保的，须债权人与第三人另以合同约定；(4)担保可有自己的发生原因、成立要件和消灭原因；(5)担保不成立、无效或者被撤销的，对其所担保的债权债务关系不产生影响。[2]

二、担保的意义

《担保法》第 1 条规定："为促进资金融通和商品流通，保证债权的实现，发展社会主义市场经济，制定本法。"根据这一规定，担保的意义可以概括为以下三个方面：

1. 担保有利于保障债权的实现。债的担保是保障债权实现的特殊措施，尽

〔2〕 张广兴：《债法总论》，法律出版社 1997 年版，第 213 页。

管债的保全制度、民事责任制度具有保障债权人利益的功能,但不能确保特定债权人债权的实现。只有债的担保制度能打破债权人对债务人财产平等受偿的原则,或者扩大债务人承担责任的财产范围,从而使债权的效力增强,使特定债权的实现得到可靠的保障。

2. 担保有利于促进资金融通和商品交流。民法所调整的财产关系有财产归属关系和财产流转关系之分,其中,财产的归属利用关系主要通过物权法调整,而财产的流转关系则主要通过债权法调整。资金融通和商品流通是财产流转关系的具体表现,其法律调整的主要方式就是债。无论是资金的借贷,还是商品的交易,只有债务人有足够的信用,债权人的利益才能得到可靠的保证,债权人才会放心地贷出资金或进行商品交易。而债的担保制度正是增强债务人信用的一种法律措施,从而使债权人能够减少或避免信贷的风险,使交易双方的利益能够得到保障。

3. 担保有利于发展市场经济。市场经济是法治经济、信用经济,其有序、安全的发展,必须有可靠的信用基础。担保有利于保障债权的实现,保障交易的安全,有助于维持正常的市场经济秩序;担保为交易当事人提供了信用保障,促进了交易,而交易的发达正是市场经济发展的表现。

三、担保法概述

担保法有实质意义上的担保法与形式意义上的担保法之分,从形式意义上说,担保法是指以担保法命名的法律,如《担保法》;从实质意义上说,担保法是指调整担保关系的法律规范的总称。实质意义上的担保法不仅包括了形式意义上的担保法,也包括其他法律、法规以及规范性文件中有关担保的法律规范。

担保法还有普通担保法和特殊担保法之分,普通担保法是指民法或担保法中规定的担保制度,如《担保法》和《物权法》中所规定的担保制度。特殊担保法是指其他特别法中规定的担保制度,如《票据法》中关于票据保证的规定,《海商法》中关于船舶抵押权、船舶留置权、船舶优先权的规定,《民用航空法》中关于民用航空器抵押权、民用航空器优先权的规定等,都属于特殊担保法的范畴。

担保法的适用范围是指担保法所规定的担保方式所能适用的领域,《担保法》第 2 条规定:"在借贷、买卖、货物运输、加工承揽等经济活动中,债权人需要以担保方式保障其债权实现的,可以依照本法规定设定担保。"这一规定采取列举与概括的方式明确了担保法的适用范围。同时,为进一步明确担保法的适用范围，最高人民法院的《担保法解释》第1条规定：“当事人对由民事关系产生的债权，在不违反法律、法规强制性规定的情况下，以担保法规定的方式设定担保的，可以认定为有效。”由此可见，只要是因民事关系产生的债权，无论是合同之债还是非合同之债，在不违反法律、法规强制性规定的情况下，都可以适用担保法。

担保法是民商法的一个重要组成部分，各国法律中均有关于担保的规定，但各国所采取的立法模式有所不同。概括来看，担保法的立法模式有两种，一种是在民法典中加以规定，这是大多数国家所采纳的立法模式，但这种立法模式中各国对担保法的体例安排不尽相同，有的国家区别担保的不同性质，将担保法分别规定于民法典的各编中，即将抵押权、质权、留置权担保物权规定于物权法编，将保证、定金规定于债权编中，如德国、日本就采取的这种立法模式；有的国家则将担保的性质不加以区分而将担保法集中规定于债权编中，如俄罗斯、智利就采取的这种立法模式。另一种是制定单独的担保法规定担保问题，如我国。

第二节 担保的分类

本节主要明确依据不同的标准而划分的担保的种类。

一、担保的方式

担保方式又称为担保方法，是指担保人用以担保债权的方法和手段。不同的担保方式，其法律规则存在很大的差别，保障债权实现的功能也不完全一样。从我国《担保法》和《物权法》的规定来看，我国实行的担保方式是法定主义，即担保方式是由法律直接规定的，而不是由当事人任意决定的。尽管担保法实行自愿原则，当事人采取何种担保方式完全由当事人自己决定，但是，当事人只能在法律规定的担保方式中选择自己所需要的担保方式，而不能在法律规定之外另行创设新的担保方式，也就是说当事人对担保方式有选择权但无创设权。担保方式之所以选择法定主义，是由担保的特殊性所决定的：首先，担保是通过第三人的信用或特定的财产保障债权的实现，它不仅涉及债权人、债务人利益，而且涉及第三人的利益，为确保债权的实现以及债务人、第三人的利益，法律有必要通过法定主义的方式对担保方式加以规制；其次，法律对担保方式加以规定，有助于当事人了解不同担保方式下的权利义务关系，有助于当事人根据自己的利益需要选择使用不同的担保方式以保障自己的债权。

二、担保的分类

根据担保方式的不同可将担保分为不同的种类，一般而言主要有以下分类：

（一）人的担保和物的担保

根据担保财产的形式不同，可将担保分为人的担保和物的担保。

人的担保又称信用担保，是指由自然人或者法人以其自身的资产和信誉为他人的债务提供担保，当债务人不履行债务时，则由担保人负责清偿。人的担保的典型方式就是保证，即由作为保证人的第三人与债权人约定，当债务人不履行义务时，保证人负责清偿。保证是一种债的关系，它是以债务人和第三人的信用担保着债权的实现。

物的担保是指由自然人或者法人以其自身的财产为自己或他人的债务提供担保，如债务人不履行债务，债权人可以通过处分作为担保物的财产优先得到清偿。物的担保和人的担保尽管都需要建立一种附属于债权关系的合同关系，即形成担保之债，但两者在担保的性质和内容上迥然相异，从而两者的实现方式也多有不同。物的担保排除了人的信誉的担保能力，唯以一定的财产为担保标的。物的担保一经设定，就赋予债权人一定的物权，具有物权效力。所以，物的担保就是物权担保或者称为担保物权，它已不仅限于债权方面，而主要是物权内容，与用益物权相对应。物的担保形式有抵押、质押、留置。

金钱担保是指担保人以其金钱提供担保。在金钱担保中，担保标的是债务人所提供的一定数额的金钱。在民法里，金钱也是一种特殊的物，因而从本质上说，金钱担保也可归入物的担保之列，属于物的担保的一种特殊形态。但金钱毕竟是一般的等价物，以金钱为标的的担保与以其他物为标的的担保仍存在很大差异，所以，可将金钱担保与物的担保作为两种不同的独立的担保方式，金钱担保的典型形式为定金。

(二)法定担保和约定担保

根据担保发生的依据不同,可将担保分为约定担保和法定担保。

约定担保又称意定担保,是指由当事人双方自行设立的担保。约定担保最大的特点就是具有自愿性,当事人完全依自己的意愿设立担保,担保的方式、条件、范围以及担保权的行使等均由当事人自行约定,任何人不能强迫其担保,也不能以不正当手段使他人提供担保。约定担保是担保的最主要、最常见的担保形式,如保证、抵押、质押、定金均为约定担保。

法定担保是指根据法律直接规定产生的担保,法定担保具有法定性,担保的条件、担保的当事人、担保的范围、担保的适用范围等均由法律规定,而无须当事人约定。因此,只要具备了法律所规定的条件,法定担保即可产生,并须按照法律规定行使法定担保权,如留置权。

(三)债务人担保和第三人担保

根据提供担保的担保人不同,可将担保分为债务人担保和第三人担保。

债务人担保又称本人担保,是指由债务人本人作为担保人的担保。在债务人担保中,主债权债务的当事人与担保关系的当事人是同一的,主债权的债权人就是本人担保中的担保权人,主债权中的债务人就是本人担保中的担保人。债务人担保不涉及第三人,故担保的法律构成、当事人之间的权利义务关系比较简单。实践中,留置、定金只能是本人担保,而抵押、质押则可以是本人担保。

第三人担保又称他人担保,是指由债务人之外的第三人作为担保人的担保。在第三人担保中,主债权的债务人与担保人是不同的人,担保人由债务人之外的第三人担任,因此,这种担保的法律构成、当事人之间的权利义务关系要比本人担保复杂得多。在第三人担保中,担保人在承担了担保责任后,有权向债务人追偿。实践中,保证只能是第三人担保,而抵押、质押也可以是第三人担保。

(四)单一担保和混合担保

根据担保方式不同,可将担保分为单一担保和混合担保。

单一担保是指由一种担保方式所提供的担保,如对同一债权,担保人只提供保证担保或者只提供抵押、质押担保。在单一担保中,当事人之间的关系相对比较简单,不涉及多个担保方式下的担保权的行使顺序问题。

混合担保是指由两个以上担保方式所提供的担保,如对同一债权,既有保证担保,又有抵押担保或者质押担保。因存在多种担保方式,就会涉及不同担保方式下的担保权的行使顺序和担保人之间的追偿问题。例如,《担保法》第28条第1款规定:"同一债权既有保证又有物的担保的,保证人对物的担保以外的债权承担保证责任。"《担保法解释》第38条第1款规定:"同一债权既有保证又有第三人提供物的担保的,债权人可以请求保证人或者物的担保人承担担保责任。当事人对保证担保的范围或者物的担保范围没有约定或者约定不明的,承担了担保责任的担保人,可以向债务人追偿,也可以要求其他担保人清偿其应当分担的份额。"《物权法》第176条规定:"被担保的债权既有物的担保又有人的担保的,债务人不履行到期债务或者发生当事人约定的实现担保物权的情形,债权人应当按照约定实现债权;没有约定或约定不明确,债务人自己提供物的担保的,债权人应当先就该物的担保实现债权;第三人提供物的担保的,债权人可以就物的担保实现债权,也可以要求保证人承担保证责任。提供担保的第三人承担担保责任后,有权向债务人追偿。"

(五)单独担保和共同担保

根据担保人的人数或担保物的数量,可将担保分为单独担保和共同担保。

单独担保是指担保人为一人或担保物为一物的担保,如对同一债权,保证人一人提供保证担保,抵押人或者质押人以一物设立抵押担保或质押担保。单独担保仅涉及担保人与债权人、债务人之间的关系,不涉及担保人之间的关系。

共同担保是指担保人为两人以上或担保物为两物以上的担保,如保证人为两人以上的共同保证,担保物为两物以上的共同抵押或共同质押。在共同担保中,由于担保人或担保物较多,因而更有利于债权的受偿。《担保法》第12条规定:"同一债务有两个以上保证人的,保证人应当按照保证合同约定的保证份额,承担保证责任。没有约定保证份额的,保证人承担连带责任,债权人可以要求任何一个保证人承担全部保证责任,保证人都负有担保全部债权实现的义务。已经承担保证责任的保证人,有权向债务人追偿,或者要求承担连带责任的其他保证人清偿其应当承担的份额。"《担保法解释》第75条规定:"同一债权有两个以上抵押人的,当事人对其提供的抵押财产所担保的债权份额或者顺序没有约定或约定不明的,抵押权人可以就其中任一或者各个财产行使抵押权。抵押人承担担保责任后,可以向债务人追偿,也可以要求其他抵押人清偿其应当承担的份额。”

(六)典型担保和非典型担保

根据法律上有无明确规定,可将担保分为典型担保和非典型担保。

典型担保又称为规则担保,是指法律上明确规定的、规则明确的担保方式。典型担保的范围如何,取决于法律的规定,只有由法律明确规定为担保方式的担保,才能称为典型担保,如我国的保证、抵押、质押、留置和定金。

非典型担保又称非规则担保,是指法律上没有明确规定为担保、不具有典型意义的担保方式,如让与担保、所有权保留等。让与担保是指债务人或第三人为担保债务的履行,将一定的财产权利移转于债权人,在债务人履行债务后,债权人将标的物返还给担保人,在债务不履行时,债权人得就该标的物优先受偿的一种担保方式。所有权保留是指当事人双方约定以保留物的所有权来担保价款债务履行的一种担保方式。

第三节　担保的设立

本节主要明确约定担保设立的过程和担保合同的内容。

一、担保的设立

担保的设立也即担保的设定,是指当事人通过协商设立担保关系,法定担保无须当事人设立,所以所谓的担保的设立仅仅是指约定担保,也即当事人协商设立担保而达成的担保合同。

二、担保合同的订立

担保合同和其他合同一样,其订立要经过要约和承诺两个阶段。

(一)要约

1. 要约的概念

要约,在现实生活中被称为发盘、发价、报价、出价等,它是一方当事人以缔结合同为目的,向对方提出合同条件,希望对方接受的意思表示。提出要约的一方称为要约人,受领要约的一方为受要约人。要约可以采取书面的形式作出,也可以以口头或行为的方式作出。

2. 要约的构成要件

根据《合同法》第 14 条及其相关规定,要约应当符合下列要件:

(1)要约必须是特定人作出的意思表示。要约是向他人发出并希望他人作出承诺的意思表示,只有要约人特定,受要约人才能对之作出承诺。这里的"特定人",是指从外界能客观确定的人,既可以是本人也可以是本人的代理人;该特定的要约人既可以是自然人、法人,也可以是其他组织。

(2)要约应向要约人希望与之订立合同的相对人发出。合同是特定人之间设立、变更、终止民事法律关系的协议,要约人有选择订立合同相对人的自由,要约人向希望与之订立合同的特定相对人发出要约,才能实现订立合同的目的。要约是向要约人希望与之订立合同的相对人发出的,这一特点决定了要约人的相对人通常是特定的,该特定的人既可以是一人,也可以是数个人。要约原则上应向特定的相对人发出,并不是说要约不能向不特定人发出。在某些特定的情况下法律允许向不特定的人发出要约,而且只要要约人愿意向不特定人发出要约并自愿承担相应后果,法律也会承认其效果。

(3)要约的内容必须具体确定。要约的内容应当具体、确定,是指要约必须具备合同的基本条款,通过这些条款,能够在当事人之间形成较明确的债权债务关系。也就是说,要约的内容需达到一旦被受要约人全盘接受即告合同成立的明确程度,要约的内容必须使受要约人足以了解将来可能成立合同的主要内容,以供受要约人考虑是否承诺。如果要约人发出的意思表示只包含订立合同的意向,而未提出合同内容的主要条款,则不能成立要约。

(4)要约必须具有订立合同的目的。要约人向相对人发出的意思表示必须具有订立合同的主观目的才能构成要约。不是以缔结合同为目的的行为,尽管表达了当事人的真实意愿,也不是要约。是否以缔结合同为目的,是要约与要约邀请的主要区别。那些意思表示不具体、不确定且不期望自己马上受该种意思表示约束的就不是要约,而是要约邀请。要约邀请,又称为要约引诱,其目的虽然也是为了订立合同,但它本身并不是一项要约,而是希望他人向自己发出要约的意思表示。根据《合同法》第 15 条的规定,寄送价目表、拍卖公告、招标公告、招股说明书、商业广告等均为要约邀请。要区分要约与要约邀请,一般可以考虑如下几个方面：第一，当事人的意愿。要约中包含当事人受要约拘束的意思，而要约邀请只是希望对方主动向自己提出订立合同的意思表示。如果当事人在订约的建议中标注了“须以我方的最后确认为准”或“仅供参考”，则该提议为要约邀请。第二，法律的规定。法律如果明确规定某些行为为要约邀请，应当参照法律的规定作出区分。例如，我国法律已经规定寄送价目表、拍卖公告、招标公告、招股说明书、商业广告等均为要约邀请。第三，订约的提议是否包含合同的主要条款。如果订约的提议包含了合同的主要条款则为要约；如果不包含主要条款，则为要约邀请。第四，提议的相对人是否特定。向不特定人发出的大多是要约邀请，向特定人发出则更有可能为要约。第五，交易习惯以及当事人的历来交易做法。

(5)要约必须表明经受要约人承诺，要约人即受该意思表示的约束。要约的这种意思是以追求合同的成立为直接目的的，要约的目的就是引发当事人的承诺，因此要约在获得对方的承诺后，合同即可成立，要约人就要受到此意思表示的约束，不得擅自变更、撤销。

3. 要约的法律效力

行为人发出的订立合同的意思表示符合要约构成要件时，就会产生相应的法律效力。要约的效力主要为要约对要约人和受要约人的法律拘束力，涉及要约的生效时间、对受要约人与要约人的效力等问题。

(1)要约的生效。关于要约的生效时间，须区分以对话形式发出的要约和以非对话形式发出的要约两种情况。以对话形式发出的要约，一经要约人作出意思表示，受要约人即能知悉，要约就产生效力；对于非对话形式发出的要约的生效时间，在各国立法中有发信主义与到达主义两种确定原则。

发信主义，是指要约人发出的要约不问受要约人是否收到，只要处于要约人控制范围之外时都发生法律效力，如要约信件的付邮，要约电报、电传、传真等发出。英美法系国家多采用该原则。到达主义，又称为收信主义，即要约必须送达受要约人、其代理人或者受要约人所能控制的地方才能生效的原则。当下主流观点认为，到达主义比发信主义更为合理，因为只有受要约人收到要约后，才能知悉要约的内容，此时要约发生法律效力，更合乎常理。基于此种原因，我国《合同法》采取了到达主义的原则，其第16条规定：“要约到达受要约人时生效。”“采用数据电文形式订立的合同，收件人指定特定系统接受数据电文的，该数据电文进入该特定系统的时间，视为到达时间；未指定特定系统的，该数据电文进入该收件人的任何系统的首次时间，视为到达时间。”

（2）对要约人的效力。要约对要约人的效力，又称为要约的形式效力，指要约一经生效，要约人即受该要约的拘束，不得随意撤回、撤销或对要约加以限制、变更或者扩张。但根据《合同法》的规定，在要约到达受要约人之前可以撤回要约，在符合法律规定的条件下，可以撤销要约。

（3）对受要约人的效力。要约对受要约人的拘束力，又称要约的实质拘束力，是指受要约人在要约生效时取得承诺的资格或地位。

（二）承诺

1. 承诺的概念

承诺是指受要约人根据要约规定的方式，对要约的内容加以同意的一种意思表示。对此，我国《合同法》第 21 条规定，承诺是受要约人同意要约的意思表示。承诺的意思表示可以采取向要约人发出声明的方式，也可以用其他行为来表示同意。要约一经承诺，合同即告成立。对于当事人作出承诺的具体方式，我国《合同法》规定：“承诺应当以通知的方式作出，但根据交易习惯或者要约表明可以通过行为作出承诺的除外。”按照德国民法学的通说，将自动售货机陈列在公共场所，便意味着向每一个投入了所要求的钱币的人发出以自动售货机现有存货为限的订立买卖合同的要约。而按规定程序往自动售货机里投钱币并按了相应的确认键的人，即以可推断的行为承诺了该要约，从而使他与自动售货机陈列者之间的合同成立。[3]

2. 承诺的要件

承诺必须具备以下的要件：

（1）承诺必须由受要约人或者其代理人作出。要约是由要约人向受要约人作出的订立合同的意思表示，因此，承诺只能由取得承诺资格的受要约人或者其代理人作出。任何第三人对要约作出同意的意思表示都不能构成有效的承诺。

（2）承诺必须向要约人或其代理人作出。承诺是受要约人同意要约的意思表示，因此承诺只有向要约人作出才会发生订立合同的法律效果。承诺既可以向发出要约的本人作出，也可以向其代理人作出。

---

〔3〕 陈卫佐：《德国民法总论》，法律出版社 2007 年版，第 207 页。

(3)承诺的内容应当与要约的内容一致。承诺是受要约人根据要约的内容与要约人订立合同的一种意思表示,承诺的内容应当与要约的内容相一致。如果受要约人在承诺中将要约的内容加以扩充、限制或变更,从原则上讲就不是承诺,而是一项反要约。我国《合同法》第30条规定:“承诺的内容应当与要约的内容一致。”承诺的内容与要约相一致的要求,在英美合同法中被称为镜像规则(mirror image rule)。镜像规则要求承诺就像对着镜子反射一样与要约取得一致。但随着社会的发展,交易获得扩展,为促进交易,提高效率,现在各国合同的立法与实践都采取了更为灵活的态度。我国《合同法》将要约的内容分为实质性内容和非实质性内容。承诺对要约实质性内容的进行变更的,为新的要约;承诺对要约的非实质性内容进行变更的,除非要约人及时反对,原则上该承诺仍为合格的承诺,发生承诺的法律效力。根据《合同法》第30条的规定,有关合同标的、数量、质量、价格或者报酬、履行期限、履行地点和方式、违约责任和解决争议的方法等的变更,构成对要约的实质性变更。

(4)承诺必须在要约的存续期间内作出。我国《合同法》第23条第1款规定:“承诺应当在要约人确定的期限内到达要约人。”受要约人只有在要约确定的承诺期限内到达要约人才能发生订立合同的法律效果。逾期作出的同意要约的意思表示不是承诺,如果符合要约条件,可视为新要约。

要约人明确确定承诺期限的,承诺应当在确定的期限内到达要约人。如果要约没有明确承诺期限的,根据我国《合同法》第23条第2款的规定,承诺应当依照下列规定到达:第一,要约以对话方式作出的,应当即时作出承诺,但当事人另有约定的除外;第二,要约以非对话方式作出的,承诺应当在合理期限内作出。对于承诺期限的起算,我国《合同法》第24条规定:“要约以信件或者电报作出的,承诺期限自信件载明的日期或者电报交发之日起计算。信件未载明日期的,自投寄该信件的邮戳日期开始计算。要约以电话、传真等快速通讯方式作出的,承诺期限自要约到达受要约人时开始计算。”

(5)承诺的方式必须符合要约的要求。根据我国《合同法》第22条规定,承诺原则上应当采取通知的方式,但根据交易习惯或者要约表明可以通过行为作出承诺的除外。如果要约人在要约中对承诺的作出方式作出了具体的规定,则受要约人只有按照要约中规定的方式作出承诺才能发生承诺的效力。例如,要约中指定必须以电报或电传的方式作出承诺,受要约人在承诺时就不能采取平信或空邮的方式作出承诺。

3. 承诺的效力

我国《合同法》第 25 条规定，承诺生效时合同成立。因此，承诺生效，意味着受要约人完全接受要约的意思表示，订立合同的过程结束，要约人与受要约人之间形成合同法律关系，任何一方都要受到合同法律关系的拘束。由于承诺的生效标志着合同的成立，因此承诺生效的时间点决定了合同成立的时间点；承诺生效时的地点也决定了合同成立的地点，对法律管辖权的确定与选择法律的适用均意义重大。对于承诺生效的时间点，我国《合同法》第 26 条规定，"承诺通知到达要约人时生效。承诺不需要通知的，根据交易习惯或者要约的要求作出承诺的行为时生效"。

在担保合同的订立中，担保人向债权人提出的提供担保的意思表示构成要约，债权人接受担保人提出的提供担保的意思表示为承诺，双方意思表示一致，担保合同成立，否则，担保合同不成立。

三、担保合同的主体

在担保合同中，合同主体是担保权人和担保人，担保权人是在担保合同中享有担保权利的一方，由于担保是保障债权实现的法律制度，所以担保权人只能是主债的债权人。担保人是为主债权提供担保、承担担保责任的一方，在本人担保中，担保人只能是主债务人，如定金担保；在第三人担保中，担保人只能是主债务人之外的第三人，如保证担保。当然，有些担保既可以是本人担保，也可以是第三人担保，因此担保人既可以是主债务人，也可以是主债务人之外的第三人，如抵押担保或质押担保。

四、担保合同的内容和形式

担保合同的内容是指担保合同的条款，《担保法》第 93 条规定："本法所称保证合同、抵押合同、质押合同、定金合同可以是单独订立的书面合同，包括当事人之间的具有担保性质的信函、传真等，也可以是主合同中的担保条款。"一般而言，担保合同应当具备以下条款：(1) 担保合同的当事人；(2) 担保方式；(3) 被担保的主债权及其范围；(4) 债务人履行债务的期限；(5) 担保人的担保责任；(6) 当事人认为需要约定的其他有关事项。

从《担保法》和《物权法》的规定来看，担保合同应当采用书面形式，但当事人没有采用书面形式的担保合同并不会仅因书面形式的欠缺而无效。

第四节 担保的效力

本节主要明确担保合同的有效条件、担保合同的无效及其法律后果和担保合同的法律效力。

一、担保合同的有效条件

担保合同是一种双方法律行为，其有效条件包括：

1. 当事人具有相应的民事行为能力。这是法律行为有效的主体要件，法律行为要有效，其主体必须符合法律的要求，即主体要适格。这就要求行为人必须具有与其所实施的法律行为相适应的行为能力。行为能力是民事主体能够以自己的独立行为取得民事权利和承担民事义务的能力或资格，其实质是行为人能够理解其行为性质、预见其行为后果利害的意思能力。没有行为能力，意味着行为人不具有与其实施的法律行为相适应的意思能力，也就不能以自己的行为去取得民事权利承担并民事义务。因此，行为人具有相应的行为能力是法律行为有效的首要条件。

所谓“相应的”民事行为能力，是指行为人的民事行为能力同其所为的法律行为要相适应。作为担保人，均需具有担保能力。就人的担保而言，担保人不仅须具有民事行为能力，而且还需具有可为保证人的资格，凡是法律规定不得为保证人的，不具有为保证人的资格，如国家机关、学校、医院等以公益为目的的事业单位、社会团体等就不具有保证人的资格。就物的担保而言，担保人不仅须具有民事行为能力，而且还须对担保财产具有处分能力。如果法律对担保人的资格有特殊要求的，担保人只有具备了这种资格，才能具有担保能力，如对外担保。

如果担保合同中的担保人是法人或其他组织的，其法定代表人或负责人不能超越权限订立担保合同。《担保法解释》第11条规定：“法人或其他组织的法定代表人、负责人超越权限订立的担保合同，除相对人知道或者应当知道其超越权限的以外，该代表行为有效。”如果担保合同是通过代理人订立的，须符合有效代理的规定。

2. 当事人的意思表示真实。这是法律行为有效的意思表示要件，所谓意思表示真实，就是意思表示无瑕疵，是指行为人表现于外部的意思与其内心意思或真实意愿是一致的。

法律行为的基本要义在于表意人可依其意思表示而发生一定私法上的效果。[4] 意思表示真实而无瑕疵是法律行为发生效力的必备要件，这样才能实现表意人依私法自治原则而创设私法关系的目的。担保合同是当事人意思表示一致的结果，而且是自愿协商的结果，因此，担保合同当事人的意思表示必须真实。至于担保合同当事人的意思表示不真实，应当依《合同法》关于可撤销合同的规定和《民法总则》关于可撤销法律行为的规定处理，如果当事人一方行使撤销权，则担保合同无效。《担保法解释》第 41 条规定："债务人与保证人共同欺骗债权人，订立主合同和保证合同的，债权人可以请求人民法院予以撤销。"

3. 不违反法律或社会公共利益。这是法律行为有效的标的或内容要件，法律行为要有效，其标的或内容必须符合法律的要求。担保合同不得违反法律的规定或社会公共利益，主要是指担保合同的内容、目的需合法，如果担保合同的内容、目的违反法律、法规的规定，违反社会公共利益和社会公德，则担保合同无效，如以法律禁止抵押、质押的财产设立担保的，担保合同即因违法而无效。

二、担保合同的无效及法律后果

（一）无效的法律行为及其法律后果

1. 无效法律行为的概念和特征

无效法律行为是指法律行为欠缺法律行为的有效要件，根本不能产生当事人意思表示欲求的民事法律效果，在法律上确定、当然、完全不发生法律效力的法律行为。无效法律行为是相对于有效法律行为而言的，它是指法律行为虽然已经成立，但因欠缺法律行为的有效要件，因而被确认无效。至于欠缺何种要件时法律行为将被确认为无效，这是由法律所明文规定的。从学理上而言，一般认为无效法律行为的确定标准是涉及违反社会利益或损害公益的行为。[5]

无效法律行为的特征为：

(1)无效法律行为欠缺法律行为的根本性有效要件。例如，行为人不具备

---

〔4〕 王泽鉴：《民法学说与判例研究》（第 3 册），中国政法大学出版 1998 年版，第 53 页。

〔5〕 龙卫球：《民法总论》，中国法制出版社 2002 年版，第 516 ~ 517 页。

民事行为能力、违反了法律和行政法规的强制性规定或者社会公共利益等，涉及法律行为有效要件中的主体要件、标的的合法、妥当要件。这类法律行为法律对其进行否定的价值评判，使之不发生法律效力，从而令当事人所预期的法律效果无法产生。

(2)无效法律行为具有不得履行性。因为该类法律行为不产生效力，因而无效法律行为的当事人不得履行该法律行为。对于无效法律行为，没有履行的，不得履行；正在履行的，应当停止履行；已经履行的，应当通过返还财产、赔偿损失等方式使当事人的财产恢复到无效法律行为成立时的状态。

(3)无效法律行为是确定的、绝对的、自始的无效。确定的无效是指无效法律行为的无效状态是不可改变的，不会因为其他事由的发生而变为有效；绝对无效是指无效法律行为无须任何主张就是无效的，正如史尚宽先生所言："法律行为之无效为绝对的，即不独对于当事人，对于一切之人及为一切之人，皆为无效，故得由任何人对任何人主张。"〔6〕自始无效是指无效法律行为从成立时起就没有法律效力。

2. 法律行为无效的法律后果

无效法律行为、被撤销的法律行为以及被拒绝追认的效力未定的法律行为最终都为无效，且自行为开始之时即为无效，不能产生行为人实施该法律行为所预期的民事法律后果，即"行为人所为的意思表示内容在法律上不受承认，不受保护和不得实现"。〔7〕但这绝不是说上述行为不产生任何法律后果，按照法律规定，法律行为被确认为无效后会产生以下法律后果：

(1)返还财产。《民法总则》第157条规定："民事法律行为无效、被撤销或者确定不发生效力后，行为人因该行为取得的财产，应当予以返还；不能返还或者没有必要返还的，应当折价补偿。"《合同法》第58条规定："合同无效或者被撤销后，因该合同取得的财产，应当予以返还；不能返还或者没有必要返还的，应当折价补偿。"

被确定为无效的法律行为由于不具有法律行为的效力，双方因该行为取得的财产没有法律根据，故应当返还对方。因此，返还财产也就成为已作履行的无效法律行为首要的民事法律后果。

返还财产的形式分为双方返还和单方返还，采取何种形式取决于当事人是

〔6〕 史尚宽：《民法总论》，中国政法大学出版社2000年版，第516页。

〔7〕 王利明等：《民法新论》，中国政法大学出版社1988年版，第46页。

否已为财产给付。如果双方当事人都已为财产给付,则双方当事人同时负有返还义务,此谓双方返还;如果只有一方当事人已为财产给付,则只有受领给付财产的一方当事人负有返还义务,此所谓单方返还。

(2)折价补偿。返还财产应以能够返还为条件,如果财产在法律上或事实上不能返还时,则应折价补偿。所谓法律上的不能返还是指财产已经转让给善意第三人,善意第三人依善意取得制度已取得该项财产的所有权;所谓事实上不能返还是指因标的物的灭失、变形、毁损等所造成的不能返还。在此情况下,应由受领一方当事人向另一方当事人予以补偿。折价补偿还发生在没有必要返还的情形下,是否有必要返还,由当事人协商确定。

(3)赔偿损失。《民法总则》第157条规定:"民事法律行为无效、被撤销或者确定不发生效力后……有过错的一方应当赔偿对方因此所受到的损失;双方都有过错的,应当各自承担相应的责任。"《合同法》第58条规定:"合同无效或者被撤销后……有过错的一方应当赔偿对方因此所受到的损失,双方都有过错的,应当各自承担相应的责任。"依此规定,法律行为被确认无效或者被撤销后,如果由于一方或者双方的过错给对方造成损失的,应当予以赔偿。此种赔偿责任的成立应具备以下条件:第一,有损害事实存在;第二,赔偿义务人具有过错,即具有故意或过失;第三,过错行为与遭受损失之间有因果关系。[8] 如果合同双方当事人都有过错,应当各自向对方承担相应的赔偿责任,可适用过错相抵原则予以赔偿。

(4)追缴财产。《合同法》第59条规定:"当事人恶意串通,损害国家、集体或者第三人利益的,因此取得的财产收归国家所有或者返还集体、第三人。"根据以上规定,凡是双方当事人恶意串通,实施损害国家、集体或者第三人利益的法律行为,应当将当事人所取得的财产追缴回来,收归国家或返还给受损失的集体、第三人。

(二)担保合同的无效及法律后果

担保合同应当具备法律所规定的有效要件,才能发生法律效力。担保合同无效将不能发生当事人预期的法律后果,当事人之间不能产生担保的权利义务关系,但是,担保合同无效虽不能发生担保权利义务的法律后果,却并非不能发

---

〔8〕 王利明、崔建远:《合同法新论·总论》,中国政法大学出版社1996年版,第311~313页。

生任何法律后果。担保合同无效情形有两种：

1. 主合同有效而担保合同无效

主合同有效而担保合同无效的主要有以下情形：(1)国家机关和以公益为目的的事业单位、社会团体提供担保的，担保合同无效(《担保法解释》第3条的规定)；(2)以法律、法规禁止流通的财产或者不可转让的财产设立担保的，担保合同无效(《担保法解释》第5条的规定)；(3)企业法人的分支机构未经法人书面授权提供担保的，保证合同无效(《担保法解释》第17条的规定)；(4)企业法人的职能部门提供保证的，保证合同无效(《担保法解释》第18条的规定)；(5)以法定程序确认为违法、违章的建筑物抵押的，抵押合同无效(《担保法解释》第48条的规定)；(6)违反法律规定订立的对外担保合同无效(《担保法解释》第6条的规定)。

《担保法》第5条第2款规定："担保合同被确认无效后，债务人、担保人、债权人有过错的，应当根据其过错各自承担相应的民事责任。"按照这一规定，担保合同被确认无效后，不仅担保合同的双方当事人(即担保人和债权人)因其过错应当承担相应的民事责任，而且债务人有过错的，也应承担相应的民事责任。至于他们责任承担的比例分配，可依据《担保法解释》第7条确定："主合同有效而担保合同无效，债权人无过错的，担保人与债务人对主合同债权人的经济损失，承担连带赔偿责任；债权人、担保人有过错的，担保人承担民事责任的部分，不应超过债务人不能清偿部分的二分之一。"

2. 担保合同因主合同无效而无效

担保合同是以担保债权实现为目的的合同，属于从合同，其命运取决于主合同，因此，主合同无效，担保合同当然无效。《担保法》第5条第1款规定："担保合同是主合同的从合同，主合同无效，担保合同无效。担保合同另有约定的，按照约定。"由此可见，主合同无效导致担保合同无效是一般原则，当事人也可以作出担保合同不随主合同无效而无效的另外约定。如果当事人有担保合同不随主合同无效而无效的约定或者依照法律规定担保合同不因主债权债务合同无效而无效的，则会发生这样的后果，即担保人对主合同无效的后果承担担保责任，至于承担责任的比例，可依据《担保法解释》第8条确定："主合同无效而导致担保合同无效，担保人无过错的，担保人不承担民事责任；担保人有过错的，担保人承担民事责任的部分，不应超过债务人不能清偿部分的三分之一。"同时，依《担保法解释》第9条第1款的规定，在担保人因无效担保向债权人承担民事责任后，有权向债务人追偿，或者在其承担的赔偿责任的范围内，要求有过错的反担保人承担赔偿责任。

三、担保的法律效力

担保的法律效力是指担保合同成立后所发生的法律后果，担保成立后，对担保权人、担保人、被担保人均会发生一定的效力。

（一）担保对担保权人的法律效力

担保成立后，担保对于担保权人的效力体现为担保权人取得的担保权，即担保权人所享有的请求担保人或以担保财产清偿其债权的权利，这种权利的特点表现为：

1. 担保权是为担保主权利而存在的从权利，因此，担保权的效力决定于主债权的效力，具有从属性。

2. 担保权的行使须具备法律所规定的条件。担保权是为保障债权实现而设定的权利，因此，担保权只能在一定的条件下，通过特定的方式才能行使。担保权的行使均须以债务人不履行债务为行使条件。

3. 担保权的性质因担保方式的不同而不同。在人的担保、金钱担保中，担保权仅具有债权的性质，为相对性权利，不具有对抗第三人的效力，而在物的担保中，担保权为物权，具有对抗第三人的效力。

（二）担保对担保人的效力

担保成立后，担保对于担保人发生两个方面的效力：

1. 担保人承担担保责任，担保责任是指担保人所承担的清偿担保权人的债权的责任。担保责任因担保的种类不同，其表现形式也有所不同。从担保责任的限度看，担保责任可以是有限担保责任，也可以是无限担保责任。有限担保责任又称限额担保，是指担保人仅对担保权人的特定部分债权承担担保责任；无限担保责任又称为全额担保，是指担保人对担保权人的全部债权承担担保责任。担保责任究竟是有限担保责任还是无限担保责任，在约定担保中，由担保人与担保权人约定，若无约定，担保人承担的担保责任为无限责任，而物的担保则以担保物的价值为限度；在法定担保中，担保责任的范围取决于法律规定。

2. 第三人作为担保人时，第三人在承担了担保责任后，对主债务人享有追偿权。如《担保法》第31条规定:"保证人承担保证责任后,有权向债务人追偿。"《物权法》第176条规定:"提供担保的第三人承担担保责任后,有权向债务人追偿。"

(三)担保对主债务人的效力

担保成立后,对于主债务人而言,是对主债的效力的加强和补充,并不减轻或削弱主债务人的债务,因此,作为主债的债务人仍应向债权人积极履行自己的债务。如果主债务人履行了自己的债务,担保人的担保责任则不会发生,一旦担保人承担了担保责任,则主债务人负有就担保人代其清偿的部分向担保人偿还的义务。

第五节　反担保和涉外担保

本节主要了解反担保和对外担保这两种特殊的担保。

一、反担保

(一)反担保的概念和特征

反担保是指债务人或第三人为确保担保人承担担保责任后实现对主债务人的追偿权而设立的担保。

反担保具有如下特点:

1. 反担保以担保的存在为前提。反担保作为一种担保,亦具有从属性,一方面,反担保直接从属于担保,反担保是为担保人所设立的担保,因此,只有担保存在,反担保才能存在,担保与反担保之间是一种主从关系,担保不成立、无效或被撤销的,则反担保同样不成立、无效或被撤销。另一方面,反担保间接从属于担保中的主合同,担保中的主合同不存在的,担保亦不存在,而担保不存在的,反担保也就不能存在。

2. 反担保中的债权人是为债务人提供担保的第三人。在反担保中,双方当事人是反担保人和担保人,其中,反担保人是义务人,其可以是债务人或者债务人以外的第三人,还可以由债务人与第三人共同担任。

3. 反担保所保障的对象是担保人对债务人的追偿权。任何担保都是为了担保债权的实现而设立的，反担保也不例外。反担保的对象是担保人对债务人的追偿权，因此，在不存在追偿权的担保中，不能设立反担保。反担保所担保的追偿权属于附延缓条件的未来债权，只有在担保人于债务人不履行债务而承担了担保责任时才能生效，因此，只有在担保人承担担保责任并享有对债务人的追偿权时，反担保人才能承担反担保责任。

（二）反担保与担保的区别

反担保和担保虽然都属于担保的范围，但二者因设立目的的不同而存在诸多差别，具体表现为：

1. 二者担保的对象不同。担保所担保的对象是主债权，而且一般在担保设立时债权范围是确定的；而反担保的对象则是担保人在承担担保责任后的追偿权，属于一种附延缓条件的未来债权，这种债权在反担保设立时，其债权范围是不确定的。

2. 二者的当事人不同。在担保中，担保权人是主债权人，担保人是主债务人或者第三人；而在反担保中，担保权人是承担了担保责任的担保人，担保人可以是主债务人，也可以是第三人。

3. 二者的担保方式不同。在担保中，担保方式可以是保证、抵押、质押、留置、定金，还可以是让与担保或所有权保留这些非典型担保；而反担保的方式只能是保证、抵押、质押。

4. 二者的担保责任承担条件不同。在担保中，担保人承担担保责任的条件是债务人不履行债务；而在反担保中，担保人承担反担保责任的条件是债务人不履行债务而使担保人承担了担保责任。

5. 二者的适用范围不同。在担保中，担保可以是依法律规定而产生的法定担保，也可以是依当事人约定而产生的约定担保；而反担保只能是约定担保而不能是法定担保。

（三）反担保的法律意义

反担保也是一种担保，具有促进资金融通、商品流通、保障债权实现的意义；同时，反担保也有利于维护担保人的利益。第三人为债务人提供担保后，债务人不履行债务的，担保人就应承担担保责任。法律为维护担保人的利益，赋予担保人向债务人追偿的权利，担保人的追偿权能否实现，完全取决于债务人的财力。通过反担保制度，担保人在承担担保责任后，就可以要求反担保人承担担保责任，从而有利于满足担保人的追偿要求；另外，反担保有利于促进担保关系的设立。在市场经济下，市场主体从自身的利益出发，一般不愿意为债务人提供担保，但通过反担保制度，担保人的利益就有了可靠的保障，担保人可以放心的为债务人提供担保，从而有助于担保关系的设立。

二、涉外担保

（一）涉外担保的概念和特征

涉外担保是指中国境内机构以保函、备用信用证、本票、汇票等形式对外保证，以法律所规定的财产或权利对外抵押或者质押，向中国境外机构或者境内的外资金融机构承诺，当债务人未按照合同约定偿付债务时，由其履行债务或者由债权人依法将抵押物、质物拍卖、变卖的价款优先受偿的行为。

从涉外担保的概念中可以看出涉外担保具有以下特点：

1. 涉外担保是中国境内机构对境外机构提供的担保。涉外担保的担保人是中国境内机构，但不是所有的中国境内机构均可以成为对外担保的担保人，只有具备对外担保资格及能力的中国境内机构才能作为担保人，如经批准有权经营对外担保业务的金融机构、具有代位清偿能力的非金融企业法人等。对外担保的受益人包括中国境外机构或者境内外资金融机构。

2. 涉外担保的适用受到严格限制。在涉外担保中，法律对担保方式、担保范围、担保限额等都有严格限制。如担保方式不能是留置、定金，担保人不得为外商投资企业注册资本担保，担保人不得为开办离岸金融业务的境内金融机构在外筹措离岸资金提供担保等。

3. 涉外担保须经主管部门审批。由于涉外担保涉及国家的外汇管理政策，因此，我国法律对涉外担保实行严格的管理制度，依中国人民银行《境内机构对外担保管理办法》第 3 条规定，国家外汇管理局及其分局、支局为对外担保的管理机关，负责对外担保的审批、管理和登记。

（二）涉外担保的适用范围

依中国人民银行《境内机构对外担保管理办法》第 2 条及《境内机构对外担保管理办法实施细则》第 5 条的规定，涉外担保的适用范围主要有融资担保（即担保人为被担保人向受益人融资提供的本息偿还担保，如借款、发行有价证券、延期付款、银行给予的授信额度)；融资租赁担保(即在用融资租赁方式进口设备时，担保人向出租人担保，当承租人未按照租赁合同规定支付租金时由担保人代为支付)；补偿贸易项下的担保(即担保人向供给设备的一方担保，如进口方在收到与合同相符的设备后未按照合同规定将产品交付供给设备的一方或者由其指定的第三方，又不能以现汇偿付设备款及其附加的利息，则担保人按照担保金额加利息及相关费用赔偿供给设备的一方)；境外工程承包中的担保(即在境外工程承包中，担保人向招标人担保，当投标人中标或者签约后，如不在规定的时间内履行合同，则担保人在担保的范围内向招标人支付合同规定的金额)；其他具有对外债务性质的担保。

司法考试试题

一、选择题

1. 甲、乙之间的下列哪些合同属于有效合同？(2013 年)

A. 甲与丙离婚期间，用夫妻共同存款向乙公司购买保险，指定自己为受益人

B. 甲将宅基地抵押给同村外嫁他村的乙用于借款

C. 甲将房屋卖给精神病人乙，合同履行后房价上涨

D. 甲驾车将流浪精神病人撞死，因查找不到死者亲属，乙民政部门代其与甲达成赔偿协议

【答案】 AD

【解析】 A 项中，甲、丙夫妻存款属于夫妻共同共有财产。购买保险不属于《婚姻法解释(一)》第 17 条规定的夫妻任何一方有权独立处分夫妻共同财产的情形。但是，货币适用占有即所有规则。甲用夫妻共同存款向乙保险公司购买保险的行为，应理解为有权处分，甲、乙间的保险合同有效。故 A 项正确。《物权法》第 184 条规定："下列财产不得抵押：(一)土地所有权；(二)耕地、宅基地、自留地、自留山等集体所有的土地使用权，但法律规定可以抵押的除外；……"因此，宅基地使用权是属于禁止抵押的范围，甲将宅基地使用权抵押的行为，因为违反法律的禁止性规定而导致抵押合同无效，故 B 项错误。值得说明的是，本选项明显是在考察抵押合同的效力，当然，抵押合同的无效，并不会导致借款合同的无效。由于合同的一方当事人是精神病人，如果该精神病人是无民事行为能力人，则合同无效，如果该精神病人是限制民事行为能力人，则合同效力待定，C 项错误。由于查

找不到精神病人的近亲属,民政部门可以监护人的身份与甲达成赔偿协议,D 项正确。

2. 甲向乙借款,欲以轿车作担保。关于担保,下列哪些选项是正确的?(2013 年)

A. 甲可就该轿车设立质权

B. 甲可就该轿车设立抵押权

C. 就该轿车的质权自登记时设立

D. 就该轿车的抵押权自登记时设立

【答案】 AB

【解析】 汽车作为交通运输工具,根据《物权法》第 180 条第 6 项之规定可以设定抵押。又根据《物权法》第 188 条规定:"以本法第一百八十条第一款第四项、第六项规定的财产或者第五项规定的正在建造的船舶、航空器抵押的,抵押权自抵押合同生效时设立;未经登记,不得对抗善意第三人。"这意味着,动产抵押的设立,登记只是对抗要件,不是生效要件,抵押合同一生效,抵押权即可设立,故 B 项正确,D 项错误。《物权法》第 208 条规定:"为担保债务的履行,债务人或者第三人将其动产出质给债权人占有的,债务人不履行到期债务或者发生当事人约定的实现质权的情形,债权人有权就该动产优先受偿。"因此,甲之轿车作为动产,可以设定质权,A 项正确。又《物权法》第 212 条规定:"质权自出质人交付质押财产时设立。"可见设立质权,交付即可,不需要登记,故 C 项错误。

3. 甲公司因不能清偿到期债务且明显缺乏清偿能力,遂于 2014 年 3 月申请破产,且法院已受理。经查,在此前半年内,甲公司针对若干债务进行了个别清偿。关于管理人的撤销权,下列哪些表述是正确的?(2014 年)

A. 甲公司清偿对乙银行所负的且以自有房产设定抵押担保的贷款债务的,管理人可以主张撤销

B. 甲公司清偿对丙公司所负的且经法院判决所确定的货款债务的,管理人可以主张撤销

C. 甲公司清偿对丁公司所负的为维系基本生产所需的水电费债务的,管理人不得主张撤销

D. 甲公司清偿对戊所负的劳动报酬债务的,管理人不得主张撤销

【答案】 CD

【解析】 《企业破产法》第 32 条规定,人民法院受理破产申请前 6 个月内,债务人有本法第 2 条第 1 款规定的情形,仍对个别债权人进行清偿的,管理人有权请求人民法院予以撤销。但是,个别清偿是债务人财产收益的除外。《企业破产法解释(二)》第 14 条进一步规定,债务人对以自有财产设定担保物权的债权进行个别清偿,管理人依据《企业破产法》第 32 条的规定请求撤销的,人民法院不予支持。但是,债务清偿时担保财产的价值低于债权额的除外。据此,A 项错误。《企业破产法解释(二)》第 15 条规定,债务人经诉讼、仲裁、执行程序对债权人进行的个别清偿,管理人依据《企业破产法》第 32 条的规定请求撤销的,人民法院不予支持。但是,债务人与债权人恶意串通损害其他债权

人利益的除外,故B项错。选项CD项正确。《破产法解释(二)》第16条规定:"债务人对债权人进行的以下个别清偿,管理人依据企业破产法第三十二条的规定请求撤销的,人民法院不予支持:(一)债务人为维系基本生产需要而支付水费、电费等的;(二)债务人支付劳动报酬、人身损害赔偿金的;(三)使债务人财产受益的其他个别清偿。"

4. 顺风电器租赁公司将一台电脑出租给张某,租期为2年。在租赁期间内,张某谎称电脑是自己的,分别以市价与甲、乙、丙签订了三份电脑买卖合同并收取了三份价款,但张某把电脑实际交付给了乙。后乙的这台电脑被李某拾得,因暂时找不到失主,李某将电脑出租给王某获得很高收益。王某租用该电脑时出了故障,遂将电脑交给康成电脑维修公司维修。王某和李某就维修费的承担发生争执。康成公司因未收到修理费而将电脑留置,并告知王某如7天内不交费,将变卖电脑抵债。李某听闻后,于当日潜入康成公司偷回电脑。关于康成公司的民事权利,下列哪些选项是正确的?(2015年)

A. 王某在7日内未交费,康成公司可变卖电脑并自己买下电脑

B. 康成公司曾享有留置权,但当电脑被偷走后,丧失留置权

C. 康成公司可请求李某返还电脑

D. 康成公司可请求李某支付电脑维修费

【答案】 BC

【解析】 根据《物权法》第107条规定,遗失物不发生善意取得,本题中的电脑正是遗失物,康成公司善意取得电脑留置权。因为作为例外,遗失物可以善意取得留置权,即只要债权人康成公司合法占有电脑之时,不知电脑属于遗失物,就不影响留置权的成立。综上,因康成公司占有电脑之时既不知道电脑不归乙所有,又不知道电脑属于遗失物,且留置权成立的其他条件均具备,康成可对电脑行使留置权。另外,留置权是一个需要经过两次行使才能实现的权利。《物权法》第236条第1款规定:"留置权人与债务人应当约定留置财产后的债务履行期间;没有约定或者约定不明确的,留置权人应当给债务人两个月以上履行债务的期间,但鲜活易腐等不宜保管的动产除外。债务人逾期未履行的,留置权人可以与债务人协议以留置财产折价,也可以就拍卖、变卖留置财产所得的价款优先受偿。"故A项错误。

《物权法》第240条规定:"留置权人对留置财产丧失占有或者留置权人接受债务人另行提供担保的,留置权消灭。"本题中,康成公司留置电脑后,刘某偷走电脑,康成公司的留置权何若?对此有两种观点:第一种认为,留置权以占有为成立和存续要件,李某偷走电脑后,康成公司的留置权消灭,若康成公司在1年内对刘某行使占有返还请求权恢复电脑的占有,自重新取得对电脑的占有时,康成公司的留置权复活。第二种观点认为,李某偷走电脑后,康成公司对电脑的占有仅为一时不能行使,康成公司的留置权并未消失,若康成公司在1年内通过行使返还原物请求权或者占有返还请求权恢复对电脑的占

有,康成公司的留置权继续存续;相反,若康成公司在1年内未恢复对电脑的占有,1年期间届满,康成公司的留置权消灭。本题出题人采第一种观点,故B项正确。

刘某侵夺了康成公司对电脑的占有,根据《物权法》第245条,康成公司有权自侵夺之日起1年内基于占有返还请求权请求刘某返还电脑,故C项正确。

债权相对性,除非法律另有规定,仅债权人有权请求债务人履行债务。本题中,电脑维修合同中,债务人为王某而非刘某,债权人康成公司仅有权请求王某支付电脑的维修费,故D项错误。

二、案例分析

自然人甲与乙订立借款合同,其中约定甲将自己的一辆汽车作为担保物让与给乙。借款合同订立后,甲向乙交付了汽车并办理了车辆的登记过户手续。乙向甲提供了约定的50万元借款。

一个月后,乙与丙公司签订买卖合同,将该汽车卖给对前述事实不知情的丙公司并实际交付给了丙公司,但未办理登记过户手续,丙公司仅支付了一半购车款。某天,丙公司将该汽车停放在停车场时,该车被丁盗走。丁很快就将汽车出租给不知该车来历的自然人戊,戊在使用过程中因汽车故障送到己公司修理。己公司以戊上次来修另一辆汽车时未付修理费为由扣留该汽车。汽车扣留期间,己公司的修理人员庚偷开上路,违章驾驶撞伤行人辛,辛为此花去医药费2000元。现丙公司不能清偿到期债务,法院已受理其破产申请。

请回答下列问题:

1. 甲与乙关于将汽车让与给债权人乙作为债务履行担保的约定效力如何? 为什么? 乙对汽车享有什么权利?

2. 甲主张乙将汽车出卖给丙公司的合同无效,该主张是否成立? 为什么?

3. 丙公司请求乙将汽车登记在自己名下是否具有法律依据? 为什么?

4. 丁与戊的租赁合同是否有效? 为什么? 丁获得的租金属于什么性质?

5. 己公司是否有权扣留汽车并享有留置权? 为什么?

6. 如不考虑交强险责任,辛的2000元损失有权向谁请求损害赔偿? 为什么?

7. 丙公司与乙之间的财产诉讼管辖应如何确定? 法院受理丙公司破产申请后,乙能否就其债权对丙公司另行起诉并按照民事诉讼程序申请执行?

【解析】

1. 有效。因为我国物权法虽然没有规定这种让与担保方式,但并无禁止性规定。通过合同约定,再转移所有权的方式达到担保目的,是不违反法律的,也符合合同自由、鼓励交易的立法目的。

对于乙对汽车享有什么权利,答案一:乙享有的不是所有权,而是以所有权人的名义享有担保权。

答案二:由于办理了过户登记手续,乙享有所有权。

2. 不能成立。答案一:乙对汽车享有所有权,其有权处分该汽车。没有导致合同无效的其他因素。

答案二:虽然乙将汽车出卖给丙公司的行为属于无权处分,对甲也是违约行为,但无权处分不影响合同效力,法律并不要求出卖人在订立买卖合同时对标的物享有所有权或者处分权。

3. 有法律依据。因根据物权法的规定,汽车属于特殊动产,交付即转移所有权,登记只是产生对外的效力,不登记不具有对抗第三人的效力。本案中因为汽车已经交付,丙公司已取得汽车所有权。

4. 有效,因为尽管丁不享有所有权或处分权,但是并不影响租赁合同效力。其所得的租金属于不当得利。

5. 己公司无权扣留汽车并享有留置权。《物权法》第 231 条规定,债权人留置的动产与债权应该属于同一法律关系。而在本案中,债权与汽车无牵连关系。

6. 辛有权向戊、己公司、庚请求赔偿,因为戊系承租人,系汽车的使用权人;庚是己公司的雇员,庚的行为属于职务行为,己应当承担雇用人(或雇主)责任;庚系肇事人(或者答直接侵权行为人)。

7. 丙公司与乙之间的财产诉讼应该由破产案件受理的人民法院管辖。法院受理丙公司破产申请后,乙应当申报债权,如果对于债权有争议,可以向受理破产申请的人民法院提起诉讼,但不能按照民事诉讼程序申请执行。

思考题

1. 什么是债的担保？担保具有哪些法律特征？
2. 如何理解担保是债权实现的最有效的手段？
3. 担保有哪些分类？对担保分类的意义是什么？
4. 担保合同的内容有哪些？如何理解担保的法律效力？

阅读文献

1. 郭明瑞:《担保法》,法律出版社 2010 年版。
2. 费安玲:《比较担保法》,中国政法大学出版社 2004 年版。

第二章　保　　证

本章导语

保证也称人保，是以人的信用作为担保的基础。通过本章的学习，应掌握保证的含义与特征，明确保证合同设立的要求，以及一般保证与连带责任保证的适用规则，知晓保证期间的特殊性与保证责任消灭的原因，理解保证在保证人、债务人、债权人之间的效力，明了最高额保证、共同保证的特殊性。

第一节　保证概述

本节主要讲授保证的概念、特征与基本类型。

一、保证的概念

《担保法》第6条规定："本法所称保证，是指保证人和债权人约定，当债务人不履行债务时，保证人按照约定履行债务或者承担责任的行为。"保证也称为人保，与物保相对应，在五种典型担保方式[1]中，只有保证属于以保证人的信用作为担保，而非以特定物作为担保。需要注意的是：第一，保证人必须是债务人以外的第三人。保证人以其所有财产作为信用基础对债务人的债务承担担保责任，而债务人本身的所有财产天然应成为其承担民事责任的基础，故债务人不能成为保证人，否则对债务人的其他债权人不公。第二，无论保证人的偿债能力如何、责任财产多寡，都不能成为保证人拒绝其承担保证责任的理由。

〔1〕保证、定金、抵押、质押、留置是我国法律承认的五种典型担保方式，抵押、质押、留置称为物保，保证称为人保，定金称为定金保，也有学者认为定金属于物保之一种。

尽管《担保法》第7条要求保证人须具有代偿能力,但《担保法解释》第14条也明确规定了保证人不得以其无代偿能力为由要求免除保证责任。因保证人以其所有财产作为信用基础承担保证责任,故在实现保证时,保证人不得以其无财产或类似理由主张保证合同无效。

二、保证的特征

保证是债权人与保证人之间所发生的具有债权性效力的双方民事法律行为,其主要特征表现为以下几个方面:

(一)保证的从属性

保证作为担保方式之一,当然具有担保合同所具有的从属性,具体体现在以下几个方面:

1. 保证的存在以主债权的有效存在为前提。保证合同的存在以保障主债权合同的实现为宗旨,但无保证合同却毫不影响主债权合同的独立存在,故保证合同的存在依附于主债权合同的存在,保证最终价值的实现以主债权的合法有效为基础。另,除当事人另有约定或最高额保证等法律规定的特殊情况外,一般情形下,皆是先有主债权而后成立保证。主债权有效,则保证方有存续之可能,主债权无效,则保证亦随之无效。

2. 保证的范围从属于债权人的权利范围。保证的范围应以当事人的约定为准,但最高不能超过主债权人的权利范围,否则超过部分不发生保证的效力。《担保法》第21条规定:“保证担保的范围包括主债权及利息、违约金、损害赔偿金和实现债权的费用。保证合同另有约定的,按照约定。当事人对保证担保的范围没有约定或者约定不明确的,保证人应当对全部债务承担责任。”可见,保证人对超出债权人权利范围的债务不承担保证责任,否则将造成保证合同当事人之间的权利失衡与显失公平。

3. 保证的转移、变更原则上从属于主债权。保证是为担保主债权的实现而产生的,其设立的目的是为主债权的实现增加一重保障,故主债权转移时保证原则上应随之转移。《担保法解释》第28条规定:“保证期间,债权人依法将主债权转让给第三人的,保证债权同时转让,保证人在原保证担保的范围内对受让人承担保证责任。但是保证人与债权人事先约定仅对特定的债权人承担保证责任或者禁止债权转让的,保证人不再承担保证责任。”需要注意的是,保证并不随主债务的转移而当然转移。《担保法解释》第29条规定:“保证期间,债权人许可债务人转让部分债务未经保证人书面同意的,保证人对未经其同意转让部分的债务,不再承担保证责任。但是,保证人仍应当对未转让部分的债务承担保证责任。”虽然保证合同具有一定的独立性,但主债权的变更在一定程度上亦可影响到保证的内容,如《担保法解释》第30条第1款规定:“保证期间,债权人与债务人对主合同数量、价款、币种、利率等内容作了变动,未经保证人同意的,如果减轻债务人的债务的,保证人仍应当对变更后的合同承担保证责任;如果加重债务人的债务的,保证人对加重的部分不承担保证责任。”可见,主债权的变更与保证的变更具有一定的关联性,其具体体现将在下文中详述。

4.保证的消灭原则上从属于主债权。根据合同法原理,债权消灭的主要原因有清偿、提存、抵销、免除、混同、解除六大类,其中,主债权因前五种原因消灭时,保证责任因存在的根基丧失,其当然随之消灭;当主债权因解除而消灭时,因解除原因的多样性,《担保法解释》第10条规定:“主合同解除后,担保人对债务人应当承担的民事责任仍应承担担保责任。但是,担保合同另有约定的除外。”

(二)保证的相对独立性

如同主物与从物的关系,尽管从物在配合发挥作用时居于辅助地位,但从物存在的前提必须是独立于主物的物,同样地,尽管保证对主债权具有从属性,但这不妨碍其仍然保有一定的独立性。其独立性表现在以下几个方面:第一,保证合同的存在具有一定的独立性。保证合同既可以与主债权合同合并存在,也可以单独存在。在实践中,为确保保证人的权利义务的明确性,保证合同大多以独立合同的形式存在。第二,保证合同的内容具有独立性。保证的类型、保证的范围、保证期间的长短等保证合同所涉及的权利义务皆由保证人与债权人协商确定,保证合同的内容是由独立的意思表示所形成。第三,保证合同的变更或消灭具有一定的独立性。尽管主债权合同的变更或消灭会在一定程度上影响保证合同,但保证合同仍然存在独立于主债权合同之外的变更、消灭事由,如免除、解除、保证期间届满等原因都可能造成保证人保证责任消灭的法律后果。第四,保证权利具有一定的独立性。保证人享有一些主债权债务合同当事人所不具备的权利,如先诉抗辩权等。

（三）保证的补充性

保证存在的意义即强化债权的实现，为债权的实现增加一重保障。保证的补充性体现在两个方面：第一，保证合同的存在是对债权合同存在的补充。无保证合同，债权合同可独立存在；有保证合同，更有利于债权合同的实现。第二，保证合同的实现是对债权合同实现的补充。债权合同和保证合同订立后，未必会实现保证合同，当债权合同顺利履行时，保证合同即无用武之地；当债权合同不履行或不能完全履行时，才可能通过保证责任的实现来促使债权人权利的落实。

（四）保证的单务性、无偿性

保证合同的双方当事人为保证人与债权人，在该合同中，保证人单方面承担义务，债权人单方面享有权利而不负有对待给付义务，故保证合同为单务合同。保证合同成立的原因多种多样，保证人可能受有利益，亦可能为无偿；保证人受有的利益可能与所负担的风险构成对价，亦可能不构成对价。无论何种原因何种情形，实践中鲜见保证人因受有债权人的对待利益而订立保证合同，大多情形为保证人因受有债务人或第三人利益而订立保证合同，但因债务人或第三人为保证合同以外的民事主体，故不构成有偿。保证合同的无偿性体现在作为保证合同的当事人的债权人在享有利益时无须支付相应对价。

（五）保证的无限性

保证的无限性体现于保证人责任的无限性，即保证人承担责任的范围不以个别财产为限，必须以保证人所有财产为信用基础，对债务人的债务承担责任。相较于其他几种典型担保方式承担责任的范围仅局限于抵押物、质押物、留置物、交付的定金，保证责任的实现并不局限于具体的财产，而是以保证人的所有财产作为承担责任的基础，故保证责任具有无限性。

三、保证的基本类型

根据不同的分类标准，保证可以分为法定保证与约定保证、单独保证与共同保证、部分保证与全部保证等，但常见的基本分类是一般保证与连带保证。

(一)一般保证

所谓一般保证,是指双方当事人在保证合同中约定,在债务人不能履行债务时,保证人才开始承担保证责任的保证。《担保法》第 17 条第 1 款规定:“当事人在保证合同中约定,债务人不能履行债务时,由保证人承担保证责任的,为一般保证。”一般保证的特殊之处在于保证人享有先诉抗辩权,即主合同未经审判或仲裁,且就债务人财产依法强制执行仍不能履行债务前,一般保证的保证人有权对债权人要求履行保证责任的请求予以抗辩。

(二)连带责任保证

所谓连带责任保证,是指一旦主债务人到期不偿还债务,债权人可请求债务人履行债务,也可要求保证人承担保证责任,还可一并要求债务人、保证人承担连带责任。连带是指债务人与保证人对债权人就清偿债务上的连带关系。与一般保证中债权人请求权行使有先后顺序要求不同,连带保证中债权人可就保证人、债务人中的任意一人或共同提出请求,保证人无抗辩权利。

需要注意的是,除以上明确约定的两种基本保证类型外,在当事人没有约定或约定不明时,法律推定了保证的存在形式。《担保法》第 19 条规定:“当事人对保证方式没有约定或者约定不明确的,按照连带责任保证承担保证责任。”可见,相较于保证人的利益,立法者更偏向于保护债权人的利益,在无约定或约定不明时更倾向于让保证人承担较重的责任。

第二节 保 证 合 同

本节主要明确保证合同的主体,尤其是不得担任保证人的主体,确定保证合同的形式与内容,阐述保证合同无效的原因及其法律后果。

保证合同是要式合同、单务合同、无偿合同、诺成合同、从合同,其具备一般合同成立所需具备的要件,如当事人要件、意思表示要件、标的要件等,与普通合同并无过多区别,在此不再赘述。

一、保证合同的主体

保证合同的主体为保证人与被保证人(债权人),与普通合同的主体一样,要求其具有相应的民事权利能力和民事行为能力。需要注意的是,因保证合同为无偿合同、单务合同,在保证合同中保证人仅承担义务,处于不利益的地位,故无民事行为能力人、限制民事行为能力人的监护人不能代为决定使被监护人成为保证人。《民法总则》第35条第1款规定:“监护人应当按照最有利于被监护人的原则履行监护职责。监护人除为维护被监护人利益外,不得处分被监护人的财产。”该款规定明确监护人处分被监护人财产的目的仅限于“维护被监护人利益”,而在保证合同中,保证人处于纯受不利益的状态,故监护人无权代为决定或同意被监护人成为保证人。

除此之外,有的学者认为成为保证合同的主体必须具有代偿能力,〔2〕对此笔者持不同意见。虽然代偿能力决定着保证合同目的的实现情况,决定着保证责任的最终履行状态,但其不应成为保证合同主体的资格要件,亦无权决定保证合同的成立与生效状态。《担保法》第7条要求保证人具有“代偿能力”的规定只能作为一个提示性规范,提醒债权人保证人的代偿能力与其债权的实现概率相关,应谨慎地进行审查,保证人亦应秉承诚信精神慎重签订保证合同,以免合同目的落空。该规定仅具有提示意义,与保证人资格、保证合同效力无关,因此,《担保法解释》第14条特意规定以无代偿能力为由要求免除保证责任的,人民法院不支持。笔者认为,在私法自治的潮流下,民法不应作出过多的强制性规范或设置过多的门槛,否则不仅违背鼓励交易的精神且无太多的实际意义。以《公司法》关于公司注册资本的修改历程即可见民众在私法领域内对法律设置门槛的需求状态,同理,保证人是否具有“代偿能力”也不应与保证人资格挂钩。

根据《担保法》第7条的规定,“法人、其他组织或者公民”皆可成为保证人,可见保证人的主体范围较为宽泛。自然人与法人的范围皆易确定,关于其他组织的范围,《担保法解释》第15条进行了限定:“担保法第七条规定的其他组织主要包括:(一)依法登记领取营业执照的独资企业、合伙企业;(二)依法登记领取营业执照的联营企业;(三)依法登记领取营业执照的中外合作经营企业;(四)经民政部门核准登记的社会团体;(五)经核准登记领取营业执照的乡镇、

---

〔2〕 郭明瑞、房绍坤:《担保法》,中国政法大学出版社2008年版,第36~39页。

街道、村办企业。”

需要注意的是，根据我国相关法律的规定，下列主体在保证人资格上受到一定的限制：

1. 国家机关原则上不可以作为保证人。《担保法》第 8 条规定：“国家机关不得为保证人，但经国务院批准为使用外国政府或者国际经济组织贷款进行转贷的除外。”国家机关行使公权力，其财产与经费来源于国家财政拨款，其不应介入纯粹的民事活动而影响国家机关正常职能的发挥，且将国家财政拨款置于纯受不利益的保证人责任中易致国有资产流失。但在与外国政府或国际经济组织进行交易时，普通的民事主体的担保不易取信于对方，故国家机关有成为保证人的需求空间，因此《担保法》特意规定了但书条款作为例外。但为严格控制国家机关的责任风险，立法者还是限定了例外的使用程序与条件。需要注意的是，中国人民银行是我国的中央银行，其制定和执行货币政策，是国务院的组成部分，亦属国家机关范畴，不能成为保证人。[3]

2. 以公益为目的的事业单位、社会团体不可以成为保证人。《担保法》第 9 条规定：“学校、幼儿园、医院等以公益为目的的事业单位、社会团体不得为保证人。”公益类法人以实现社会公共利益为宗旨，如允许其承担保证责任，可能会影响其公益目的的实现，故法律禁止其成为保证人。为鼓励交易、促进市场繁荣，立法对不同性质、不同目的的事业单位、社会团体在保证人资格上进行了区分。《担保法解释》第 16 条规定：“从事经营活动的事业单位、社会团体为保证人的，如无其他导致保证合同无效的情况，其所签订的保证合同应当认定为有效。”需要注意的是，关于私立学校、幼儿园、医院等主体是否能够成为保证人，学界有不同的观点。笔者认为，私立的幼儿园、医院等主体可能因设立目的与营运需求可以在保证人资格上予以商榷，但无论是义务教育阶段还是非义务教育阶段的私立学校，在保证人资格上应与公立学校看齐，原因如下：第一，尽管学校设立的资金来源不同，但客观上皆从事公益类服务。公立学校与私立学校

---

〔3〕 基于相同的目的，《物权法》第 184 条第 3 项规定“学校、幼儿园、医院等以公益为目的的事业单位、社会团体的教育设施、医疗卫生设施和其他社会公益设施”不得成为抵押财产。《担保法解释》第 53 条规定：“学校、幼儿园、医院等以公益为目的的事业单位、社会团体，以其教育设施、医疗卫生设施和其他社会公益设施以外的财产为自身债务设定抵押的，人民法院可以认定抵押有效。”可见，公益类法人的公益设施不可抵押，但公益类法人以公益设施以外的财产为自身债务设定的抵押有效。因保证责任的无限性，在保证责任承担时无法区分财产为公益设施还是非公益设施，故保证范围内无此类似规定。

的教育目的、服务对象等并无差别。第二,学校教育具有周期性长、涉众面广等其他公益类法人所无法具备的特点,应慎重对待。学校教育一般短则两三年,长则五六年甚至九年,具有长期性,且不同学校具有不同的授课风格和教育理念,因保证责任的承担导致教学的更换会影响教育的效果,给学生的教育生涯带来较为严重的负面影响。另外,学校涉及学生少则几百人多则上万人,一旦因保证责任的承担导致教学瘫痪会在社会上造成极其不利的影响,不利于和谐稳定社会的构建。因此,私立学校的设立应从源头入手,由主管机关审慎把关,在所有学生毕业前,在保证人资格上应与公立学校同等对待。

3. 企业法人的职能部门不得为保证人。企业法人的职能部门因不具备独立的民事权利能力和民事行为能力而不具有民事主体资格,其亦无法律的特别规定或现实生活的需要,故不得成为保证人。《担保法解释》第 18 条规定:“企业法人的职能部门提供保证的,保证合同无效。债权人知道或者应当知道保证人为企业法人的职能部门的,因此造成的损失由债权人自行承担。债权人不知保证人为企业法人的职能部门,因此造成的损失,可以参照担保法第五条第二款的规定和第二十九条的规定处理。”

4. 企业法人分支机构原则上不得成为保证人。法人的分支机构虽然不具备独立的民事主体资格,但我国现行法允许其以自己的名义进行民事活动、参与民事诉讼,有别于企业法人的职能部门。以银行为例,遍布各地的分行、支行如果不能以自己的名义参与民事活动,则易引起交易的混乱,故为满足现实生活的需求,法律作出了变通规定。我国现行法关于企业法人分支机构保证的效力规则如下:第一,在法人书面授权范围内,保证有效。《担保法》第 10 条第 2 款规定:“企业法人的分支机构有法人书面授权的,可以在授权范围内提供保证。”第二,法人书面授权范围不明的,保证有效。《担保法解释》第 17 条第 2 款规定:“企业法人的分支机构经法人书面授权提供保证的,如果法人的书面授权范围不明,法人的分支机构应当对保证合同约定的全部债务承担保证责任。”书面授权范围不明是法人自身原因造成,故应由其承担不利后果。第三,无书面授权或超出书面授权范围的部分,保证无效。《担保法解释》第 17 条第 1 款规定:“企业法人的分支机构未经法人书面授权提供保证的,保证合同无效。因此给债权人造成损失的,应当根据担保法第五条第二款的规定处理。”企业法人的分支机构超出书面授权范围进行保证的,超出部分不产生保证效力。需要注意的是,保证合同无效不代表不需要承担任何责任。《担保法》第 29 条规定:“企业法人的分支机构未经法人书面授权或者超出授权范围与债权人订立保证合同的,该合同无效或者超出授权范围的部分无效,债权人和企业法人有过错的,应当根据其过错各自承担相应的民事责任;债权人无过错的,由企业法人承担民事责任。”可见,保证合同无效后,民事主体仍应承担保证无效后的其他民事责任,而非完全免责。

关于公司董事、经理能否成为保证人的问题,《担保法解释》第4条规定符合旧《公司法》第60条规定的担保合同无效,但旧《公司法》第60条的规定不符合现实生活的需求和经济发展的需要,已经被2005年新《公司法》第16、122、149条的相关规定所取代。新《公司法》从担保条件、担保数额、担保设立程序等方面进行了限制与规制,既满足了公司、董事、高级管理人员从事保证活动的现实需求,又将风险控制在合理范围内,维护了出资人利益,更符合经济发展的潮流需要。

二、保证合同的形式与内容

(一)保证合同的形式

《担保法》第13条明确规定:“保证人与债权人应当以书面形式订立保证合同。”故保证合同为要式合同,应以书面形式订立[4]。实践中,保证合同的订立形式主要有以下几种:(1)单独的书面保证合同。该种方式可以明确保证人与债权人的权利义务,对保证人而言,能够更清晰地明确其义务与责任。(2)在主债权合同上有保证条款以及保证人签字。《担保法》第93条规定,保证合同的方式既包括当事人之间的具有担保性质的信函、传真等方式,也可以是主合同中的担保条款方式。合同成立的核心是真实意思表示,故无论是单独订立的书面合同还是主合同中的保证条款,皆可成立。(3)在主债权合同中没有保证条款,但第三人以保证人身份签字或盖章。《担保法解释》第22条第2款规定:“主合同中虽然没有保证条款,但是,保证人在主合同上以保证人的身份签字或者盖章的,保证合同成立。”在几种典型担保方式中,该种成立方式是保证合同所独有的,这与保证合同的担保基础有关,无论是物保还是金钱保皆以特定的实物作为担保基础,而保证是以保证人的信用作为担保,故只需以保证人的身份在主债权合同中明确保证意思即可,至于保证合同的内容可依法律的推定确立。(4)第三人单方以书面形式向债权人出具担保书,债权人接受且未提出异

[4] 书面形式的种类可参见《合同法》第11条的相关规定。

议。《担保法解释》第 22 条第 1 款规定:“第三人单方以书面形式向债权人出具担保书,债权人接受且未提出异议的,保证合同成立。”债务人虽与保证合同有一定的利害关系,但保证合同的当事人只是保证人与债权人,故当事人行为秉承要约与承诺规则,合同即可成立,无须征得债务人同意。

关于口头保证合同的效力众说纷纭。从保证合同的要式性而言,因保证人保证责任的无限性使保证人承担的责任非常重大,故保证合同应严格遵循立法者的意思采取书面形式,口头保证合同不应承认其效力;从意思自治的私法精神而言,无论口头与书面,只要是当事人真实的意思表示都应产生相应的约束力,故口头保证亦应承认其效力。笔者认为,基于保证合同的无偿性与保证责任的无限性,对保证合同的设立方式应慎重地限定于书面形式,但对基于双方真实意思且已履行或履行主要部分的口头保证应秉承私法自治的精神予以承认。《合同法》第 36 条规定:“法律、行政法规规定或者当事人约定采用书面形式订立合同,当事人未采用书面形式但一方已经履行主要义务,对方接受的,该合同成立。”该条规定体现了合同法鼓励交易的精神,在特别法没有特殊规定的情形下,所有合同皆应受其约束,而保证合同亦为合同的一种,该规则当然对其有效。

(二)保证合同的内容

保证合同的内容即保证的权利与义务,主要通过保证合同的相关条款来确定。《担保法》第 15 条第 1 款规定:“保证合同应当包括以下内容:(一)被保证的主债权种类、数额;(二)债务人履行债务的期限;(三)保证的方式;(四)保证担保的范围;(五)保证的期间;(六)双方认为需要约定的其他事项。”可见,保证合同的主要内容由以上几项所确定。但笔者认为,该款的“应当”二字应改为“一般”,因该款规定只是立法者对保证合同条款的一个示范性规定,非必须条款,用“应当”二字所引起的法律后果容易产生歧义。《担保法》第 15 条第 2 款规定:“保证合同不完全具备前款规定内容的,可以补正。”可见,第 1 款规定的内容非保证合同的必备条款。笔者认为,保证合同的内容只需具备当事人和被保证的主债权即可成立,[5]其余内容,可以依《合同

---

〔5〕《合同法解释(二)》第 1 条第 1 款规定:“当事人对合同是否成立存在争议,人民法院能够确定当事人名称或者姓名、标的和数量的,一般应当认定合同成立。但法律另有规定或者当事人另有约定的除外。”该规则同样适用于保证合同,而保证担保的范围可通过法律推定确定,故“数量”亦非保证合同所必需的条款。

法》第61条[6]之规则确定,无法确定的,可依法律规定的推定规则确定。我国担保法及担保法解释关于保证的方式、保证的范围、保证期间等皆规定了在当事人没有约定或约定不明时的推定规则。

三、保证合同的无效

(一)保证合同无效的原因

保证合同无效的原因主要分为以下几类:第一类,因主合同无效而导致保证合同无效;第二类,因保证人不具备保证主体资格而导致保证合同无效;第三类,因保证人意思表示不真实而导致保证合同无效。第一类源于保证合同的从属性,第二类源于违背法律的强制性规定,相应的法理基础与具体表现上文已述,在此不再赘述。本书在此重点阐述第三类原因的具体类型。根据我国《担保法》第30条、《担保法解释》第40条的相关规定,保证人不承担民事责任的原因主要有以下几种:(1)主合同当事人双方串通,骗取保证人提供保证的;(2)主合同债权人采取欺诈、胁迫等手段,使保证人在违背真实意思的情况下提供保证的;(3)主合同债务人采取欺诈、胁迫等手段,使保证人在违背真实意思的情况下提供保证的,债权人知道或者应当知道欺诈、胁迫事实的。可见,无论原因、手段为何,保证人欲免除民事责任,必备条件为保证人的保证意思为非真实意思表示。但并非保证人意思表示不真实所签订的所有保证合同皆无效,《担保法解释》第41条规定:"债务人与保证人共同欺骗债权人,订立主合同和保证合同的,债权人可以请求人民法院予以撤销。因此给债权人造成损失的,由保证人与债务人承担连带赔偿责任。"可见,保证人意思表示不真实所订立的保证合同之效力,应综合意思表示不真实的原因、当事人的主观状态、当事人的权利平衡等多方面因素确定,而非"一刀切"地归于无效。

需要注意的是,《合同法》第52、54条规定,因欺诈、胁迫原因而订立的不损害国家利益的合同,其法律效力为可撤销;《民法总则》第148、149、150条规定,因欺诈、胁迫致当事人违背真实意思情况下所实施的民事法律行为,受欺诈、胁迫方可主张撤销。根据后法优于先法的规则,应排除《担保法》及其司法解释的适用,因欺诈、胁迫所订立的保证合同法律效力应为可撤销;根据特别法优于一

---

[6] 《合同法》第61条:"合同生效后,当事人就质量、价款或者报酬、履行地点等内容没有约定或者约定不明确的,可以协议补充;不能达成补充协议的,按照合同有关条款或者交易习惯确定。"

般法规则,应排除《合同法》与《民法总则》的适用,因欺诈、胁迫所订立的法律效力应为无效。笔者认为,从法理基础而言,立法赋予受欺诈、胁迫方撤销权在于使其可以根据具体情形作出利益最大化的选择,决定是否行使撤销权的手段来更好地维护自身利益。但保证合同为单务合同,在保证合同中保证人仅承担义务,并无利益,故无赋予保证人撤销权之必要,因而将该类合同规定为无效更为合理。

(二)保证合同无效的法律后果

我国现行法对保证合同无效后的法律后果既规定了共通性规则也根据不同的无效原因而规定了特别性规则。共通性规则如《担保法》第5条第2款规定:“担保合同被确认无效后,债务人、担保人、债权人有过错的,应当根据其过错各自承担相应的民事责任。”一般性规则如《担保法解释》第7条规定:“主合同有效而担保合同无效,债权人无过错的,担保人与债务人对主合同债权人的经济损失,承担连带赔偿责任;债权人、担保人有过错的,担保人承担民事责任的部分,不应超过债务人不能清偿部分的二分之一。”《担保法解释》第8条规定:“主合同无效而导致担保合同无效,担保人无过错的,担保人不承担民事责任;担保人有过错的,担保人承担民事责任的部分,不应超过债务人不能清偿部分的三分之一。”特别性规则如《担保法》第29条,《担保法解释》第3、4、17、18条等,在此不一一列举。

需要注意以下几点:第一,保证合同无效后保证人承担的是其他民事责任,即不再承担保证责任而是承担普通的民事责任。第二,根据《担保法解释》第7、8条,保证人承担责任时,所应承担的是债务人“不能清偿部分”的一定比例,而非保证范围全部的一定比例。第三,根据《担保法解释》第9条的规定,保证人承担赔偿责任后,仍可向债务人追偿。

第三节 保证责任与保证期间

本节主要明确保证责任的类型、范围及消灭的原因,重点阐释主合同变更对保证责任的影响。同时,本节也明确了保证期间的运用规则,阐述了保证期间与保证债务诉讼时效、主债务诉讼时效的关系。

一、保证责任

(一)保证责任的类型与范围

根据《担保法》第 6 条的规定,保证人承担保证责任的类型为两种:(1)代为履行责任,即保证人在债务人不履行债务时,替代债务人以债务人原有之给付内容为内容,向债权人履行。但只有针对非专属性债务,保证人才有实施代为履行的空间。若约定由保证人以代为履行的方式履行保证责任,但保证人拒不履行或未能实际履行的,则由保证人以赔偿损失的方式替代履行。《担保法解释》第 13 条规定:“保证合同中约定保证人代为履行非金钱债务的,如果保证人不能实际代为履行,对债权人因此造成的损失,保证人应当承担赔偿责任。”(2)赔偿责任,即当债务人不履行债务时,由保证人以赔偿债权人损失的方式替代债务人的原有履行义务。需要注意的是,《担保法解释》第 26 条规定:“第三人向债权人保证监督支付专款专用的,在履行了监督支付专款专用的义务后,不再承担责任。未尽监督义务造成资金流失的,应当对流失的资金承担补充赔偿责任。”《担保法解释》第 27 条规定:“保证人对债务人的注册资金提供保证的,债务人的实际投资与注册资金不符,或者抽逃转移注册资金的,保证人在注册资金不足或者抽逃转移注册资金的范围内承担连带保证责任。”严格来说,这两条规定属于特殊规则,与普通保证责任并不相同。《担保法解释》第 26 条中第三人所承担的是未尽监督义务而导致的违约赔偿责任,该责任的承担以保证人违约不履行“监督义务”为前提,而普通的保证责任以“债务人不履行债务”为前提,另外,该条中保证人承担的是“补充赔偿责任”,而普通的保证责任则应直接承担赔偿责任。《担保法解释》第 27 条中规定的保证人在“注册资金不足或者抽逃转移注册资金的范围内承担连带保证责任”,此时,除当事人另有约定外,保证人承担的应是债务人对注册资金不足或抽逃转移注册资金所应负担的赔偿责任承担保证责任,而非替代债务人履行投资义务。

保证责任的范围由当事人自由约定产生。当事人之间对保证担保的范围没有约定或约定不明时,根据《担保法》第 21 条第 2 款规定,保证人应对“全部债务”承担保证责任,即保证人担保的范围包括主债权及利息、违约金、损害赔偿金和实现债权的费用等全部债务。在适用顺序上,保证责任范围的确定应优先适用当事人约定的规则,只有当事人无约定或约定不明时才可适用法律的推定规则。

(二)主合同变更对保证责任的影响

基于保证的从属性,主合同的变更会对保证责任产生一定的影响,但基于保证合同的相对独立性,该影响并非绝对。主合同变更主要有主债权转让、主债务转让、主合同内容变更几种形式,其对保证责任的影响各不相同。

1. 主债权转让对保证责任的影响

主债权转让时,保证人的保证责任原则上不应发生变化。保证人承担保证责任的前提是"债务人不履行债务",因此债务人的履行能力与履行意愿与保证人利益攸关,而债权人主体是何人与保证人承担的保证风险原则上无多大关系,由此,《担保法》第 22 条规定:"保证期间,债权人依法将主债权转让给第三人的,保证人在原保证担保的范围内继续承担保证责任。保证合同另有约定的,按照约定。"该规定既遵循了法理规则,也考虑了当事人意思自治的原则。而《担保法解释》第 28 条对该规则进一步进行了细化:"保证期间,债权人依法将主债权转让给第三人的,保证债权同时转让,保证人在原保证担保的范围内对受让人承担保证责任。但是保证人与债权人事先约定仅对特定的债权人承担保证责任或者禁止债权转让的,保证人不再承担保证责任。"该条规则不仅具体强调了保证人对受让人承担保证责任,而且明确细化了"另有约定"的情形为"事先约定",且只适用于"仅对特定的债权人承担保证责任""禁止债权转让"这两种特定情形。

2. 主债务转让对保证责任的影响

因主债务人的履行能力与履行意愿直接决定着保证人承担保证责任的风险高低,故主债务的转让对保证责任有着直接、重大的影响,由此,主债务转让时,除非取得保证人的书面同意,否则保证人不再承担保证责任。《担保法》第 23 条规定:"保证期间,债权人许可债务人转让债务的,应当取得保证人书面同意,保证人对未经其同意转让的债务,不再承担保证责任。"可见,主债务转让时保证人继续承担保证责任须满足"经债权人许可"且"经保证人书面同意"两项条件。需要注意以下两种情形:(1)条件缺失的主债务转让。根据《合同法》第 84 条的规定,债务转移"应当经债权人同意",否则不发生转移的法律效力。此为主债务转让的生效条件,故发生未经主债权人同意的主债务转让时,保证人不得以未经其书面同意为由主张不承担保证责任,因此时主债务转让并未生效,保证人仍应对原来的保证内容承担责任。(2)主债务部分转让。主债务部分转让的,转让部分与主债务全部转让的规则相同,未转让部分仍应由保证人承担保证责任。《担保法解释》第 29 条规定:“保证期间,债权人许可债务人转让部分债务未经保证人书面同意的,保证人对未经其同意转让部分的债务,不再承担保证责任。但是,保证人仍应当对未转让部分的债务承担保证责任。”

3. 主合同内容变更对保证责任的影响

保证合同从属于主债权合同,主债权合同变更必然会对保证责任产生影响。《担保法》第 24 条规定:“债权人与债务人协议变更主合同的,应当取得保证人书面同意,未经保证人书面同意的,保证人不再承担保证责任。保证合同另有约定的,按照约定。”此规则之原理与《担保法》第 23 条同出一脉,但却忽视了主债务转让之单一性与主债权合同内容变更之多元性的区别,故此一刀切之做法并不合理,《担保法解释》第 30 条对此缺陷进行了修正。

(1)主合同主要条款变更对保证责任的影响。《担保法解释》第 30 条第 1 款规定:“保证期间,债权人与债务人对主合同数量、价款、币种、利率等内容作了变动,未经保证人同意的,如果减轻债务人的债务的,保证人仍应当对变更后的合同承担保证责任;如果加重债务人的债务的,保证人对加重的部分不承担保证责任。”根据该规则,主合同主要条款进行变动时,如未经保证人同意,其法律后果分两种情形:若内容的变更减轻了债务人的责任,保证人仍然要对变更后的合同承担保证责任;若内容的变更加重了债务人的责任,保证人对于加重的部分不再承担保证责任,仅在原来的责任范围内承担保证责任。即主合同主要条款变更后,如未取得保证人同意,则保证人采取“就低不就高”的规则承担保证责任。

(2)履行期限变更对保证责任的影响。《担保法解释》第 30 条第 2 款规定:“债权人与债务人对主合同履行期限作了变动,未经保证人书面同意的,保证期间为原合同约定的或者法律规定的期间。”即未经保证人同意的主合同履行期限变动,对保证人不生效,保证人仍按原来的约定或法律规定的期间承担保证责任。

(3)主合同当事人达成变更协议但未实际履行对保证责任的影响。《担保法解释》第 30 条第 3 款规定:“债权人与债务人协议变动主合同内容,但并未实际履行的,保证人仍应当承担保证责任。”虽主合同当事人有变更主合同的真实意思表达且实际形成了变更协议,但并未实际履行的,对保证人保证责任的承担并无实质性影响,故保证人仍应承担原保证责任,主合同当事人间所形成的新协议因未取得保证人同意对保证人不发生法律效力。

4. 新贷偿还旧贷对保证责任的影响

《担保法解释》第 39 条规定:“主合同当事人双方协议以新贷偿还旧贷,除保证人知道或者应当知道的外,保证人不承担民事责任。新贷与旧贷系同一保证人的,不适用前款的规定。”债务人的偿债能力与保证人的保证风险息息相关,故单纯的新贷偿还旧贷且未使保证人知晓的行为是人为地套牢保证人,使保证人陷入替债务人偿债的陷阱,为维护公平的法律精神,立法应通过规则的制定予以救济。需要注意以下几点,第一,《担保法解释》第 39 条第 1 款规定的保证人免责的规则仅适用于新贷的保证人。对于旧贷的保证人而言,无论主观上是否明知或应知新贷偿还旧贷这一法律事实,皆对其保证责任不产生影响。第二,《担保法解释》第 39 条第 1 款规定的免责规则范围仅适用于“新贷偿还旧贷”部分,对于新贷偿还旧贷后的剩余部分,新贷的保证人仍应承担保证责任。设旧贷为 100 万元,新贷为 150 万元,其余条件皆符合《担保法解释》第 39 条第 1 款规定的情形,则新贷保证人免责的部分为 100 万元,对于剩余的 50 万元,新贷保证人仍应承担保证责任。第三,新贷偿还旧贷的免责规则对新、旧贷为同一保证人的情形不适用。当新贷、旧贷皆为同一保证人时,新贷偿还旧贷的受益人、受损人皆为同一主体,故无显失公平、利益失衡等需要立法者予以衡平的需求,当然无须适用免责规则。

(三)保证责任的消灭

保证责任消灭的原因分为一般原因和特殊原因。一般原因是指所有引起债的消灭的共通性原因,特殊原因是指基于保证责任的特性而由担保法直接规范的原因。

保证责任消灭的一般原因主要有:(1)因主债务的消灭而导致保证责任消灭。当主债务因债务人的清偿、提存、抵销、免除、混同等原因而消灭时,基于保证的从属性,保证责任当然随之消灭。需要再次提请注意的是,主合同解除虽然会引起主合同债权债务的终止,但并不会当然引起保证责任的免除。《担保法解释》第 10 条规定:“主合同解除后,担保人对债务人应当承担的民事责任仍应承担担保责任。但是,担保合同另有约定的除外。”(2)因保证人履行保证义务而导致保证责任消灭。保证人履行保证义务不仅指以代为履行或承担赔偿责任的方式为履行,也包括保证人以提存、抵销、免除、混同等替代履行方式履行保证义务。(3)基于保证合同当事人的合意解除保证人的保证责任。此为保证合同相对独立性的体现之一。

保证责任消灭的特殊原因主要有:

1. 保证期间届满,而债权人未在保证期间内"主张"[7]权利的。根据《担保法》第25、26条的规定,保证期间届满,保证人免除保证责任。

2. 主债务转让未经保证人书面同意的。根据《担保法》第23条的规定,未经保证人书面同意而进行主债务转让的,保证人不再承担保证责任。

3. 保证合同有特殊约定的主债权让与。根据《担保法解释》第28条的规定,如当事人事先约定仅对特定的债权人承担保证责任或禁止债权转让的,主债权人将债权让与他人,则保证人不再承担保证责任。

4. 未经保证人同意加重主债务的主合同变更。根据《担保法》第24条、《担保法解释》第30条的相关规定,未经保证人同意变更主合同内容的,保证人对于加重的部分不承担保证责任。

5. 保证人对新贷偿还旧贷不知或不应知的。根据《担保法解释》第39条的规定,除保证人知道或应当知道外,主合同当事人协议以新贷偿还旧贷的,保证人不再承担保证责任。

6. 因债权人原因导致保证人不能行使预先追偿权的,保证人在破产财产中可能的范围内免除保证责任。根据《担保法解释》第45条的规定:"债权人知道或者应当知道债务人破产,既未申报债权也未通知保证人,致使保证人不能预先行使追偿权的,保证人在该债权在破产程序中可能受偿的范围内免除保证责任。"

7. 一般保证中,债权人放弃或怠于行使权利致使债务人财产不能被执行的,保证人可在可供执行财产的实际价值范围内免除保证责任。根据《担保法解释》第24条的规定:"一般保证的保证人在主债权履行期间届满后,向债权人提供了债务人可供执行财产的真实情况的,债权人放弃或者怠于行使权利致使该财产不能被执行,保证人可以请求人民法院在其提供可供执行财产的实际价值范围内免除保证责任。"

8. 债权人放弃债务人之物保的。在人保与物保并存的情形下,并非只要债

〔7〕 至于何谓"主张",详情请见下文"保证期间的经过"的相关内容。

权人放弃物保,保证人就能当然免责。根据《担保法》第 28 条的规定:"同一债权既有保证又有物的担保的,保证人对物的担保以外的债权承担保证责任。债权人放弃物的担保的,保证人在债权人放弃权利的范围内免除保证责任。"该条规定将保证与物保的实行顺序确定为"先物保,后人保",这一规则对物保人而言并不公平,因此,《担保法解释》第 38 条进行了修正,其第 1 款确立了保证、第三人的物保在实行顺序上无先后之分的规则;其第 2 款细化了物保丧失的原因,如物保合同无效、被撤销或因不可抗力原因灭失而没有代位物的,保证人不免责;其第 3 款才确立了因债权人原因导致物保毁损、灭失时保证人的减免责任[8]。而《物权法》对此进一步进行了细化和修正,通过《物权法》第 194 条第 2 款、第 218 条[9]的规定确立如下规则:债权人放弃债务人物保或怠于行使物保导致担保物价值减少或毁损灭失的,保证人在债权人丧失优先受偿权范围内免除担保责任。可见,《物权法》将物保与人保并存时的实行规则区分了债务人物保与第三人物保,通过明确债务人物保的规则,隐含推定出当第三人物保与人保并存时,如债权人放弃物保则保证人不免责的规则。将债务人物保与第三人物保加以区分,是物权法的一大进步,说明立法者在债权人、债务人、第三人与保证人之间的利益平衡中找到了最佳适合点。

需要注意的是诉讼时效与保证责任消灭的关系,具体而言,主要表现在两个方面:(1)主债务诉讼时效经过并非保证责任消灭的当然理由。主债权诉讼时效经过后主债权实体权利仍然存在,只是主债务人享有了抗辩权利,因此,此时保证人的保证责任并不当然消灭。《担保法解释》第 35 条规定:"保证人对已经超过诉讼时效期间的债务承担保证责任或者提供保证的,又以超过诉讼时效为由抗辩的,人民法院不予支持。"事实上,《诉讼时效规定》的第 21 条对该规则进行了进一步的优化:"主债务诉讼时效期间届满,保证人享有主债务人的诉讼时效抗辩权。保证人未主张前述诉讼时效抗辩权,承担保证责任后向主债务人行使追偿权的,人民法院不予支持,但主债务人同意给付的情形除外。"(2)保证

---

[8] 《担保法解释》第 38 条第 3 款规定:"债权人在主合同履行期届满后怠于行使担保物权,致使担保物的价值减少或者毁损、灭失的,视为债权人放弃部分或者全部物的担保。保证人在债权人放弃权利的范围内减轻或者免除保证责任。"

[9] 《物权法》第 194 条第 2 款规定:"债务人以自己的财产设定抵押,抵押权人放弃该抵押权、抵押权顺位或者变更抵押权的,其他担保人在抵押权人丧失优先受偿权益的范围内免除担保责任,但其他担保人承诺仍然提供担保的除外。"《物权法》第 218 条规定:"质权人可以放弃质权。债务人以自己的财产出质,质权人放弃该质权的,其他担保人在质权人丧失优先受偿权益的范围内免除担保责任,但其他担保人承诺仍然提供担保的除外。"

债务的诉讼时效经过并不导致保证责任的消灭。保证债务诉讼时效经过与主债务诉讼时效经过的法律效果是相同的，皆导致义务人因此而享有抗辩权，即保证人因保证债务诉讼时效的经过而对债权人享有抗辩权，当债权人要求保证人承担保证责任时，保证人可依此而主张抗辩拒不履行保证义务，但如保证人不行使抗辩权利，保证责任仍然存在。

二、保证期间

（一）保证期间的概念与法律性质

保证期间，也称为保证责任期间，是指保证合同当事人约定或者依法律规定在主债务履行期届满之后，保证人能容许债权人主张权利的最长期限。[10] 保证期间既是保证人承担保证责任的期限，也是债权人向保证人主张权利的期限。如债权人未在保证期间内主张权利，则保证人免除保证责任。

关于保证期间的法律性质众说纷纭，有学者主张为诉讼时效，有学者主张为除斥期间，有学者主张为保证人的免责期间或保证责任的存续期间。[11] 保证期间明显不同于诉讼时效期间：（1）诉讼时效的经过仅使义务人享有了抗辩权利，而保证期间的经过使保证人免除保证责任；（2）诉讼时效期间只能由法律规定，当事人约定无效，而保证期间既可由当事人自由约定，亦可由法律推定；（3）一般诉讼时效的起算采取主观标准，从当事人知道或者应当知道权利受侵害之日起计算，而保证期间的起算既可由当事人约定产生，亦可由法律推定为“主债务履行期届满之日起计算”；（4）诉讼时效期间属于可变期间，能够发生中止、中断、延长，而保证期间不会因任何事由发生中止、中断、延长。

但保证期间与除斥期间亦存在差别：（1）除斥期间主要适用于形成权，而保证期间适用请求权；（2）除斥期间的期限以法定为原则，无法定的当事人可以约定，而保证期间的期限以当事人约定为原则，无约定的由法律推定产生；（3）除斥期间仅期间经过即可发生形成权消灭的后果，而保证期间的经过需加上其他法律事实方能发生债权人保证责任请求权消灭的法律后果[12]；（4）除斥期间的起算是从权利产生时开始计算期间，而保证期间的起算是由当事人约定产生，无约定时由法律推定为“主债务履行期届满之日起计算”。

---

〔10〕 奚晓明：《论保证期间与诉讼时效》，载《中国法学》2001 年第 6 期。

〔11〕 黄良友：《担保法教程》，对外经济贸易大学出版社 2008 年版，第 68 ~ 69 页。

〔12〕 叶金强：《担保法原理》，科学出版社 2002 年版，第 56 页。

可见,保证期间在性质上与诉讼时效、除斥期间皆不相同。在现行法上,不仅存在保证期间的性质难以确定的问题,还有不少法定的期间性质亦难以确定,如《物权法》第107条中遗失物返还请求权的2年期间、第202条抵押权的存续期间、第245条第2款占有人返还原物请求权的1年期间,等等。这些期间的规定既与《民法总则》第196条不适用诉讼时效规定的种类有重合之处,又不能将其纳入除斥期间之形成权的适用范围,故在性质上难以给予明确定性。笔者认为,随着这一问题的逐渐泛化,将逐步形成第三类期限性质,届时,将形成其独特的特性、适用范围、适用规则等。但在这一体系尚未形成之前,笔者更偏重于为解决现实需要,将保证期间的规则类比除斥期间的规则进行适用,以解决实际问题。《担保法解释》第31条明确规定:"保证期间不因任何事由发生中断、中止、延长的法律后果。"该条规定即可以佐证立法者的态度与立场。

(二)保证期间的计算与保证期间的经过

1. 保证期间的计算

(1)保证期间的起算。根据《担保法》第25条第1款、第26条第1款的规定,无论是一般保证还是连带责任保证,保证期间皆从主债务履行期届满之日起开始计算。但这只是法律在当事人没有约定保证期间起算点或起算方法时的推定规则,如果当事人之间存在关于保证期间起算方法的约定,根据意思自治的私法精神,当事人的约定应优先适用。需要注意的是,根据《担保法解释》第33条的规定:"主合同对主债务履行期限没有约定或者约定不明的,保证期间自债权人要求债务人履行义务的宽限期届满之日起计算。"该规则与2008年实施的《诉讼时效规定》的相关规则并不完全相同。《诉讼时效规定》第6条规定:"未约定履行期限的合同,依照合同法第六十一条、第六十二条的规定,可以确定履行期限的,诉讼时效期间从履行期限届满之日起计算;不能确定履行期限的,诉讼时效期间从债权人要求债务人履行义务的宽限期届满之日起计算,但债务人在债权人第一次向其主张权利之时明确表示不履行义务的,诉讼时效期间从债务人明确表示不履行义务之日起计算。"两者相较,笔者更倾向于适用《诉讼时效规定》第6条规则,原因在于:第一,《诉讼时效规定》第6条比《担保法解释》第33条的规定更为合理、更为细化、更为科学。《诉讼时效规定》第6条不仅考虑到通过补充协议、合同相关条款、交易习惯等补救措施确定合同履行期限的可能,亦考虑到债务人主张不履行义务的例外情形,条文设计更为合理、更为周全、更为严谨。第二,《担保法解释》第 33 条的规定本质上是对“债务履行期限”的确定规则,并非专门就保证或担保而特意设置的规则,亦非立法者专为保证期间计算而设计的规则,其不具有特别法或特别性规则之实质,故无优先适用之必要。虽然外观上《担保法解释》第 33 条规定的内容为保证期间的计算方法,但实质上该规则只是为了解决当时立法环境下关于“债务履行期限”无约定或约定不明时期间计算规则缺失的尴尬情形,并非特意设计独特的保证期间计算规则。就“债务履行期限”这一主旨而言,《诉讼时效规定》第 6 条规定更应归于特殊规则之列,更具有适用的优先性。

(2)不同种类保证期间的计算。根据《担保法》第 25、26 条以及《担保法解释》第 32 条的相关规定,我国保证期间的种类分为以下几种:一是当事人自由约定的保证期间。基于私法自治精神,保证期间的长短可以由当事人自由约定,如不违反法律的强制性规定,则当事人的约定优先适用。二是当事人没有约定的,保证期间推定为主债务履行期届满之日起 6 个月。无论是一般保证还是连带责任保证,在当事人无约定情形下,保证期间皆推定为主债务履行期届满之日起 6 个月。三是当事人之间虽然有约定,但约定的保证期间早于或等于主债务履行期限的,视为无约定,保证期间推定为主债务履行期届满之日起 6 个月。虽然当事人间有保证期间的约定,但如保证期间早于或等于主债务履行期限,而保证期间从主债务履行期届满之日起才开始计算,此时的约定没有实际意义,故该约定的法律效果相当于无约定。四是当事人之间虽然有约定,但约定中含有“保证人承担保证责任直至主债务本息还清时为止”等类似内容的,视为约定不明,保证期间推定为主债务履行期届满之日起 2 年。虽然因种种原因当事人之间关于保证期间的约定不明,但不可否认的是,当事人之间确实存在约定保证期间时限的真实意思表示,且通过“保证人承担保证责任直至主债务本息还清时为止”这类条款的约定可窥知当事人意欲无限期延长保证期间、强化对债权人权利保护力度的强烈意愿,故立法者设计了 2 年这一较长期限的推定规则。需要注意的是,如今《民法总则》第 188 条第 1 款将普通诉讼时效的期限更改为 3 年,基于相同的立法修正理由,不知《担保法解释》第 32 条第 2 款中的 2 年是否亦应顺应潮流修正为 3 年?

2. 保证期间的经过

保证期间内,债权人不“主张”权利,则保证期间经过,保证人免除保证责任;债权人“主张”权利,则保证期间转化为保证诉讼时效,保证期间的历史使命完成,光荣退出舞台,开启保证诉讼时效计算之旅。然则债权人“主张”权利的方式与标准,在一般保证与连带责任保证中的规则并不相同。根据我国《担保法》第25条第2款、第26条第2款的相关规定:(1)在一般保证的保证期间内,债权人未对债务人提起诉讼或申请仲裁的,即为保证期间经过,保证人免除保证责任;(2)在连带责任保证的保证期间内,债权人未要求保证人承担保证责任的,即为保证期间经过,保证人免除保证责任。可见,一般保证中保证期间内债权人“主张”权利的方式与标准为“向债务人提起诉讼或申请仲裁”,连带责任保证中保证期间内债权人“主张”权利的方式与标准为“向保证人请求”。需要注意的是,《担保法》第25条第2款后半段规定,在一般保证的保证期间内,“债权人已提起诉讼或者申请仲裁的,保证期间适用诉讼时效中断的规定”,该规则因与《担保法解释》第34条第1款的规则相冲突而无适用之空间与必要:因为在一般保证的保证期间内,债权人如果已经向债务人提起诉讼或申请仲裁,则保证期间的使命已然完成,应适用《担保法解释》第34条第1款的规则开始计算保证债务的诉讼时效,而非关注已然失去法律意义、终结法律生命的保证期间是否会发生中断。

(三)保证期间与保证债务的诉讼时效

保证期间一旦经过,即发生保证责任永久性消灭的法律后果,自然保证债务的诉讼时效就不可能启动;只有在保证期间内“主张”权利,保证期间才可能向保证诉讼时效转化。上文已述,保证期间内的“主张”方式为“起诉或仲裁”与“请求”,但并非一旦债利人“主张”权利,保证期间立即向保证诉讼时间转化。

根据《担保法解释》第34条的规定,一般保证中,债权人在保证期间内,对于债务人提起诉讼或申请仲裁的,从判决或仲裁裁决生效之日起开始计算保证诉讼时效;连带责任保证中,债权人在保证期间内,向保证人提出承担保证责任要求的,从债权人要求保证人承担保证责任之日起,开始计算保证诉讼时效。关于连带责任保证中保证期间与保证债务诉讼时效的转化规则笔者毫无疑义,因根据现行规则,保证期间内一旦债权人“主张”则保证债务诉讼时效启动,两者之间并无时间差。但在一般保证中,保证期间内债权人的“主张”并非直接导致保证债务诉讼时效的启动,两者之间转化的时间衔接点存在争议。一般保证中,保证期间内债权人的“主张”方式为向“债务人起诉或仲裁”,然则“主张”后保证债务诉讼时效的起算点到底应该从提起诉讼之日、判决之日开始起算，还是应该从判决生效之日、强制执行后仍不能履行债务之日开始起算？从法理而言，基于一般保证中先诉抗辩权的存在，债权人对一般保证的保证人主张承担保证责任必须发生在对主债务人强制执行仍不能履行全部债务后，故一般保证的诉讼时效应从判决或仲裁裁决强制执行后仍不能履行债务之日起计算。但由于在我国，执行一直属于问题多发地带，具有较大的不确定性，故立法者折中规定一般保证中保证债务诉讼时效从判决或裁决生效之日起计算，以督促债权人尽早主张权利。

（四）保证债务的诉讼时效与主债务的诉讼时效

依据我国《担保法解释》第36条的规定，保证债务的诉讼时效与主债务的诉讼时效关系表现为：（1）主债务诉讼时效中断，一般保证债务的诉讼时效随之中断，连带保证债务诉讼时效不中断。（2）主债务诉讼时效中止，一般保证债务、连带保证债务的诉讼时效均中止。根据《民法通则》第139条、《民法总则》第194条的规定，诉讼时效的中止仅发生在特定时间段内（诉讼时效期间的最后6个月内），且仅基于特定法定的客观事由发生，故主债务诉讼时效中止的，无论一般保证债务还是连带保证债务皆中止。而根据《民法通则》第140条、《民法总则》第195条的规定，诉讼时效的中断事由皆是由当事人的主观意愿所引发，故主债务诉讼时效与保证债务诉讼时效的关系在一般保证与连带保证中表现各不相同：一般保证因保证人享有先诉抗辩权，主债务诉讼时效的起算与保证债务诉讼时效的起算有先后顺序要求，故在法理上前者的中断会引起后者随之中断的法律效果；[13]连带保证因保证人与债务人处于连带关系，债权人在行使权利时保证人与债务人处于同等地位，故主债务诉讼时效的起算与保证债务诉讼时效的起算无先后顺序关系，前者的中断与后者的中断无关联关系。

需要注意的是，《担保法解释》第36条关于连带保证中“主债务诉讼时效中

---

〔13〕 有学者认为，在我国现行规定下，该规定为一纸空文，无实现的可能：根据《担保法解释》第34条的规定，一般保证债务诉讼时效从主债务案件判决或仲裁裁决生效之日起计算，此时主债务诉讼时效已经不会再次起算，两者无产生关联关系之机会；如一般保证的债权人对债务人提起诉讼或仲裁，会引发主债务诉讼时效中断，但保证债务诉讼时效仍未开始起算；如一般保证的债权人未对债务人提起诉讼或仲裁，且该诉讼或仲裁的判决或仲裁裁决未生效，则无法引发保证债务诉讼时效的起算，自然无从谈及前者的中断与后者中断的关系。总之，在现行法的规则之下，一般保证债务的诉讼时效与主债务的诉讼时效无重合之可能。参见黄良友：《担保法教程》，对外经济贸易大学出版社2008年版，第72～73页。

断,保证债务诉讼时效不中断”的规则与《诉讼时效规定》的相关规则产生了冲突。《诉讼时效规定》第 17 条规定:“对于连带债权人中的一人发生诉讼时效中断效力的事由,应当认定对其他连带债权人也发生诉讼时效中断的效力。对于连带债务人中的一人发生诉讼时效中断效力的事由,应当认定对其他连带债务人也发生诉讼时效中断的效力。”可见,无论是连带债权还是连带债务,对其中一份发生诉讼时效中断的事由,其效力及于其他连带人。而在连带责任保证中,保证人与债务人对于债权人处于连带地位,保证债务与主债务属于连带关系,按《诉讼时效规定》第 17 条的规则,主债务诉讼时效的中断与保证债务诉讼时效的中断属于相互影响、相互作用的关系,一方的中断会引起另一方的中断。虽然《诉讼时效规定》第 17 条的规则更有利于保护债权人的利益,但笔者更赞同基于特别法优于一般法规则适用《担保法解释》第 36 条的规则,因其对保证人权利的维护更为有利。

第四节 保 证 效 力

本节主要明确保证在债权人与保证人之间、债务人与保证人之间的效力,重点阐释了保证人对债权人享有的专属抗辩权以及保证人对债务人享有的追偿权。

保证合同的当事人虽然只有保证人与债权人,但保证合同所涉及的法律关系发生于保证人、债权人、债务人三者之间,因保证原因关系的产生与债务人相关且责任的最终承担者亦为债务人。故厘清保证合同法律关系,需厘清债权人与保证人之间、债务人与保证人之间的法律关系。

一、保证在债权人与保证人之间的效力

虽然保证合同为单务合同、无偿合同,保证人在保证合同中只承担义务而不享有对等性合同权利,债权人在保证合同中只享有权利而无须支付相应对价,但并不代表在保证合同中保证人不享有任何权利。因此,关于保证在债权人与保证人之间的效力,可以从债权人的权利、保证人的权利两个角度进行理解。

(一)债权人的权利

保证合同中,债权人享有的权利即为当主债务人不履行债务时,债权人得请求保证人履行保证债务、承担保证责任的权利。债权人对保证人享有的请求其履行保证债务的权利是债权人最根本、最重要的权利,也是保证合同存在的目的之所在。因典型保证类型分为一般保证与连带责任保证,债权人向保证人行使承担保证责任请求权的程序也各不相同。一般保证中,因保证人享有先诉抗辩权,故债权人只有在主债务人"不能"履行债务(即债权人已以诉讼或仲裁的方式向债务人主张权利且强制执行后债权仍没有完全实现)时才能要求保证人承担保证责任,否则保证人有权抗辩。连带责任保证中,因债务人与保证人对债权人负连带责任,故债权人可直接要求保证人承担保证责任,保证人无权拒绝。

(二)保证人的权利

保证合同中,保证人虽不享有请求给付的权利,但仍然享有一定的防御性权利。保证人享有的权利类型主要有主债务人享有的权利、一般债务人享有的权利、保证人专属的抗辩权利三类权利。其中,前两类权利是基于合同原理所享有的权利,只有第三类是保证人专属的权利,也是本章需要重点阐述的权利。

1. 主债务人享有的权利

保证债务从属于主债务,故主债务人享有的防御性权利保证人亦得享有。保证人基于主债务人享有的权利而可向债权人主张的权利主要有两类:

(1)主债务人享有的抗辩权。《担保法》第20条第1款规定:"一般保证和连带责任保证的保证人享有债务人的抗辩权。债务人放弃对债务的抗辩权的,保证人仍有权抗辩。"可见,保证人针对债权人行使的主债务享有的抗辩权,具有一定的独立性,即使主债务人放弃该权利,保证人仍可独立行使。保证人可行使的主债务人享有的抗辩权主要有以下几种类型:一是债权未发生之抗辩;二是债权已消灭之抗辩;三是拒绝给付之抗辩,如同时履行抗辩、先履行抗辩和不安抗辩等;四是时效之抗辩〔14〕。

---

〔14〕 需要注意的是,时效抗辩的适用亦有例外,《担保法解释》第35条规定:"保证人对已经超过诉讼时效期间的债务承担保证责任或者提供保证的,又以超过诉讼时效为由抗辩的,人民法院不予支持。"类似规定的还有《诉讼时效规定》第21条。

(2)主债务人享有的其他类似于抗辩权的权利。主要有抵销权、撤销权两种类型。当主债务人在主合同直接行使抵销权、撤销权时,保证人得享有债权已消灭、债权未发生之抗辩,此时,抵销权、撤销权属于主债务人专有之权利,而保证人不得享有该主债务人所享有之实体性权利。但如主债务人在主合同中未行使抵销权、撤销权的,保证人可以以主债务人享有抵销权、撤销权为由主张抗辩,拒绝履行相应的保证责任。尽管我国《担保法》中仅规定了保证人可享有主债务人的抗辩权,对抵销权、撤销权等类似于抗辩权的权利并未明确规定,但笔者认为,基于合同法原理,保证人应享有该权利。

2. 一般债务人享有的权利

保证人作为保证合同当事人,享有一般合同当事人所享有的权利。因保证人是保证合同中的义务承担者,故保证人享有普通合同中债务人享有的基本权利。如保证人可主张保证合同不成立、无效之抗辩、保证债务履行期未届至之抗辩、保证债务消灭之抗辩、保证诉讼时效届满之抗辩等。保证人除了可以向债务人主张抗辩权外,也可以作为合同当事人向债权人主张其他的合同权利,如基于撤销事由主张撤销保证合同等。

3. 保证人专属的抗辩权利

不少学者在谈及保证人享有的专属抗辩权时涉及催告抗辩权。所谓催告抗辩权,即债权人请求保证人履行保证债务时,保证人可要求债权人先向债务人催告,要求债务人履行,否则,保证人可拒绝履行保证债务的抗辩权利。也就是说,催告抗辩权在债权人向保证人请求履行保证责任时设置了一个前置程序:必须先以催告的方式要求债务人履行债务,如果不履行催告程序而直接要求保证人承担保证责任的,保证人有权拒绝。有不少学者认为我国《担保法》虽未明确规定保证人的催告抗辩权,但在理论上应设置该权利,且认为最高人民法院《关于审理经济合同纠纷案件有关保证的若干问题的规定》(法发〔1994〕8号)第5条〔15〕与第7条〔16〕的规则是以司法解释的形式承认了保证人的催告抗

〔15〕 法发〔1994〕8号文件第5条规定:"保证合同明确约定保证人承担代为履行责任的,经债权人请求被保证人履行合同,被保证人拒不履行时,债权人可请求保证人履行。保证人不能代为履行合同,且强制执行被保证人的财产仍不足以清偿其债务的,由保证人承担赔偿责任。"

〔16〕 法发〔1994〕8号文件第7条规定:"保证合同没有约定保证人承担何种保证责任,或者约定不明确的,视为保证人承担赔偿责任。当被保证人不履行合同时,债权人应当首先请求被保证人清偿债务。强制执行被保证人的财产仍不足以清偿其债务的,由保证人承担赔偿责任。"

辩权。[17] 笔者认为，如当事人在保证合同中明确约定了保证人享有催告抗辩权，其约定当然有效，如果当事人之间并未作出有关催告抗辩权的特别约定，则法律并无必要特意设置催告抗辩权规则。催告抗辩权规则是为保护保证人利益，为保证人增加了"先向债务人催告"这一保护程度，但事实上这在实践中适用的空间极小：典型的保证形式为一般保证、连带责任保证两种，一般保证的保证人完全可以通过先诉抗辩权来达到催告抗辩权的目的，可以说，先诉抗辩权完全覆盖了催告抗辩权的立法宗旨且相比后者对保证人利益的保护更为周全；连带责任保证设立的目的与特征即保证人与债务人属于连带关系，以便债权人主张权利，如法律强行设置催告抗辩权门槛，虽然对保证人较为有利，但人为地增加了债权人主张权利的程序与环节，增加了债权人的时间、精力、诉讼证明等成本，与连带责任保证设置时偏向保护债权人利益的立法宗旨不符。因此，笔者认为，催告抗辩权可以作为保证人的约定性权利，因当事人自由约定而生效，而并不适合归入保证人的法定权利行列。

保证人所特有的抗辩权利由《担保法》《担保法解释》和《物权法》共同规范，主要有先诉抗辩权和保证人在人保与物保并存时拒绝先履行保证债务的抗辩权两类。

(1)先诉抗辩权。先诉抗辩权，又称为检索抗辩权，是指保证人享有的，在债权人以诉讼或仲裁的方式向债务人主张权利并强制执行后仍未获全部清偿前，得拒绝债权人请求其承担保证责任的权利。《担保法》第 17 条第 2 款规定："一般保证的保证人在主合同纠纷未经审判或者仲裁，并就债务人财产依法强制执行仍不能履行债务前，对债权人可以拒绝承担保证责任。"可见，在我国，先诉抗辩权仅由一般保证的保证人享有。先诉抗辩权的适用增强了对保证人利益的保护，使其获得在主合同纠纷未经审判或仲裁，并就债务人财产依法强制执行仍不能履行债务前，得以拒绝债权人请求其履行保证债务的权利，即在债权人未对债务人穷尽一切救济手段之前，债权人不得向保证人主张其承担保证责任，否则保证人有权拒绝。

先诉抗辩权仅适用于一般保证，而一般保证中保证人承担保证责任的前提是"债务人不能履行债务"，即先诉抗辩权的实质在于保证人享有在"债务人不能履行债务"前拒绝承担保证责任的权利。然则，何谓"债务人不能履行债务"？

---

〔17〕 黄良友：《担保法教程》，对外经济贸易大学出版社 2008 年版，第 57～58 页；郭明瑞、房绍坤、张平华：《担保法》，中国人民大学出版社 2008 年版，第 69 页。

笔者认为,“债务人不能履行债务”应从以下几个方面入手确定其标准:第一,主债务到期未清偿。主债务合同必须有效存在且履行期届满债务人未清偿。第二,债权人已经起诉或者申请仲裁。债权人并未怠于行使权利且以诉讼或仲裁的方式要求债务人履行债务。如债权人怠于向债务人主张权利导致受偿利益受损,则保证人有权要求在受损范围内免除保证责任。《担保法解释》第24条明确规定:“一般保证的保证人在主债权履行期间届满后,向债权人提供了债务人可供执行财产的真实情况的,债权人放弃或者怠于行使权利致使该财产不能被执行,保证人可以请求人民法院在其提供可供执行财产的实际价值范围内免除保证责任。”第三,债权人已经申请强制执行债务人之财产。债权人不仅得请求公权力救济,且得要求进行至执行阶段,而非仅依生效的裁判文书要求保证人承担保证责任。第四,强制执行后债权没有实现或没有完全实现。债权人不仅得申请强制执行,且得待强制执行仍不能获得全部清偿,即穷尽一切救济手段之后才得以向保证人主张其承担保证责任。对于强制执行后债权仍“不能清偿”的标准《担保法解释》第131条作出了规定:“本解释所称‘不能清偿’指对债务人的存款、现金、有价证券、成品、半成品、原材料、交通工具等可以执行的动产和其他方便执行的财产执行完毕后,债务仍未能得到清偿的状态。”

一般保证的保证人虽然享有先诉抗辩权,但先诉抗辩权的适用也受到一定的限制。根据《担保法》第17条第3款的规定,在以下几种情形下保证人不得行使先诉抗辩权:第一,债务人住所变更,致使债权人要求其履行债务发生重大困难。根据《担保法解释》第25条之规定:“债权人要求债务人履行债务发生的重大困难情形,包括债务人下落不明、移居境外,且无财产可供执行。”第二,人民法院受理债务人破产案件,中止执行程序的。法院受理破产案件后,对债务人财产的其他民事执行程序必须中止,故债权人无法先对债务人的财产予以强制执行,只能请求保证人承担保证责任,此时,保证人不得行使先诉抗辩权,否则,会导致债权人权利长期悬空处于无法主张的地位,保证设置的目的亦即落空。《担保法解释》将该项例外规则的适用范围进一步放宽,其第44条第1款规定:“保证期间,人民法院受理债务人破产案件的,债权人既可以向人民法院申报债权,也可以向保证人主张权利。”即只要人民法院受理债务人破产案件,则无论破产程序进行至何阶段,保证人皆不得行使先诉抗辩权。第三,保证人以书面形式放弃先诉抗辩权的。私法范围内尊重意思自治,只要保证人是真实意思表示,其可以自愿放弃所享有的权利,但因该权利与保证人利益攸关,应审慎以待，故法律要求放弃该权利必须采取书面形式。

保证人先诉抗辩权的影响涉及民事诉讼范围内。《担保法解释》第 125 条规定：“一般保证的债权人向债务人和保证人一并提起诉讼的，人民法院可以将债务人和保证人列为共同被告参加诉讼。但是，应当在判决书中明确在对债务人财产依法强制执行后仍不能履行债务时，由保证人承担保证责任。”可见，即便保证人与债务人作为共同被告，保证人的先诉抗辩权亦必须在判决书中明确予以承认。而连带责任保证人因无先诉抗辩权之存在，故在诉讼上无类似规则。《担保法解释》第 126 条规定：“连带责任保证的债权人可以将债务人或者保证人作为被告提起诉讼，也可以将债务人和保证人作为共同被告提起诉讼。”

（2）人保与债务人的物保并存时拒绝先履行保证债务的抗辩权。人保与物保并存分为债务人的物保与人保并存、第三人的物保与人保并存两种类型。我国《担保法》在规范人保与物保并存时确立了债权人行使权利时“先物保，后人保”的规则。《担保法》第 28 条规定：“同一债权既有保证又有物的担保的，保证人对物的担保以外的债权承担保证责任。债权人放弃物的担保的，保证人在债权人放弃权利的范围内免除保证责任。”可见，根据该规定，债权人在行使权利时，应先向物保人主张，再向保证人主张，对于违反该顺序规则的，保证人可以拒绝。但《担保法解释》将这一规则的适用范围限定为债务人的物保与人保并存时，而排除了第三人的物保与人保并存时对该规则的适用。《担保法解释》第 38 条第 1 款前半段规定：“同一债权既有保证又有第三人提供物的担保的，债权人可以请求保证人或者物的担保人承担担保责任。”可见，第三人物保与人保并存时债权人行使权利并无先后顺序之分。《物权法》则第一次以立法的形式明确规定了人保与物保并存时债权人行使权利适用推定规则时应区分债务人的物保和第三人的物保。《物权法》第 176 条规定：“被担保的债权既有物的担保又有人的担保的，债务人不履行到期债务或者发生当事人约定的实现担保物权的情形，债权人应当按照约定实现债权；没有约定或者约定不明确，债务人自己提供物的担保的，债权人应当先就该物的担保实现债权；第三人提供物的担保的，债权人可以就物的担保实现债权，也可以要求保证人承担保证责任。提供担保的第三人承担担保责任后，有权向债务人追偿。”可见，人保与物保并存时债权人应按照约定行使权利，无约定或约定不明时，就债务人提供的物保应实行“先向债务人主张，后向保证人主张”的规则；就第三人提供的物保则保证人、第三人处于同等地位而无先后顺序之别。

综上所述，债务人的物保与人保并存的，债权人在行使权利时，除当事人另有约定外，应遵循“先物保，后人保”的规则，即先向债务人要求其承担物保责任，就不足部分再向保证人要求其承担保证责任。也就是说，保证人在此时仅就债务人物保以外的债权承担保证责任，当债权人要求保证人先承担保证责任或直接要求保证人承担全部保证责任时，保证人有权主张抗辩。

二、保证在债务人与保证人之间的效力

虽然保证合同的当事人是保证人与债权人，但保证的设立是保证人为主债务人担保其履行债务，故保证的效力亦及于债务人。有学者认为，保证人与债务人之间的关系可称为保证原因关系，具体表现为赠与、委托、无因管理等。保证原因关系不同，保证人享有的权利亦不相同：保证原因关系为赠与关系的，保证人对主债务人不享有权利；保证原因关系为委托关系的，保证人享有求偿权、代位权、保证责任除去请求权；保证原因关系为无因管理的，保证人享有求偿权、代位权，不享有保证责任除去请求权。[18] 笔者认为，保证在债务人、保证人之间的法律关系主要体现于保证人的追偿权，至于代位权、保证责任除去请求权等权利我国《担保法》及《担保法解释》并未规范，理论界对在立法上是否有设置的必要亦存在争议，[19] 故本书在此不予探讨。

保证人的追偿权，亦称为求偿权，是指保证人向债权人履行保证责任后，得向债务人请求偿还的权利。我国现行法明确承认保证人享有追偿权，且规定人民法院在判决书中应予写明，以便于保证人利益的维护。《担保法解释》第 42 条第 1 款规定：“人民法院判决保证人承担保证责任或者赔偿责任的，应当在判决书主文中明确保证人享有担保法第三十一条规定的权利。判决书中未予明确追偿权的，保证人只能按照承担责任的事实，另行提起诉讼。”

（一）保证人追偿权的成立条件

《担保法》第 31 条规定：“保证人承担保证责任后，有权向债务人追偿。”可见，保证人追偿权成立的条件为保证人已经承担了保证责任。笔者认为，除此

---

〔18〕 郭明瑞、房绍坤：《担保法》，中国政法大学出版社 2008 年版，第 54 页。

〔19〕 关于保证人的代位权、保证责任除去请求权是否应在我国设立的问题存在争议，参见郭明瑞、房绍坤、张平华：《担保法》，中国人民大学出版社 2008 年版，第 82 ~ 88 页；黄良友：《担保法教程》，对外经济贸易大学出版社 2008 年版，第 63 ~ 65 页；叶金强：《担保法原理》，科学出版社 2002 年版，第 71 ~ 72 页。

之外，让债务人承受保证人的追偿，须债务人因保证人承担保证责任而免责，即债务人因保证人履行保证义务的行为而受有实际利益，否则让其接受追偿未免有失公允。因此，保证人追偿权的成立条件为：(1)保证人已经承担保证责任；(2)债务人因保证人承担保证责任而免责。有的学者认为，保证人追偿权的成立条件还应包括“保证人履行保证债务无过错”。[20] 对此笔者并不赞同，保证人履行保证债务时的主观状态不能决定追偿权这一实体性权利的存在与否，而只能使债务人对保证人享有了抗辩权。以保证人因过错未行使债务人对债权人抗辩权而履行保证债务为例，此时，保证人虽然主观上存在过错，但客观上确实履行了保证债务且造成了债权人实体权利(债权)的消灭、债务人也因此而受有利益，因此，保证人的追偿权利本身应予承认，只是因其过错导致债务人丧失向债权人主张抗辩的机会，故债务人对保证人的追偿权可予拒绝，即债务人对保证人的追偿请求权享有抗辩权。因过错便直接认定追偿权实体权利的丧失对保证人不公，而债务人因保证人承担保证责任有过错而享有抗辩权则更为公平合理。

(二)保证人追偿权的范围

保证人追偿权的效力范围因保证人与债务人的保证原因关系不同而不同。当保证人因受债务人委托而进行保证时，其追偿权的效力范围包括：保证人承担保证责任的本金、保证人自承担保证责任之日起本金所产生的利息、保证人为承担保证责任而支付的必要费用、保证人在承担保证责任过程中因非归责于自身的事由而受到的损失。当保证人非因委托而进行保证时，其构成无因管理，保证人的追偿权效力范围包括：债务人因保证人承担保证责任而免责的数额以及因此所支付的必要费用。

需要注意的是，保证人追偿权的效力范围受主债务人因保证行为实际受有利益范围的限制，即保证人追偿权的行使，以主债务人因保证行为而免责的范围为限。《担保法解释》第43条规定：“保证人自行履行保证责任时，其实际清偿额大于主债权范围的，保证人只能在主债权范围内对债务人行使追偿权。”

(三)保证人行使追偿权与主债务诉讼时效的关系

因保证债务的从属性，主债务诉讼时效经过，保证人当然享有抗辩权。《担

---

〔20〕 郭明瑞、房绍坤：《担保法》，中国政法大学出版社2008年版，第55页。

保法解释》第 35 条规定:“保证人对已经超过诉讼时效期间的债务承担保证责任或者提供保证的,又以超过诉讼时效为由抗辩的,人民法院不予支持。”该条仅规定了保证人“对已经超过诉讼时效期间的债务承担保证责任或者提供保证”的,不得以此对主债权人提出抗辩,但并未规定在此类情形下保证人是否享有追偿权。《诉讼时效规定》第 21 条规定:“主债务诉讼时效期间届满,保证人享有主债务人的诉讼时效抗辩权。保证人未主张前述诉讼时效抗辩权,承担保证责任后向主债务人行使追偿权的,人民法院不予支持,但主债务人同意给付的情形除外。”可见,主债务诉讼时效期间届满,保证人享有诉讼时效抗辩权,保证人怠于行使诉讼时效抗辩权而向主债权人承担保证责任的,其对主债务人的追偿权丧失胜诉权,但主债务人同意给付的除外。此时,“人民法院不予支持”所代表的不是保证人追偿权利本身的丧失,而是胜诉权的丧失,否则,主债务人给付保证人时保证人构成不当得利。

需要注意的是,追偿权作为一项实体性权利,其自身的存在亦受诉讼时效规则的限制。《担保法解释》第 42 条第 2 款规定:“保证人对债务人行使追偿权的诉讼时效,自保证人向债权人承担责任之日起开始计算。”

(四)保证人追偿权的预先行使

保证人追偿权的预先行使,是指保证人承担保证责任前,因法定事由的发生,得预先向主债务人行使追偿权。《担保法》第 32 条规定:“人民法院受理债务人破产案件后,债权人未申报债权的,保证人可以参加破产财产分配,预先行使追偿权。”《破产法》也规定了保证人的追偿权和预先行使的追偿权,其第 51 条规定:“债务人的保证人或者其他连带债务人已经代替债务人清偿债务的,以其对债务人的求偿权申报债权。债务人的保证人或者其他连带债务人尚未代替债务人清偿债务的,以其对债务人的将来求偿权申报债权。但是,债权人已经向管理人申报全部债权的除外。”该条第 2 款即为保证人追偿权的预先行使规则。如果保证方式为连带共同保证,则各保证人应作为一个主体申报债权。《担保法解释》第 46 条规定:“人民法院受理债务人破产案件后,债权人未申报债权的,各连带共同保证的保证人应当作为一个主体申报债权,预先行使追偿权。”

需要注意的是,在破产程序中,因债权人原因导致保证人未能行使预先追偿权的,保证人在可受偿范围内免除保证责任。《担保法解释》第 45 条规定:

“债权人知道或者应当知道债务人破产,既未申报债权也未通知保证人,致使保证人不能预先行使追偿权的,保证人在该债权在破产程序中可能受偿的范围内免除保证责任。”

保证人预先行使追偿权后,其对主债权人所应承担的保证责任仍应继续承担。《破产法》第 124 条规定:“破产人的保证人和其他连带债务人,在破产程序终结后,对债权人依照破产清算程序未受清偿的债权,依法继续承担清偿责任。”可见,破产程序的终结,只是阻断了债权人向债务人的求偿之路,但保证人仍应继承承担保证责任。根据《担保法解释》第 44 条第 2 款的规定:“债权人申报债权后在破产程序中未受清偿的部分,保证人仍应当承担保证责任。债权人要求保证人承担保证责任的,应当在破产程序终结后六个月内提出。”该规则要求债权人应在破产程序终结后的 6 个月内要求保证人承担保证责任,其可能与当事人约定、法律推定的 2 年等保证期间规则相冲突,但笔者认为,该规则为特殊规则,仅针对债务人破产的特殊情形,应优先适用。因债务人破产程序终结这一特殊事由的出现,当事人事先约定的保证期间或根据法律推定规则适用的保证期间在此应变更为“破产程序终结后 6 个月”,以督促债权人尽早主张权利,使当事人之间的权利义务关系尽早确定下来。

第五节 特殊保证

本节主要明确最高额保证、共同保证的特殊性,尤其是其适用规则的特殊之处。

一、最高额保证

(一)最高额保证的概念与特征

最高额保证是指保证人和债权人之间,就一定期间内将要连续发生的债权债务,在最高债权额度内设立的保证。《担保法》第 14 条规定:“保证人与债权人可以就单个主合同分别订立保证合同,也可以协议在最高债权额限度内就一定期间连续发生的借款合同或者某项商品交易合同订立一个保证合同。”最高额保证的优势在于节省了交易成本,使将要发生的一系列债权的担保在一个保证合同内体现,省去了反复磋商所需的时间、人力、物力等成本,在经济上更为合理,能更大程度上达成效益的最大化。

最高额保证属于一种较为特殊的保证类型,其特殊之处在于:

1. 最高额保证的主债权具有不确定性。最高额保证所担保的主债权多为未来发生的不特定债权。主债权是否发生、发生几笔、每笔多大数额、什么时间发生等,在最高额保证合同签订时皆无法确定。最高额保证担保的主债权是面向将来发生的不特定债权,是当事人为方便将来主债权的发生预先设立的担保。需要注意的是:(1)最高额保证不应局限于《担保法》第 14 条规定的"借款合同或者某项商品交易合同"这一范围,该规定束缚了最高额保证制度的发展,也无任何法理依据和现实根据,应予摒弃。(2)最高额保证担保的主债权不应仅局限于"尚未发生"的债权,应类比最高额抵押权的规则,允许根据当事人意思自治的规则将已经发生的债权纳入担保的范围。《物权法》第 203 条规定:"最高额抵押权设立前已经存在的债权,经当事人同意,可以转入最高额抵押担保的债权范围。"该规则更尊重当事人的意思,因而更为合理。

2. 最高额保证的主债权具有系列性。最高额保证所担保的主债权为一定期间内连续发生的多个债权,其系列性主要体现在以下几个方面:(1)主债权由多个债权构成。一般来说,保证所担保的债权是单一的、确定的,而最高额保证所担保的主债权是将来发生的多个债权。如主债权仅为单一的,则最高额保证所存在的价值难以体现。(2)主债权是一定期间内连续发生。该期间或由当事人约定或根据法律规则确定,最高额保证所担保的主债权大多在该期间内连续发生。(3)主债权之间一般具有一定的关联性。即最高额保证所担保的主债权大多是基于当事人间特定的基础法律关系而发生的。

3. 最高额保证合同成立在前,主债权合同成立在后,突破了担保权的从属性。一般而言,先有主债权合同,为担保特定的主债权才会产生保证合同,这也是大多数担保合同产生的常态,但最高额保证是先成立保证合同,后成立主债权合同。

4. 最高限额性。最高额保证中保证人承担的保证责任限定于当事人约定的最高额度内。保证人与债权人会事先在保证合同中约定保证人承担保证责任的最高额度,在该额度内且符合约定条件所发生的主债权,保证人承担保证责任;对于超出限额的主债权,保证人对超出最高额度外的主债权部分不再承担保证责任,该部分变成普通债权;如最终发生的实际债权数额尚未达到约定的最高数额,则保证人对实际发生的主债权承担保证责任,而非按最高数额标准承担保证责任。《担保法解释》第23条规定:“最高额保证合同的不特定债权确定后,保证人应当对在最高债权额限度内就一定期间连续发生的债权余额承担保证责任。”该规则强调最高额保证合同的保证人应当“在最高债权额限度内”承担保证责任。

(二)最高额保证的保证期间

普通保证的保证期间由当事人约定产生,当事人无约定,则由法律推定为6个月或2年,最高额保证的保证期间确定同样采取当事人约定优先规则,只是在当事人未约定或约定不明时区分为两种情形。我国《担保法解释》第37条规定:“最高额保证合同对保证期间没有约定或者约定不明的,如最高额保证合同约定有保证人清偿债务期限的,保证期间为清偿期限届满之日起六个月。没有约定债务清偿期限的,保证期间自最高额保证终止之日或自债权人收到保证人终止保证合同的书面通知到达之日起六个月。”对于该规定,主要是在“保证人清偿债务期限”的理解上存在较多争议。事实上,笔者认为,最高额保证的保证期间应依如下规则确定:(1)依当事人约定确定保证期间。(2)当事人之间对保证期间未约定或约定不明时,应依下列顺序确定:一是如最高额保证合同专门、明确约定了保证人清偿债务的期限,则保证期间的起算点为该清偿期届满之日,而排除了一般的保证期间从“主债务履行期届满之日起”开始计算的规则;二是如最高额保证合同未明确约定保证人清偿债务期限,则可类比适用普通保证合同保证期间的法律推定规则,即只要各主合同有主债务清偿期限约定的,保证期间可以分别为自各主债务清偿期限届满之日起6个月;三是最高额保证合同中既无保证人清偿债务期限的约定,亦无主债务清偿期限约定的,保证期间为自最高额保证终止之日或自债权人收到保证人终止保证合同的书面通知到达之日起6个月。

(三)最高额保证中债权额的确定

虽然最高额保证合同所担保的主债权具有不确定性,但保证责任在实行时必须针对的是明确的、确定的债权额,即最高额保证所担保的主债权最终仍然是确定的债权数额。最高额保证中债权额确定的方式主要有:(1)决算期届至。即当事人在最高额保证合同中明确约定被担保债权必须发生在指定或特定期间内，该期限届满时，最高额保证合同中的债权额确定。(2)保证人行使任意解除权。《担保法》第27条规定："保证人依照本法第十四条规定就连续发生的债权作保证，未约定保证期间的，保证人可以随时书面通知债权人终止保证合同，但保证人对于通知到债权人前所发生的债权，承担保证责任。"保证人通过行使任意解除权确定最高额保证的债权额需达到以下条件：一是最高额保证合同未约定保证期间；二是保证人以书面方式通知债权人终止保证合同；三是保证人仅对通知到达债权人前所发生的债权承担保证责任。(3)其他事由。虽然现行法并未明确规定这一事由，但作为债权额确定的弹性规定和兜底条款，其仍有存在的价值和空间。在学说上，通常认为最高额保证的债权确定事由可以参照适用最高额抵押权的债权确定事由。〔21〕《物权法》第206条〔22〕规定了最高额抵押权的债权确定事由，其中有不少事由最高额保证皆可以借鉴适用。

二、共同保证

(一)共同保证的概念与特征

共同保证是与单独保证相对应的概念，是指两个或两个以上的保证人对同一债务的履行所提供的保证。《担保法》第12条规定："同一债务有两个以上保证人的，保证人应当按照保证合同约定的保证份额，承担保证责任。没有约定保证份额的，保证人承担连带责任，债权人可以要求任何一个保证人承担全部保证责任，保证人都负有担保全部债权实现的义务。已经承担保证责任的保证人，有权向债务人追偿，或者要求承担连带责任的其他保证人清偿其应当承担的份额。"可见，根据保证人之间承担责任方式的不同，共同保证可以分为按份共同保证与连带共同保证。

共同保证有别于普通保证，其特殊之处体现在以下两个方面：(1)保证人为两人或两人以上。单独保证指保证人为一人的保证，这是大多数保证的常态，单独保证涉及的权利义务在保证人与债权人之间展开。而当保证人为多数时，不仅涉及保证人与债权人的权利义务，还涉及保证人与保证人之间的权利义

---

〔21〕林诚二：《民法债编各论》(下)，中国人民大学出版社2007年版，第287页。转引自郭明瑞、房绍坤：《担保法》，中国政法大学出版社2008年版，第75页。

〔22〕《物权法》第206条规定："有下列情形之一的，抵押权人的债权确定：(一)约定的债权确定期间届满；(二)没有约定债权确定期间或者约定不明确，抵押权人或者抵押人自最高额抵押权设立之日起满二年后请求确定债权；(三)新的债权不可能发生；(四)抵押财产被查封、扣押；(五)债务人、抵押人被宣告破产或者被撤销；(六)法律规定债权确定的其他情形。"

务,法律关系更为复杂。(2)保证人所担保的债务为同一债务。共同保证的客体必须是共同保证行为,其要求共同保证行为针对的是同一债务,否则共同的基础法律关系即予丧失。如两个或两个以上的保证人针对的是不同债务,则其本质与单独保证并无实质性区别,只是单纯地将当事人增加为多数人,而每个具体、独立的法律关系的主体仍为一人。

需要注意的是,共同保证涉及的是保证人之间的法律关系,根据保证人之间承担的是按份责任还是连带责任将共同保证区分为按份共同保证与连带共同保证,而不涉及保证人与债务人之间的关系,即无论是按份共同保证还是连带共同保证,在保证方式上既可以是一般保证也可以是连带责任保证。

(二)按份共同保证

按份共同保证是指两个或两个以上的保证人与债权人之间约定,各保证人按照约定的保证份额承担保证责任的共同保证。按份共同保证与连带共同保证最大的区别即在于按份共同保证人是按照约定的保证份额承担保证责任的,"保证份额"的存在是其根本性特征,按份共同保证人对于超出其保证份额的保证责任有权拒绝。需要注意的是,"保证份额"形成的方式既可以是共同保证人与债权人共同约定,也可以是各保证人与债权人分别约定,但如果是各保证人之间的约定,则必须经过债权人同意,否则保证人之间约定的保证份额仅在保证人间具有内部效力、可以作为保证人间行使追偿权的依据,但不能对债权人发生效力。

按份共同保证人按照保证份额承担保证责任后,因每个保证人间不存在连带关系、具有相对的独立性,故其不能向其他按份共同保证人追偿,只能就其履行的保证份额向主债务人追偿。我国《担保法解释》第21条明确规定:"按份共同保证的保证人按照保证合同约定的保证份额承担保证责任后,在其履行保证责任的范围内对债务人行使追偿权。"

(三)连带共同保证

连带共同保证是指两个或两个以上的保证人与债权人明确约定保证人之间承担连带责任,或者各保证人未与债权人约定各自应承担的保证份额或约定不明的,各保证人就保证责任承担连带责任的共同保证。需要注意的是:(1)连带共同保证之间的连带责任是指保证人与保证人之间就保证责任的承担存在连带关系。而连带责任保证之间的连带责任是指保证人与债务人之间对债权人就清偿债务上的连带关系。两者之间的当事人主体并不相同,连带的基础关系亦存在差别。(2)连带共同保证产生的方式主要有:第一,约定产生的连带共同保证,即共同保证人与债权人明确约定保证人之间以连带责任的方式承担保证责任。第二,推定产生的连带共同保证,即共同保证人未与债权人约定各保证人应承担的保证份额或约定不明的,由法律推定为各保证人就保证责任承担连带责任。《担保法解释》第 19 条第 1 款规定:"两个以上保证人对同一债务同时或者分别提供保证时,各保证人与债权人没有约定保证份额的,应当认定为连带共同保证。"第三,事实上的连带共同保证,即各保证人间虽无成立连带共同保证之共同意思,但如事实上各保证人与债权人约定均对全部主债务承担全部责任,则就债权人而言,其可向任何保证人主张全部清偿责任;就保证人而言,因各保证人均须对全部债务承担保证责任,在实行顺序上无先后之别,故各保证人之间在事实上就保证责任的承担存在连带关系〔23〕。

连带共同保证人之间对债权人就保证责任的承担存在连带关系,即债权人可以向任一保证人要求其承担全部保证责任,〔24〕保证人皆不得以其他保证人的存在为由主张抗辩。《担保法解释》第 20 条第 1 款规定:"连带共同保证的债务人在主合同规定的债务履行期届满没有履行债务的,债权人可以要求债务人履行债务,也可以要求任何一个保证人承担全部保证责任。"虽然连带共同保证人对外作为一个整体与债权人发生关系、〔25〕依连带关系向债权人承担保证责任,但连带共同保证人内部最终责任的划分仍存在一定的份额区别,只是该份额分配不具有对抗债权人的效力。《担保法解释》第 19 条第 2 款规定:"连带共同保证的保证人以其相互之间约定各自承担的份额对抗债权人的,人民法院不予支持。"

连带共同保证人承担保证责任后享有追偿权,但关于追偿权行使的先后顺序,《担保法》与《担保法解释》的规定并不相同。《担保法》第 12 条最后一句规定了连带共同保证行使追偿权的规则:"已经承担保证责任的保证人,有权向债

〔23〕 郭明瑞、房绍坤、张平华:《担保法》,中国人民大学出版社 2008 年版,第 100 ~ 101 页。

〔24〕 承担"全部保证责任"不等同于承担"全部债务",连带共同保证人可以就全部债务形成连带共同保证,亦可对部分债务形成连带共同保证。就部分债务形成连带共同保证时,连带共同保证人仍应对该"部分债务"的"全部保证责任"负责。

〔25〕 法律依据可参见《担保法解释》第 46 条的规定:"人民法院受理债务人破产案件后,债权人未申报债权的,各连带共同保证的保证人应当作为一个主体申报债权,预先行使追偿权。"

务人追偿，或者要求承担连带责任的其他保证人清偿其应当承担的份额。”即已经承担保证责任的连带共同保证人行使追偿权时，债权人、其他保证人皆可主张，并无先后顺序之分。而《担保法解释》第 20 条第 2 款则作了不同规定：“连带共同保证的保证人承担保证责任后，向债务人不能追偿的部分，由各连带保证人按其内部约定的比例分担。没有约定的，平均分担。”该条款与《担保法》第 12 条的进步之处在于：(1)明确规定连带共同保证人行使追偿权时应先向主债务人追偿。确立主债务人被追偿的先顺序地位更有利于保护其他保证人的利益，也节省了交易、诉讼等成本；[26] (2)将连带共同保证人向其他保证人追偿的数额限定在“向债务人不能追偿的部分”。该规定比“保证人承担保证责任数额”更为精细，对其他保证人利益的维护也更为有利。(3)明确连带共同保证人内部的责任份额。不仅尊重当事人意思自治，由各连带保证人按约定确定内部责任份额，还推定出无约定时“平均分担”的公平规则。

需要注意的是，《担保法解释》第 20 条第 2 款确立的规则仅适用连带共同保证，是连带共同保证人专享的追偿规则，该规则既不适用于物保与物保并存时的追偿规则，也不适用于人保与物保并存时的追偿规则。《担保法解释》第 38 条第 1 款规定：“同一债权既有保证又有第三人提供物的担保的，债权人可以请求保证人或者物的担保人承担担保责任。当事人对保证担保的范围或者物的担保的范围没有约定或者约定不明的，承担了担保责任的担保人，可以向债务人追偿，也可以要求其他担保人清偿其应当分担的份额。”《担保法解释》第 75 条第 3 款规定：“抵押人承担担保责任后，可以向债务人追偿，也可以要求其他抵押人清偿其应当承担的份额。”可见，人保与物保并存、[27] 物保与物保并存中，承担了担保责任的担保人在追偿时，债务人、其他担保人并无先后顺序之分。

---

〔26〕 主债务人本身既为保证这一法律行为的导火索（无主债务人不履行债务的行为，保证责任不会被引发），亦为责任的最终承担者，将债务人放在追偿权行使的先顺序地位，省去了其他保证人被追偿后再次向主债务人追偿的环节。

〔27〕 《物权法》第 176 条是关于人保与物保并存时规范债权人权利行使规则的，但该条在规定追偿权时仅规定了“提供担保的第三人承担担保责任后，有权向债务人追偿”，而对担保人相互之间的追偿并未明确规定。

—— 司法考试试题 ——

一、选择题

1. 甲企业与乙银行签订借款合同，借款金额为 10 万元人民币，借款期限为 1 年，由丙企业作为借款保证人。合同签订 3 个月后，甲企业因扩大生产规模急需资金，遂与乙银行协商，将贷款金额增加到 15 万元，甲和银行通知了丙企业，丙企业未予答复。后甲企业到期不能偿还债务。该案中的保证责任应如何承担？（2002 年）

A. 丙企业不再承担保证责任，因为甲与乙变更合同条款未得到丙的同意

B. 丙企业对 10 万元应承担保证责任，增加的 5 万元不承担保证责任

C. 丙企业应承担 15 万元的保证责任，因为丙对于甲和银行的通知未予答复，视为默认

D. 丙企业不再承担保证责任，因为保证合同因甲、乙变更了合同的数额条款而致保证合同无效

【答案】 B

【解析】 本题主要考点在于主合同变更对保证责任的影响。如根据《担保法》第 24 条的规定："债权人与债务人协议变更主合同的，应当取得保证人书面同意，未经保证人书面同意的，保证人不再承担保证责任。保证合同另有约定的，按照约定。"则该题应选 A，但根据《担保法解释》第 30 条第 1 款规定："保证期间，债权人与债务人对主合同数量、价款、币种、利率等内容作了变动，未经保证人同意的，如果减轻债务人的债务的，保证人仍应当对变更后的合同承担保证责任；如果加重债务人的债务的，保证人对加重的部分不承担保证责任。"则该题应选 B。因甲和银行变更主合同时，丙企业未予答复，即未取得保证人的书面同意，故保证人对于新增的 5 万元不承担保证责任。C 项中的默认没有法律依据，默认产生效力除非当事人有约定或法律有特别规定，该题情形皆不属于，故不选。D 项亦无依据，主合同变更是当事人真实意思之表达，在主合同当事人之间生效，其只会对保证责任可能产生影响，但并不决定保证合同的有效、无效，故不选。

2. 甲向乙借款 5 万元，还款期限 6 个月，丙作保证人，约定丙承担保证责任直至甲向乙还清本息为止。丙的保证责任期间应如何计算？（2004 年）

A. 主债务履行期届满之日起 6 个月

B. 借款发生之日起 2 年

C. 借款发生之日起 6 个月

D. 主债务履行期届满之日起 2 年

【答案】 D

【解析】 本题主要考点在于保证期间无约定或约定不明时的推定规则。保证期间由当事人自由约定而产生，如当事人之间关于保证期间无约定或约定不明时，适用法律规定的推定规则确定。根据《担保法解释》第32条第2款的规定："保证合同约定保证人承担保证责任直至主债务本息还清时为止等类似内容的，视为约定不明，保证期间为主债务履行期届满之日起二年。"本题正确答案为D。

3. 甲向乙借款20万元，以其价值10万元的房屋、5万元的汽车作为抵押担保，以1万元的音响设备作质押担保，同时还由丙为其提供保证担保。其间汽车遇车祸损毁，获保险赔偿金3万元。如果上述担保均有效，丙应对借款本金在多大数额内承担保证责任？（2004年）

A. 7万元

B. 6万元

C. 5万元

D. 4万元

【答案】 B

【解析】 本题主要考点在于债务人物保与人保并存时保证责任的承担范围。《担保法解释》第38条第1款规定："同一债权既有保证又有物的担保的，物的担保合同被确认无效或者被撤销，或者担保物因不可抗力的原因灭失而没有代位物的，保证人仍应当按合同的约定或者法律的规定承担保证责任。"《物权法》第176条规定："被担保的债权既有物的担保又有人的担保的，债务人不履行到期债务或者发生当事人约定的实现担保物权的情形，债权人应当按照约定实现债权；没有约定或者约定不明确，债务人自己提供物的担保的，债权人应当先就该物的担保实现债权；第三人提供物的担保的，债权人可以就物的担保实现债权，也可以要求保证人承担保证责任。提供担保的第三人承担担保责任后，有权向债务人追偿。"根据该两条规定，在债务人物保与人保并存时，保证人对物保以外的债权承担保证责任。该题中物保的价值本来是16万元，因抵押人以外的原因造成了2万元（根据物上代位性规则，5万元的汽车变成了3万元的保险赔偿金），物保的价值变为14万元，故保证人应承担的保证责任数额为6万元。

4. 甲乙双方拟订的借款合同约定：甲向乙借款11万元，借款期限为1年。乙在签字之前，要求甲为借款合同提供担保。丙应甲要求同意担保，并在借款合同保证人一栏签字，保证期间为1年。甲将有担保签字的借款合同交给乙。乙要求从11万元中预先扣除1万元利息，同时将借款期限和保证期间均延长为2年。甲应允，双方签字，乙依约将10万元交付给甲。下列哪一表述是正确的？（2011年）

A. 丙的保证期间为1年

B. 丙无须承担保证责任

C. 丙应承担连带保证责任

D. 丙应对10万元本息承担保证责任

【答案】 B

【解析】 本题主要考点在于合同的成立、要约与承诺，但出题人设置了主合同变更对保证责任的影响这一考点作为烟幕弹。解答本题可以从三个角度选出正确答案。

解题思路一：合同的成立规则。保证合同的当事人是保证人与债权人，故保证合同成立须保证人、债权人双方达成合意。本题中，第一份合同保证人签字，但债权人未签字；第二份合同保证人未签字，债权人签字了。可见，没有一份保证合同是保证人、债权人皆签字了的，故保证合同未成立，保证人丙无须承担保证责任。

解题思路二：要约与承诺规则。(1)丙在第一份主合同中以保证人的身份签字了，即保证人丙向债权人乙发出了保证要约；(2)乙将第一份主合同的借款数额、借款期限、保证期间皆作出变动，即债权人乙单方作出实质性变更，其应视为保证的新要约；(3)对第二份合同丙未签字，即对乙所发出的保证新要约丙并未承诺，而乙签字的行为仅使新要约生效，并不发生承诺的效力。保证新要约因未获保证人承诺，故保证合同未成立，保证人丙无须承担保证责任。

解题思路三：主合同变更对保证责任的影响规则。虽然事实上保证合同压根未成立，无须探讨保证责任的范围问题，但当年该题雄踞争议榜前列，皆因大多数考生根据《担保法解释》第30条规则得出不同结论，在此，笔者忽视保证合同未成立之缺陷，单纯从担保法规则来解析该种情形下保证人的保证责任情况。《担保法解释》第30条第2款规定："债权人与债务人对主合同履行期限作了变动，未经保证人书面同意的，保证期间为原合同约定的或者法律规定的期间。"本题的难点及争议在于如何理解"保证期间为原合同约定的或者法律规定的期间"。在本题中，保证人应按第一份主合同内容承担保证责任，则保证期间为1年，从1年的主合同履行期届满之日起计算。而债权人签字的是第二份合同，即对债权人而言，应依第二份合同的内容确定权利义务，第二份合同的履行期限为2年，履行期届满之后可以向保证人主张其承担保证责任，此时保证人正好保证期间届满，保证人不再承担保证责任。即债权人变更且签字的2年正好覆盖了原保证合同的保证期间。因此，保证人得因保证期间届满无需承担保证责任，仍应选B。

5. 关于诉讼时效，下列哪一选项是正确的？（2012年）

A. 甲借乙5万元，向乙出具借条，约定1周之内归还。乙债权的诉讼时效期间从借条出具日起计算

B. 甲对乙享有10万元货款债权，丙是连带保证人，甲对丙主张权利，会导致10万元货款债权诉讼时效中断

C. 甲向银行借款100万元，乙提供价值80万元房产作抵押，银行实现对乙的抵押权后，会导致剩余的20万元主债务诉讼时效中断

D. 甲为乙欠银行的 50 万元债务提供一般保证。甲不知 50 万元主债务诉讼时效期间届满，放弃先诉抗辩权，承担保证责任后不得向乙追偿

【答案】 C

【解析】 本题主要考点在于诉讼时效中断、保证债务诉讼时效与主债务诉讼时效、保证人追偿权与主债务诉讼时效的关系。选项 A 明显错误，债权的诉讼时效从履行期届满之日起计算而非从借条出具日起计算。根据《担保法解释》第 36 条第 1 款规定，一般保证中，主债务诉讼时效中断，保证债务诉讼时效中断；连带责任保证中，主债务诉讼时效中断，保证债务诉讼时效不中断。选项 B 为连带责任保证，保证诉讼时效具有独立性。根据《诉讼时效规定》第 17 条第 2 款规定，对于连带债务人中的一人发生诉讼时效中断效力的事由，应当认定对其他连带债务人也发生诉讼时效中断的效力。据此，C 项正确。根据《诉讼时效规定》第 21 条规定，主债务诉讼时效期间届满，保证人享有主债务人的诉讼时效抗辩权。保证人未主张前述诉讼时效抗辩权，承担保证责任后向主债务人行使追偿权的，人民法院不予支持，但主债务人同意给付的情形除外。D 项错误在于：(1) 甲虽未行使主债务诉讼时效抗辩权，并不代表不具有追偿权、不代表甲“不得向乙追偿”。《诉讼时效规定》的“人民法院不予支持”仅代表保证人的追偿权丧失胜诉权，不代表保证人丧失追偿权这一实体性权利。(2) 未考虑“主债务人同意给付”这一例外规定。

6. 甲公司与乙公司达成还款计划书，约定在 2012 年 7 月 30 日归还 100 万元，8 月 30 日归还 200 万元，9 月 30 日归还 300 万元。丙公司对三笔还款提供保证，未约定保证方式和保证期间。后甲公司同意乙公司将三笔还款均顺延 3 个月，丙公司对此不知情。乙公司一直未还款，甲公司仅于 2013 年 3 月 15 日要求丙公司承担保证责任。关于丙公司保证责任，下列哪一表述是正确的？(2014 年)

A. 丙公司保证担保的主债权为 300 万元

B. 丙公司保证担保的主债权为 500 万元

C. 丙公司保证担保的主债权为 600 万元

D. 因延长还款期限未经保证人同意，丙公司不再承担保证责任

【答案】 A

【解析】 本题主要考点在于保证期间的推定、主合同变更与保证责任的承担。根据《担保法》第 26 条第 1 款的规定，保证期间应推定为主债务履行期届满之日起 6 个月。根据《担保法解释》第 30 条第 2 款的规定，债权人与债务人对主合同履行期限作了变动，未经保证人书面同意的，保证期间为原合同约定的或者法律规定的期间。甲乙将三笔借款更改履行期限的行为并未取得保证人的书面同意，故丙仍按原来的履行期限承担保证责任，即丙的保证期间届满时间分别为 2013 年 1 月底、2013 年 2 月底、2013 年 3 月底，故 2013 年 3 月 15 日甲向丙主张其承担保证责任时，丙对第一笔、第二笔保证期间经过的债务已经不再承担保证责任。故丙保证的主债权为第三笔 300 万元。

7. 出现下列何种情形时，一般保证的保证人不得行使先诉抗辩权？（2003 年）

A. 债务人被宣告失踪，且无可供执行的财产

B. 债务人移居国外，但国内有其购买现由亲属居住的住宅

C. 债务人被宣告破产，中止执行程序的

D. 保证人曾以书面方式向主合同当事人以外的第三人表示放弃先诉抗辩权

【答案】 AC

【解析】 本题主要考点在于一般保证人的先诉抗辩权。根据《担保法》第 17 条第 3 款规定，先诉抗辩权有三种例外：(1)债务人住所变更，致使债权人要求其履行债务发生重大困难的；(2)人民法院受理债务人破产案件，中止执行程序的；(3)保证人以书面形式放弃前款规定的权利的。根据《担保法解释》第 25 条的规定，债权人要求债务人履行债务发生的重大困难情形，包括债务人下落不明、移居境外，且无财产可供执行。据此，AC 符合。B 项错在国内有可供执行的财产；D 项错在“向主合同当事人以外的第三人”表示放弃。

8. 甲向乙借款 10 万元，由丙作为保证人，约定“如果甲到期不能偿还该债务，由丙承担保证责任，直至甲的债务本息还清为止”。下列哪些选项是正确的？（2008 年）

A. 该保证为一般保证

B. 该保证为连带责任保证

C. 保证期间为主债务履行期届满之日起 2 年

D. 保证期间为主债务履行期届满之日起 6 个月

【答案】 AC

【解析】 本题主要考点在于保证方式的确定标准与保证期间的推定规则。根据《担保法》第 17 条第 1 款的规定：“当事人在保证合同中约定，债务人不能履行债务时，由保证人承担保证责任的，为一般保证。”本题明确约定“到期不能偿还债务”时承担保证责任，故应为一般保证，A 项对 B 项错。《担保法解释》第 32 条第 2 款规定：“保证合同约定保证人承担保证责任直至主债务本息还清时为止等类似内容的，视为约定不明，保证期间为主债务履行期届满之日起二年。”故 C 项对 D 项错。

9. 甲向乙借款 5 万元，乙要求甲提供担保，甲分别找到友人丙、丁、戊、己，他们各自作出以下表示，其中哪些构成保证？（2008 年）

A. 丙在甲向乙出具的借据上签署“保证人丙”

B. 丁向乙出具字据称“如甲到期不向乙还款，本人愿代还 3 万元”

C. 戊向乙出具字据称“如甲到期不向乙还款，由本人负责”

D. 己向乙出具字据称“如甲到期不向乙还款，由本人以某处私房抵债”

【答案】 ABC

【解析】 本题主要考点在于保证合同成立的方式。A项是以保证人身份签字，构成保证。BC项的依据是《担保法解释》第22条的规定：第三人单方以书面形式向债权人出具担保书，债权人接受且未提出异议的，保证合同成立。D项为抵押，以特殊财产为担保，而保证是以信用作为担保的基础。

10. 甲公司向乙银行借款100万元，丙、丁以各自房产分别向乙银行设定抵押，戊、己分别向乙银行出具承担全部责任的担保函，承担保证责任。下列哪些表述是正确的？（2012年）

A. 乙银行可以就丙或者丁的房产行使抵押权

B. 丙承担担保责任后，可向甲公司追偿，也可要求丁清偿其应承担的份额

C. 乙银行可以要求戊或者己承担全部保证责任

D. 戊承担保证责任后，可向甲公司追偿，也可要求己清偿其应承担的份额

【答案】 ABC

【解析】 本题主要考点在于连带共同保证、物保与物保并存及人保与物保并存规则。《担保法解释》第75条第2、3款规定："同一债权有两个以上抵押人的，当事人对其提供的抵押财产所担保的债权份额或者顺序没有约定或者约定不明的，抵押权人可以就其中任一或者各个财产行使抵押权。抵押人承担担保责任后，可以向债务人追偿，也可以要求其他抵押人清偿其应当承担的份额。"据此，AB项正确。戊、己为连带共同保证，《担保法解释》第20条规定："连带共同保证的债务人在主合同规定的债务履行期届满没有履行债务的，债权人可以要求债务人履行债务，也可以要求任何一个保证人承担全部保证责任。连带共同保证的保证人承担保证责任后，向债务人不能追偿的部分，由各连带保证人按其内部约定的比例分担。没有约定的，平均分担。"依第1款之规则，C项对；依第2款之规则，D项错，因其应先向甲追偿。

需要注意的是：(1)除当事人另有约定外，物保与物保并存的，债权人实行时并无先后顺序之分，不区别物保人是债务人还是第三人。(2)除其他担保人承诺仍提供担保的外，物保与物保并存时，债权人放弃债务人物保的，其他担保人在债权人丧失优先受偿权范围内免除担保责任；但如放弃第三人物保的，其他担保人不免责（法律依据为《担保法解释》第75条第1款，《物权法》第194、218条）。(3)多个物保人并存时，物保人承担担保责任后追偿权既可向债务人主张亦可向其他物保人主张，实行时并无先后顺序之分；而连带共同保证人在追偿时应先向债务人主张，不能追偿部分才能向其他保证人主张，有顺序之分。

11. 甲对乙享有60万元债权，丙、丁分别与甲签订保证合同，但未约定保证责任的范围和方式。戊以价值30万元的房屋为乙向甲设定抵押并办理了登记。（2005年）

(1)下列关于乙、丙、丁关系的表述何者正确？

A. 丙、丁的保证都为连带责任保证

B. 丙、丁对乙的全部债务承担保证责任，但彼此之间不负连带责任

C. 若丙与丁事后约定各自担保乙的 30 万元债务，该约定未经甲的同意不能生效

D. 若丁代乙清偿了全部债务，应首先向乙追偿，若乙不能偿还再要求丙分担责任

【答案】 AD

【解析】 本题主要考点在于连带责任保证的保证责任承担。未约定保证责任的范围和方式的，推定为共同连带保证，A 项对。《担保法解释》第 19 条第 2 款规定："连带共同保证的保证人以其相互之间约定各自承担的份额对抗债权人的，人民法院不予支持。"B 项错。C 项错在"约定未经甲的同意不能生效"，约定内部有效只是因未经甲同意不能对甲生效，该约定可以作为内部承担责任的依据。《担保法解释》第 20 条第 2 款规定："连带共同保证的保证人承担保证责任后，向债务人不能追偿的部分，由各连带保证人按其内部约定的比例分担。没有约定的，平均分担。"D 项对。

(2) 下列关于丙、丁、戊关系的表述何者正确？

A. 若甲放弃对戊的抵押权，则丙、丁只对甲的 30 万元债权承担保证责任

B. 若甲要求丙、丁承担保证责任，丙、丁可主张先诉抗辩，要求甲先行使对戊的抵押权

C. 甲可以在丙、丁、戊中任意选择一人，要求承担担保责任

D. 若甲、戊之间的抵押被宣告无效，丙、丁应对全部债务承担保证责任

【答案】 CD（司法部公布答案：ABC）

【解析】 本题主要考点在于人保与物保并存时的适用规则。依据《担保法》28 条规定："同一债权既有保证又有物的担保的，保证人对物的担保以外的债权承担保证责任。债权人放弃物的担保的，保证人在债权人放弃权利的范围内免除保证责任。"则 A 项对。但依据《物权法》第 194 条第 2 款规定："债务人以自己的财产设定抵押，抵押权人放弃该抵押权、抵押权顺位或者变更抵押权的，其他担保人在抵押权人丧失优先受偿权益的范围内免除担保责任，但其他担保人承诺仍然提供担保的除外。"则 A 项错。该款将债权人放弃抵押权其他担保人在债权人可受益范围内免责的条件限定为"债务人以自己的财产设定抵押"，即只能针对债务人物保被放弃的情形，换言之，债权人放弃第三人物保时，其他担保人不免责（另有约定或另有承诺除外）。据《担保法》第 17 条之规定，先诉抗辩权存在于一般保证中，而丙、丁为连带责任保证，故 B 项错。根据《担保法解释》第 38 条第 1 款与《物权法》第 176 条之规定，C 项对（需注意：如将戊换成乙，则甲应先实行债务人物保）。其实，据担保法原理亦可推知 C 项正确，因丙、丁、戊皆为第三人，其对债权人处于同等地位，自无先后顺序之分。据《担保法解释》第 38 条第 2 款规定："同一债权既有保证又有物的担保的，物的担保合同被确认无效或者被撤销，或者担保物因不可抗力的原因灭失而没有代位物的，保证人仍应当按合同的约定或者法律的规定承担保证责任。"D 项对。

(3)若乙的朋友已与乙达成协议,由其代替乙向甲还款,下列说法何者正确?

A. 该协议在通知甲后发生效力

B. 如甲同意该协议,则丙、丁不再承担保证责任

C. 甲同意该协议,戊无论同意与否均应继续承担抵押担保责任

D. 若甲、戊都同意该协议,甲对戊的抵押权不因债务转移而受影响

【答案】 B(司法部公布答案:BD)

【解析】 本题主要考点在于债务承担对担保责任的影响。据《合同法》第84条之规则,债务承担须经债权人同意而非"通知",故A项错。《担保法解释》第29条规定:"保证期间,债权人许可债务人转让部分债务未经保证人书面同意的,保证人对未经其同意转让部分的债务,不再承担保证责任。但是,保证人仍应当对未转让部分的债务承担保证责任。"故B项对(需要注意的是:《担保法解释》第29条应在前半段最后加一句"但保证人承诺仍然提供保证的除外"作为但书条款以尊重意思自治,《物权法》第194条第2款、第218条皆考虑到该情形,只有保证尚在适用旧规则而未作出新调整)。

根据《担保法解释》第72条第2款规定:"主债务被分割或者部分转让的,抵押人仍以其抵押物担保数个债务人履行债务。但是,第三人提供抵押的,债权人许可债务人转让债务未经抵押人书面同意的,抵押人对未经其同意转让的债务,不再承担担保责任。"可见,抵押人对未经其"书面同意"的债务转让不再承担担保责任,故CD皆错,D项欠缺戊的"书面"要件。事实上,《物权法》第175条再次强调了"书面要件":"第三人提供担保,未经其书面同意,债权人允许债务人转移全部或者部分债务的,担保人不再承担相应的担保责任。"

12. 甲公司与乙公司约定,由甲公司向乙公司交付1吨药材,乙公司付款100万元。乙公司将药材转卖给丙公司,并约定由甲公司向丙公司交付,丙公司收货后3日内应向乙支付价款120万元。张某以自有汽车为乙公司的债权提供抵押担保,未办理抵押登记。抵押合同约定:"在丙公司不付款时,乙公司有权就出卖该汽车的价款清偿自己的债权。"李某为这笔货款出具担保函:"在丙公司不付款时,由李某承担保证责任"。丙公司收到药材后未依约向乙公司支付120万元,乙公司向张某主张实现抵押权,同时要求李某承担保证责任。张某见状,便将其汽车赠与刘某。刘某将该汽车作为出资,与钱某设立丁酒店有限责任公司,并办理完出资手续。丁公司员工方某驾驶该车接送酒店客人时,为躲避一辆逆行摩托车,将行人赵某撞伤。方某自行决定以丁公司名义将该车放在戊公司维修,为获得维修费的八折优惠,方某以其名义在与戊公司相关的庚公司为该车购买一套全新座垫。汽车修好后,方某将车取走交丁公司投入运营。戊公司要求丁公司支付维修费,否则对汽车行使留置权,丁公司回函请宽限一周。庚公司要求丁公司支付座垫费,丁公司拒绝。关于乙公司要求担保人承担责任,下列表述正确的是哪几项?(2011年)

A. 乙公司不得向丙公司和李某一并提起诉讼

B. 李某对乙公司享有先诉抗辩权

C. 乙公司应先向张某主张实现抵押权

D. 乙公司可以选择向张某主张实现抵押权或者向李某主张保证责任

【答案】 BD

【解析】 本题主要考点在于一般保证、人保与物保并存。据《担保法解释》第125条之规定，一般保证的债权人向债务人和保证人一并提起诉讼的，人民法院可以将债务人和保证人列为共同被告参加诉讼。故A项错。据《担保法》第17条之规定，李某约定在债务人不付款时方才承担保证责任，为一般保证人，享有先诉抗辩权，B项对。根据《物权法》第176条规定："被担保的债权既有物的担保又有人的担保的，债务人不履行到期债务或者发生当事人约定的实现担保物权的情形，债权人应当按照约定实现债权；没有约定或者约定不明确，债务人自己提供物的担保的，债权人应当先就该物的担保实现债权；第三人提供物的担保的，债权人可以就物的担保实现债权，也可以要求保证人承担保证责任。提供担保的第三人承担担保责任后，有权向债务人追偿。"故C项错、D项对。

13. 材料①：2012年2月，甲公司与其全资子公司乙公司签订了《协议一》，约定甲公司将其建设用地使用权用于抵偿其欠乙公司的2000万元债务，并约定了仲裁条款。但甲公司未依约将该用地使用权过户到乙公司名下，而是将之抵押给不知情的银行以获贷款，办理了抵押登记。

材料②：同年4月，甲公司、丙公司与丁公司签订了《协议二》，约定甲公司欠丁公司的5000万元债务由丙公司承担，且甲公司法定代表人张某为该笔债务提供保证，但未约定保证方式和期间。曾为该5000万元负债提供房产抵押担保的李某对《协议二》并不知情。同年5月，丁公司债权到期。

材料③：同年6月，丙公司丧失偿债能力。丁公司查知乙公司作为丙公司的股东（非发起人），对丙公司出资不实，尚有3000万元未注入丙公司。同年8月，乙公司既不承担出资不实的赔偿责任，又怠于向甲公司主张权利。

材料④：同年10月，甲公司股东戊公司与己公司签订了《协议三》，约定戊公司将其对甲公司享有的60%股权低价转让给己公司，戊公司承担甲公司此前的所有负债。（2013年）

（1）根据材料②，如丁公司主张债权，下列表述正确的是：

A. 丁公司有权向张某主张

B. 丁公司有权向李某主张

C. 丁公司有权向甲公司主张

D. 丁公司有权向丙公司主张

【答案】 AD

【解析】 本题主要考点在于连带责任保证、债务承担对担保责任的影响。根据《担保法》第19条推定张某为连带责任保证，根据《担保法》第18条第2款可得知丁既可向债务人主张亦可向保证人张某主张，故A项对。根据《物权法》第175条："第三人提供担保，未经其书面同意，债权人允许债务人转移全部或者部分债务的，担保人不再承担相应的担保责任。"债务转让协议因未经抵押人李某书面同意，李某不再承担担保责任，故B项错。债务转让协议为真实意思且经债权人同意故生效，则甲免除义务丙成为债务人，故C项错、D项对。

(2)关于《协议二》中张某的保证期间和保证债务诉讼时效，下列表述正确的是：

A. 保证期间为2012年5月起6个月

B. 保证期间为2012年5月起2年

C. 保证债务诉讼时效从2012年5月起算

D. 保证债务诉讼时效从2012年11月起算

【答案】 A

【解析】 本题主要考点在于保证期间、保证债务的诉讼时效。根据《担保法》第26条第1款推定连带责任保证期间为主债务履行期届满之日起6个月，故A项对、B项错。根据《担保法解释》第34条第2款规定："连带责任保证的债权人在保证期间届满前要求保证人承担保证责任的，从债权人要求保证人承担保证责任之日起，开始计算保证合同的诉讼时效期间。"因本题中并未提及债权人对保证人张某"要求"承担保证责任，故CD皆错。

二、案例分析

2017年5月1日，甲与乙签订买卖合同，乙向甲购买价值120万元的货物，双方约定乙先向甲支付30万元的定金，甲于2017年5月20日前将货物全部交付于乙，乙于6月1日前向甲再付30万元货款，其余60万元货款于10月1日前付清，如一方违约则需支付对方违约金40万元。对于甲对乙享有的60万元债权，丙、丁分别与甲签订保证合同，但未约定保证责任的范围与方式。戊以价值30万元的房屋为乙向甲设定抵押并办理登记。

根据以上案情，回答下列问题：

1. 丙的保证是否成立？如成立，其责任方式是什么？为什么？
2. 假设丙、丁事后约定各自担保乙的30万元债务，该约定效力如何？为什么？
3. 假设丁清偿了全部债务，其可否直接要求丙分担责任？为什么？
4. 假设甲放弃对戊的抵押权，则丁在多大范围内承担责任？为什么？
5. 设乙对60万元债务不能清偿，则甲应如何行使其权利？
6. 假设甲对乙的债权已过诉讼时效一年，丁若对甲进行清偿，则丁对乙的追偿请求是否能够得到人民法院的支持？
7. 甲乙所订立的定金合同效力如何？为什么？

【解析】

1. 丙的保证成立。其为连带责任保证。《担保法》第19条规定:“当事人对保证方式没有约定或者约定不明确的,按照连带责任保证承担保证责任。”

2. 该约定对丙、丁内部有效,但未经债权人甲之同意,对甲不生效。因该约定是丙、丁之间的真实意思表达故其内部有效,但该约定因未取得甲之同意,故对甲没有约束力。

3. 不能,应首先向乙追偿,若乙不能偿还才可要求丙分担。《担保法解释》第20条第2款规定:“连带共同保证的保证人承担保证责任后,向债务人不能追偿的部分,由各连带保证人按其内部约定的比例分担。没有约定的,平均分担。”

4. 仍应在原保证担保范围内承担保证责任,即60万元内承担保证责任。因甲放弃的是第三人的物保而非债务人乙的物保,故保证人的保证责任不受影响。

5. 甲可以在丙、丁、戊之间任意选择一人,要求承担担保责任。

6. 不能得到人民法院的支持,但乙自愿偿还的除外。《诉讼时效规定》第21条规定:“主债务诉讼时效期间届满,保证人享有主债务人的诉讼时效抗辩权。保证人未主张前述诉讼时效抗辩权,承担保证责任后向主债务人行使追偿权的,人民法院不予支持,但主债务人同意给付的情形除外。”

7. 定金合同部分有效,部分无效,因为根据我国现行法的规定,定金合同不得超过主合同标的额的20%,超过部分不发生定金效力。

思考题

1. 保证与物保相比其特殊性体现在何处?
2. 禁止成为保证人的类型有哪些?
3. 一般保证与连带责任保证的区别有哪些?
4. 主合同变更对保证责任有何影响?
5. 保证期间与保证债务诉讼时效的关系为何?
6. 保证人享有哪些专有抗辩权?
7. 最高额保证中主债权转移时保证人是否继续承担保证责任?

阅读文献

1. 程啸:《保证合同研究》,法律出版社2006年版。

2. 李明发:《保证责任研究》,法律出版社 2006 年版。
3. 最高人民法院民事审判第二庭:《担保案例审判指导》,法律出版社 2014 年版。
4. 董学立主编:《担保法理论与实践》,中国法制出版社 2015 年版。
5. 邹海林、常敏:《债权担保的理论与实务》,社会科学文献出版社 2005 年版。
6. 黄良友:《担保法教程》,对外经济贸易大学出版社 2008 年版。

第三章 抵 押 权

本章导语

抵押权作为担保物权中最为典型的一种类型，是市场经济中最重要、最常见、也是最为复杂的一种担保方式，其以不转移抵押物占有的制度特征，既满足了抵押权人债务担保的需求，又同时满足了抵押人对抵押物占有、使用的需求，使物的交换价值和使用价值在法律上得以分离而分属于不同的民事主体，满足了不同市场经济主体的不同需求。有鉴于此，本章的学习重点和难点在于，掌握抵押权制度是如何在制度上保障抵押权人对抵押物之交换价值的支配，同时又不妨碍抵押人以占有和使用的方式支配抵押物，并最终实现抵押权人和抵押人不同的经济目的。

第一节 抵押权概述

本节的重点在于从宏观上把握抵押权制度，从抵押权的概念、特征以及分类等方面入手，明确抵押权作为一种独立的担保物权类型，其在担保物权体系中的地位、作用和功能，从而对抵押权制度有一个清晰的、整体性的认识。

一、基本原理

（一）抵押权的概念

所谓抵押权，是指债权人对于债务人或第三人不转移占有、作为担保履行债务的特定财产，在债务人到期不履行债务时，有权就该特定财产所获的价金优先受偿的权利。抵押的特定财产可以由债务人提供，亦可以由第三人提供。

在抵押权法律关系中,提供抵押财产的债务人或第三人为抵押人,享有抵押权的债权人为抵押权人,抵押人提供的特定财产为抵押物,抵押权所担保的债权被称为主债权。

抵押权是物权体系中他物权的一种类型,也具备物权作为支配性权利的法律特征。不同于所有权对物的全面支配,也不同于用益物权对物使用价值的支配,抵押权和其他担保物权一样,其所支配的是抵押物的交换价值。在抵押权有效设立之后,所有权(或用益物权)和抵押权同时存在于抵押物之上,导致在抵押物上产生了抵押权法律关系中的一个主要矛盾,即抵押人对抵押物的支配与抵押权人对抵押物的支配之间的矛盾。结合抵押权不转移占有的制度特征,抵押权制度应当解决的首要问题就在于一方面帮助抵押权人对抵押物的交换价值进行有效"控制",另一方面使抵押权人的控制不至于妨碍抵押人对抵押物的有效利用,最终从抵押物的使用价值和交换价值两个方面达到物尽其用的目的。可以说,抵押权的各项制度,诸如可用于抵押的物或权利、抵押权的设立、保全、实现等均是围绕抵押权人的"控制"二字展开,只有理解了这一点,才能够更好地学习和利用抵押权制度。

(二)抵押权的特征

抵押权作为一种担保物权,除具有担保物权的一般特征之外,还具有自身独有的特征,主要表现在以下方面:

1. 抵押权是一种意定担保物权。抵押权系设定在他人物上的一种物权类型,故而在类型上属于他物权。在抵押物上设定抵押权是物之所有权人或用益物权人处分抵押物所有权或用益物权的一种方式,须经其同意。所以,为妥善处理抵押权人和抵押人之间有关抵押权的权利义务,两者须就抵押权的设立,以及抵押权的权利内容达成合意,即签订抵押合同。因此,抵押权作为一种意定担保物权类型,其有效设定一般需要满足两个要件:第一,签订抵押合同;第二,完成抵押公示。在担保物权体系中,质权虽然也是一种意定担保物权,但其有效设立的要件除了须签订质押合同之外,还需要交付质押,这一点不同于抵押权。

2. 抵押权是不转移占有的担保物权。抵押权是直接以特定的不动产、动产或权利为客体的担保物权。根据物权特定原则,抵押权的有效设定是以抵押物存在为前提,正所谓"无抵押物、无抵押权"。此外,不同于质权、留置权,抵押权的有效设定是不以转移抵押物的占有为前提。正是因为这一特征,通过设定抵押权,抵押物的使用价值和交换价值在法律上得以分离,分别归属于不同的民事主体,从而达到的物尽其用的物权法的终极意义。

3. 抵押权是不妨碍所有权人或用益物权人对抵押物进行占有、使用以及收益的担保物权。因为不转移抵押物的占有,所以抵押权作为限定物权的特征主要表现为抵押权人对上述两个权利的权利人处分权能的限制。在抵押权存续期间,抵押权人一般无权干涉所有权人或用益物权人对抵押物正常进行占有、使用以及收益。

(三)抵押权的分类

1. 根据抵押物的类型不同,可将抵押权分为动产抵押权、不动产抵押权两种类型。不动产抵押权是指以不动产为抵押物而设定的抵押权,如土地、房屋;动产抵押权是指以动产为抵押物而设定的抵押权,如交通工具、货物。抵押权的客体既可以是所有权,如房屋所有权、动产所有权;也可以是用益物权,如建设用地使用权、采矿权等。

动产、不动产因其移动性、耐用性等物理特征不同,导致两者在物权类型、内容、公示方式等方面均有所不同。故而,这一分类的意义在于,将抵押权分为动产抵押权、不动产抵押权更容易从两种不同物的物理特征入手,有助于理解法律对动产、不动产抵押权所设定的不同规则。

2. 根据法律对抵押权有无特殊规定,可将抵押权分为一般抵押权和特殊抵押权。一般抵押权适用抵押权的一般规定,而特殊抵押权还应当适用法律对抵押权设置的特殊规定。特殊抵押权通常包括共同抵押、浮动抵押、最高额抵押等。

这一分类的意义在于,法律针对特殊抵押权相对于一般抵押权的特殊之处,设定了特殊的规则,这些特殊之处也是学习特殊抵押权时应给予特别关注的内容。

二、制度

(一)抵押权的一般规定

我国现行有关抵押权的法律规定,见于《担保法》《担保法解释》以及《物权法》。在处理《担保法》《物权法》法律适用问题上,遵循新法优先适用的规则,应优先适用《物权法》的规定。这一点被规定在《物权法》第178条之中,即"担保法与本法的规定不一致的,适用本法"。

《物权法》第179～207条规定了抵押权的有关制度。其中,《物权法》第179条直接规定抵押权的一般性规定,即"为担保债务的履行,债务人或者第三人不转移财产的占有,将该财产抵押给债权人的,债务人不履行到期债务或者发生当事人约定的实现抵押权的情形,债权人有权就该财产优先受偿。前款规定的债务人或者第三人为抵押人,债权人为抵押权人,提供担保的财产为抵押财产"。根据该规定,抵押权设定在债务人或第三人提供的抵押财产之上,且抵押权的设定不要求转移抵押财产。

(二)抵押权担保的债权类型

《物权法》第171条第1款规定了担保物权所担保的债权类型,即"债权人在借贷、买卖等民事活动中,为保障实现其债权,需要担保的,可以依照本法和其他法律的规定设立担保物权"。根据该规定,抵押权等担保物权担保的债权类型主要为借贷、买卖等债权类型。实践中,抵押权除担保上述债权类型之外,还被广泛应用于各种债权类型当中,主要是各种意定合同债权。在侵权、不当得利、无因管理等法定债权类型中,在债权发生之后,为担保债务人履行债务,也可以由当事人进行协商追加设定抵押权,以担保上述债权的实现。

根据《物权法》第171条第2款的规定,第三人为债务人向债权人提供担保的,可以要求债务人提供反担保。上述规定中的反担保是相对于一般的担保而言的担保类型,其是在第三人提供担保的情况下,就第三人承担担保义务后向债务人行使追偿权而使用的担保类型。

第二节 抵押权的设立

抵押权作为意定担保物权,其有效设定一般须满足当事人之间签订的抵押合同和抵押公示两个要件,故本节的重点在于从抵押合同和抵押权之间的关系、可用于抵押的财产类型以及如何进行抵押公示三个方面讲述如何设定有效的抵押权。

一、基本原理

（一）抵押权设立的一般基础理论

第一，抵押权设立是抵押权的继受取得。抵押权是设立在他人物权之上的一种他物权类型，例如在他人的建设用地使用权、房屋所有权之上设定抵押权，故抵押权是以他人物权的存续及他物权人的意思为基础和条件而设定的。所以，从物权取得的类型上看，抵押权设立是物权的继受取得，而且属于继受取得当中的创设取得类型。

第二，抵押权设定是基于法律行为引起的一种物权变动。继受取得物权在物权变动的类型上属于基于法律行为引起的物权变动，抵押权设立也不例外。基于法律行为引起的物权变动在发生物权变动时，需要两个要件：其一，法律行为，即抵押合同；其二，公示，对于不动产而言，即抵押登记。在这两个要件中，抵押合同是抵押设立的原因行为，其之所以作为抵押权设立的要件之一，是因为抵押权是设立在他人物权之上的他物权，在权利性质上属于限定物权，在权利效力上会对他人物权形成限制。简单讲，要设定抵押权，就必须面对如何对抵押权人的抵押权与他人的物权之间在权利内容、效力等方面进行妥善处理的问题。通过抵押合同的债权合意，由抵押权人和抵押人就抵押权的设立、抵押物范围、担保范围、行使方式等权利内容进行约定，产生对抵押权人和抵押人相对性的法律拘束力，从而使抵押合同成为处理抵押权人和他物权人之间权利冲突的法律依据。

但是，抵押合同相对性的债权属性，决定了它只能在抵押权人和抵押人之间产生拘束力，而不能产生抵押权作为物权类型所应当具有的对世效力。因此，公示就成为抵押权有效设定的另一要件，一方面，需要对外宣示抵押权的存在，从而产生物权对世效力；另一方面，在宣示抵押权存在的情况下，产生物权的排他、追及和优先效力。通过登记等公示方式，抵押权人和抵押人在抵押合同中有关抵押权内容的约定将通过公示成为有效设定的抵押权的实际内容。

以上两个要件决定了抵押权有效设立的程序。

（二）抵押合同

1. 抵押合同的含义

抵押合同是当事人双方以设立抵押权为目的而自愿达成的协议。在抵押合同法律关系中，抵押人是提供抵押财产并作为债权担保的一方当事人，抵押人既可以是债务人，也可以是第三人，而抵押权人则必须是抵押权所担保的主债权的债权人，抵押合同由抵押人和抵押权人签订。

抵押人和抵押权人签订抵押合同的行为属于双方法律行为。既然抵押合同在法律事实的类型上属于法律行为，那么其成立及生效就需要遵循法律行为成立和生效的相关法律规定，在法学理论上应参照民法总论中有关民事法律行为的相关理论知识。这里需要特别注意的是，民法总论中有关民事法律行为以及合同法的相关理论知识具有基础性作用，例如缔结抵押合同的双方当事人必须具有相应的民事行为能力，意思表示必须真实，不违反社会公共利益，抵押财产合法、确定、可能，且不存在《合同法》第52条所列合同无效的各种情形。

2. 抵押合同的性质

抵押合同在性质上属于双方法律行为，且是以抵押权人请求抵押人履行有效设定抵押权的特定义务为主要内容，符合特定人要求特定人完成特定行为的债权法律特征，故抵押合同在法律性质上应当属于债权合意。在法律适用时，抵押合同在合同内容上不得违反《物权法》《担保法》的效力性强制规定，但在合同的订立、履行以及违约责任方面均应当适用《合同法》的相关规定。

实践中，许多当事人认为抵押合同属于物权合同，这是一种错误认识。我国《物权法》奉行的是债权形式主义为原则、意思主义为例外的立法模式。在法律效果上，签订抵押合同作为法律事实一般并不能够引起抵押权有效设立的物权变动，所以不可能是什么物权合同。抵押权有效设立是在签订抵押合同后，直接由抵押登记这一法律事实引起的法律效果。

3. 抵押合同的性质、内容和效力

抵押合同在性质上属于要式合同、诺成性合同（一般情况下）、从属性合同。抵押合同是债权合同，其作为法律事实会使抵押权人和抵押人之间产生以抵押人在特定抵押财产上通过办理抵押登记设立抵押抵押权为主要内容的债权法律关系。所以，抵押合同的主要内容应当包括：（1）抵押财产；（2）抵押担保的主债权；（3）担保范围；（4）抵押人履行办理抵押登记义务的时限、方式以及违约责任等。其中，有关抵押财产、抵押担保的主债权以及担保范围是抵押权人和抵押人对将要设立的抵押权的具体描述，在抵押登记后，这些具体描述将基于公示公信而产生物权的对抗效力。

抵押人不办理抵押登记，应向抵押权人承担违反抵押合同的违约责任。而抵押合同本身不能产生抵押人就主债权承担法律责任的担保义务，否则抵押合同就不再仅仅只有抵押合同的内容，而是兼有保证合同的内容。

4. 抵押合同中流押条款的禁止

《物权法》第 186 条规定"抵押权人在债务履行期届满前，不得与抵押人约定债务人不履行到期债务时抵押财产归债权人所有"，这即是所谓的"流押条款禁令"。根据该规定，如果抵押人和抵押权人在合同中约定流押条款的，该条款将根据《合同法》第 52 条第 5 项、《合同法解释（二）》第 14 条违反法律、行政法规的效力性强制规定而无效，但该无效属于合同的部分无效，一般不影响抵押合同整体的效力。

设定流押条款禁令的原因其实很简单。在很多情况下，在抵押合同成立并生效时，抵押人可能因为情势所迫与抵押权人约定流押条款，即在债务人不履行到期债务时抵押财产归债权人所有，而抵押财产的价值可能远远大于抵押担保的债权。这样，一方面可能侵害抵押人的利益，无法通过实现抵押权时的拍卖、折价即变价程序体现抵押财产的最大价值，而且设定抵押权不等于以转让方式处置抵押财产；另一方面可能会侵害抵押人的其他债权人的利益，因低价处置抵押物而导致其他债权人受偿可能性降低。因此，世界范围内，大陆法系主要国家如法国、德国等均在其相关法律中规定有流押条款禁令。

实践中，当事人往往将"以折价方式实现抵押权"与"流押条款"混淆在一起。作为法律所允许采用的担保物变价方式的折价，其与流押条款的区别主要由以下两点：第一，时间不同。流押条款是当事人在债务关系建立之初，或至少是在债务到期之前所达成的约定；折价则是债务到期后，当事人在实现抵押权时所达成的担保物变价方式。第二，内容不同。根据流押条款，担保物权人取得担保物的所有权，并不以担保物的评估作价为条件，不具有"担保物变价"的性质；根据折价，担保物权人取得担保物的所有权，则是以评估作价为基础，具有"多退少补"的担保物变价内涵。

5. 抵押合同无效时的法律责任

抵押合同是债权合同的一种类型，应当遵循《合同法》的相关规定，也会存在无效或因被撤销而无效的情形：

（1）抵押合同无效。因为抵押合同是担保合同的一种类型，是一种从合同，所以其无效事由分为两种情形：第一种情形，即因抵押合同自身原因而无效，无效原因主要来自三个方面：第一，抵押人主体不适格，如抵押人为某人民政府或其职能部门;第二,抵押物为禁止流通物,如军事基地的土地使用权等;第三,合同本身存在《合同法》第52条规定的合同无效的其他事由,如恶意串通损害第三人利益的情形。第二种情形,即因主债权合同无效,而导致作为从合同的抵押合同无效,无效的主要原因来自《合同法》第52条所规定的合同无效的各项事由。

(2)抵押合同因被撤销而无效。由抵押合同无效的情形不同,在抵押合同被撤销问题上,主要区别在于撤销主体的不同,也分为两种情形:第一种情形,即抵押人因抵押权人欺诈、胁迫、重大误解、显失公平等《合同法》规定的合同撤销事由而撤销抵押合同。第二种情形,即抵押人自身未撤销抵押合同,而是抵押人的债权人依据《合同法》第74条之规定请求人民法院行使撤销权,撤销抵押合同。

关于抵押合同无效或被撤销的法律后果,《物权法》《担保法》及其司法解释遵循《合同法》第58条所规定的缔约过失责任的立法精神,确立了因抵押合同无效或被撤销后的责任承担规则,即从总体上确定抵押人应当承担与其过错和造成损失相应的法律责任:首先,无论抵押合同是基于自身原因被撤销而无效或本身无效,还是基于主合同被撤销或无效的原因而无效,抵押人无过错的,不承担任何法律责任。其次,主合同有效而抵押合同无效的,抵押权人无过错的,抵押人与债务人承担连带责任;抵押权人有过错的,抵押人承担的法律责任不超过债务人不能清偿部分的1/2。最后,主合同无效导致抵押合同无效的,抵押人有过错的,担保人承担民事责任的部分,不应超过债务人不能清偿部分的1/3。

从上述规则中可以看出,抵押合同无效或被撤销后,基于物权法有因性原则,抵押权人也无抵押权可供行使。此时,抵押人承担缔约过失责任,其在主合同无效的情况下也要承担法律责任,因为其提供担保意思表示表明其已经与抵押权人进入抵押合同的磋商阶段。此外,除抵押权人无过错,主合同有效而抵押合同无效时抵押人与债务人承担连带责任外,抵押人承担的均是补充清偿责任,而非连带责任。

(三)抵押物

抵押物又称为抵押财产,是指抵押人用以设定抵押权的财产。我国《物权法》第180、184条分别以肯定式不完全列举和否定式不完全列举的方式规定了可以成为抵押物的财产。结合两条规定可以发现，抵押财产应当具备的基本特征是流通性。因为只有具备流通性，抵押权在实现时才有市场和可能，抵押权设定才具有实际意义，否则即使允许设定抵押权，也不能为实践所接受。

（四）抵押权设立的主要方式：抵押登记

1. 抵押登记

所谓抵押登记，是指登记机关经当事人申请，依法定条件和程序将抵押权状态记载于登记簿册的行为。在抵押权登记效力问题上，我国《物权法》根据抵押物的类型不同分别采取了登记生效主义的立法模式，即以不动产为抵押财产的，不登记抵押权不生效，抵押登记为抵押权有效设立的必要条件；和登记对抗主义的立法模式，即以动产、准不动产为抵押财产的，抵押权自抵押合同生效时设立，未经登记的，不得对抗善意第三人，抵押登记并非抵押权有效设立的必要条件。

2. 抵押权的善意取得

一般情况下，抵押权的有效设立需满足抵押合同和抵押登记两个要件，这是抵押权的继受取得。但是在特殊情况下，抵押权人还可能通过善意取得的方式原始取得抵押权，但须满足《物权法》第 106 条善意取得的要件，即(1)对于抵押财产，抵押人是无权处分人；(2)已办理抵押登记；(3)办理抵押登记时，抵押权人是善意的；(4)主债权有效存续。

二、制度

（一）抵押合同

1. 抵押合同的要式性

《物权法》第 185 条规定"当事人应当采取书面形式订立抵押合同"，即抵押合同是一种必须采取书面形式订立的要式合同。何为书面形式，应当根据《合同法》第 11 条加以判断，即"书面形式是指合同书、信件和数据电文（包括电报、电传、传真、电子数据交换和电子邮件）等可以有形地表现所载内容的形式"。

2. 抵押合同的诺成性

《物权法》第 15 条规定，"当事人之间订立有关设立、变更、转让和消灭不动产物权的合同，除法律另有规定或者合同另有约定外，自合同成立时生效；未办理物权登记的，不影响合同效力"，即抵押合同为诺成性合同（不要物合同）；

《担保法》第41条规定,“当事人以本法第四十二条规定的财产抵押的,应当办理抵押物登记,抵押合同自登记之日起生效”,即抵押合同为实践性合同(要物合同)。在这里,《物权法》和《担保法》的规定出现不一致的情况。根据《物权法》第178条之规定,“担保法与本法的规定不一致的,适用本法”,故对此不一致应当适用物权法,即对于不动产抵押而言(如建设用地使用权、房屋所有权、林地使用权、采矿权等不动产抵押)抵押合同为诺成性合同,除当事人在合同中另外约定有附款(即合同生效的延缓条件或期限)外,合同应自成立时生效。

以其他不动产(土地承包经营权、宅基地使用权)、动产抵押的,依据《担保法》第43条的规定,即“当事人以其他财产抵押的,可以自愿办理抵押物登记,抵押合同自签订之日起生效”,抵押合同也为诺成性合同。

3. 抵押合同的从属性

《物权法》第172条第1款规定:“设立担保物权,应当依照本法和其他法律的规定订立担保合同。担保合同是主债权债务合同的从合同。主债权债务合同无效,担保合同无效,但法律另有规定的除外;”第2款规定:“担保合同被确认无效后,债务人、担保人、债权人有过错的,应当根据其过错各自承担相应的民事责任。”根据《物权法》的上述规定,抵押合同是主债权债务合同的从属合同,具有从属性,其在效力上对主债权债务合同存在依附性,即主债权债务合同无效,担保合同无效;但反向则不存在这一规则,即担保合同无效的,主债权债务合同不一定无效,担保合同具有相对独立于主债权债务合同的无效事由。第2款之规定的是在担保合同无效后处理各方法律关系的规则,该条所述之民事责任的性质,因债务人并非担保合同的当事人,故其对债权人、担保人的责任属于侵权责任,担保人和债权人之间的民事责任属于缔约过失责任。

4. 抵押合同的内容

如前所述,抵押合同是抵押权人和抵押人之间约定通过办理抵押登记有效设立抵押权的债权合意,故抵押合同的主要内容为:

(1)抵押权的一般条款。抵押合同应当首先包含与抵押权有关的内容,即抵押财产、抵押担保的主债权、担保范围。上述三项内容规定在《物权法》第185条第2款中,即一是被担保债权的种类和数额;二是债务人履行债务的期限;三是抵押财产的名称、数量、质量、状况、所在地、所有权归属或者使用权归属;四是担保的范围。上述抵押合同的一般条款实际上是抵押合同当事人对将要设定的抵押权的具体描述,在抵押权生效后,该具体描述将成为抵押权的内容。

(2)抵押担保的范围。《物权法》第173条规定了担保物权担保的一般范围,即“包括主债权及其利息、违约金、损害赔偿金、保管担保财产和实现担保物权的费用。当事人另有约定的,按照约定”。抵押合同在本质上属于债权合意,应当首先尊重当事人的意思自治,故物权法的上述规定仅仅是在当事人没有约定的情况下的一般性规定。《担保法》第35条虽然规定抵押人所担保的债权不得超出其抵押物的价值;但这一规定实质上已经被《担保法解释》第51条改变,抵押人所担保的债权超出其抵押物价值的,超出的部分不具有优先受偿的效力,即抵押物的价值可以小于所担保债权的价值。实践中,往往会出现抵押物重复抵押,且重复抵押担保的债权大于抵押物价值的情况。

(3)抵押人履行办理抵押登记义务的时限、方式以及违约责任等。抵押人办理抵押登记设立双方约定的抵押权,是抵押合同的主合同义务,双方当事人应就履行办理抵押登记的时限、方式及违约责任进行约定。未约定的,依照《合同法》的相关规定加以处理。

5. 抵押合同无效或因被撤销而无效时的法律责任

抵押合同是担保合同的一种,《担保法》及其司法解释、《物权法》规定了担保合同无效时,各方当事人承担法律责任的一整套规则:

《担保法》第5条规定:“担保合同是主合同的从合同,主合同无效,担保合同无效。担保合同另有约定的,按照约定。担保合同被确认无效后,债务人、担保人、债权人有过错的,应当根据其过错各自承担相应的民事责任。”此项是抵押合同无效时的责任承担一般条款,即各方当事人根据对无效事由的过错承担缔约过失责任。

《物权法》第172条规定:“设立担保物权,应当依照本法和其他法律的规定订立担保合同。担保合同是主债权债务合同的从合同。主债权债务合同无效,担保合同无效,但法律另有规定的除外。担保合同被确认无效后,债务人、担保人、债权人有过错的,应当根据其过错各自承担相应的民事责任。”

《担保法解释》第7条规定:“主合同有效而担保合同无效,债权人无过错的,担保人与债务人对主合同债权人的经济损失,承担连带赔偿责任;债权人、担保人有过错的,担保人承担民事责任的部分,不应超过债务人不能清偿部分的二分之一;”第8条规定:“主合同无效而导致担保合同无效,担保人无过错的,担保人不承担民事责任;担保人有过错的,担保人承担民事责任的部分,不应超过债务人不能清偿部分的三分之一;”第9条规定:“担保人因无效担保合同向债权人承担赔偿责任后，可以向债务人追偿，或者在承担赔偿责任的范围内，要求有过错的反担保人承担赔偿责任。”

（二）抵押物

我国《物权法》第180、184条分别以肯定式不完全列举和否定式不完全列举的方式规定了可以成为抵押物的财产：

第180条规定以下财产可以抵押：（1）建筑物和其他土地附着物；（2）建设用地使用权；（3）以招标、拍卖、公开协商等方式取得的荒地等土地承包经营权；（4）生产设备、原材料、半成品、产品；（5）正在建造的建筑物、船舶、航空器；（6）交通运输工具；（7）法律、行政法规未禁止抵押的其他财产。

第184条规定以下财产不能抵押：（1）土地所有权；（2）耕地、宅基地、自留地、自留山等集体所有的土地使用权，但法律规定可以抵押的除外；（3）学校、幼儿园、医院等以公益为目的的事业单位、社会团体的教育设施、医疗卫生设施和其他社会公益设施；（4）所有权、使用权不明或者有争议的财产；（5）依法被查封、扣押、监管的财产；（6）法律、行政法规规定不得抵押的其他财产。

综合上述两条法律规定，只要具备自由流通性的，且法律、行政法规未规定不得抵押的财产，一般都可以设定抵押权。

（三）抵押登记

1. 抵押登记效力

我国《物权法》根据抵押财产的类型不同分别采取了抵押权登记生效主义和登记对抗主义的立法模式。对于不动产抵押，登记是其有效设立的必要条件；对于动产抵押权，抵押登记仅仅产生对抗效力。现行法律中的具体规定如下：

（1）登记生效。《物权法》第187条规定，以建筑物和其他土地附着物、建设用地使用权、以招标、拍卖、公开协商等方式取得的荒地等土地承包经营权，以及正在建造的建筑物抵押的，应当办理抵押登记，且抵押权自登记时设立。

（2）登记对抗。《物权法》第188条规定，以生产设备、原材料、半成品、产品，正在建造的船舶、航空器，以及交通运输工具抵押的，抵押权自抵押合同生效时设立；未经登记，不得对抗善意第三人。第189条规定，企业、个体工商户、农业生产经营者将现有的以及将有的生产设备、原材料、半成品、产品抵押的，应当向抵押人住所地的工商行政管理部门办理登记。抵押权自抵押合同生效时设立;未经登记,不得对抗善意第三人。

抵押登记的效力在于使抵押权获得对抗善意第三人的效力,阻止第三人善意取得抵押物。

2. 抵押登记的部门

《担保法》在第42、43条中规定了抵押登记的部门:(1)以无地上定着物的土地使用权抵押的,为核发土地使用权证书的土地管理部门;(2)以城市房地产或者乡(镇)、村企业的厂房等建筑物抵押的,为县级以上地方人民政府规定的部门;(3)以林木抵押的,为县级以上林木主管部门;(4)以航空器、船舶、车辆抵押的,为运输工具的登记部门;(5)以企业的设备和其他动产抵押的,为财产所在地的工商行政管理部门;(6)当事人以其他财产抵押的,可以自愿办理抵押物登记,抵押合同自签订之日起生效。当事人未办理抵押物登记的,不得对抗第三人。当事人办理抵押物登记的,登记部门为抵押人所在地的公证部门。

2015年3月1日开始施行的国务院《不动产登记暂行条例》统一了我国不动产登记制度,不动产的抵押登记今后将由统一的不动产登记部门进行登记。不动产登记局的设立是为了解决长期以来房地分属登记在实践中造成的问题。

3. 抵押登记需要提交的法律文件

《担保法》第44条规定了办理抵押登记时,一般情况下应当向登记部门提供以下法律文件:(1)主合同和抵押合同;(2)抵押物的所有权或者使用权证书。

实践中,各个登记部门均会对抵押登记时应当提交的文件作以规定,以房屋所有权抵押登记为例:根据建设部《房屋登记办法》第43条的规定,申请抵押权登记,当事人应当提交下列文件:(1)登记申请书;(2)申请人的身份证明;(3)房屋所有权证书或者房地产权证书;(4)抵押合同;(5)主债权合同;(6)其他必要材料。

该办法第44条还对抵押登记的事项作出具体规定,即规定应将下列事项记载于房屋登记簿:(1)抵押当事人、债务人的姓名或者名称;(2)被担保债权的数额;(3)登记时间。

4. 登记冲突

在抵押登记过程中,可能会出现登记上的冲突,法律对此也有详细规定:

(1)同一抵押物上不同时间设定的抵押权的冲突规则。如果一个物上存在数个抵押权,处理冲突的一般规则是设定在先的优先于设定在后的受偿、对于同一时间设定的抵押权,《担保法解释》第 58 条规定,当事人同一天在不同的法定登记部门办理抵押物登记的,视为顺序相同。因登记部门的原因致使抵押物进行连续登记的,抵押物第一次登记的日期,视为抵押登记的日期,并依此确定抵押权的顺序。

(2)抵押合同与登记事项不一致的冲突规则。登记部门一般情况下均根据当事人提交的主债权合同、抵押合同进行登记,所以通常不会出现抵押合同与抵押登记的内容不一致的情况。实践中,如果出现两者不一致的情况,则根据《担保法解释》第 61 条以登记记载的内容为准。此项规定,是出于维护登记公示公信力以及维护交易安全的考虑。

第三节 抵押权的效力

抵押权是物权的一种,也具有物权的排他、优先、追及效力,本节学习的重点除了学习抵押权本身作为物权的上述三大效力之外,还包括法律为保障抵押权人"控制"抵押物交换价值而设定的具体规则。

一、基本原理

抵押权是抵押权人对抵押物交换价值的排他性支配权利,抵押权的效力即是指抵押权人行使抵押权所产生的法律效果。本节所称抵押权效力系指抵押权存续期间的效力,广义的抵押权的效力还包含抵押权实现时的效力。抵押权的效力主要体现在以下几个方面:

(一)抵押权担保的债权范围

抵押权担保的债权范围,是指抵押权人从抵押物的变价中优先受偿的范围。在当事人就抵押担保的债权范围在抵押合同中有约定时,应当以当事人的约定确定抵押担保的债权范围;在当事人未有约定或约定不明确时,根据《物权法》第 173 条之规定,抵押权担保的债权范围包括主债权及其利息、违约金、损害赔偿金以及实现担保物权的费用。

(二)抵押权效力及于的标的物的范围

抵押物范围是指抵押权及于标的物的范围。具体而言,是指实现抵押权时,抵押权人可以依法变价处分的标的物的范围。依照《物权法》和《担保法》,除了抵押设立时的抵押物之外,抵押权效力所及的抵押物范围还可能包括抵押物的从物、孳息物、附合物和代位物等。

1. 标的物的范围

抵押物的一部分不属于独立的物,根据一物一权原则,其在所有关系上归属于抵押物所有权。抵押人在以设立抵押权的方式处分抵押物时,必然涉及该部分的处分,故当事人不能通过约定将该部分排除在抵押权的标的物范围之外,或仅在抵押物的部分上设定抵押权。否则,该部分上设定的抵押权不能对未设定部分的所有权形成限制,必然出现两部分上所有权与抵押权在支配上的冲突。

2. 抵押物的从物

从物是指在两个以上必须相互配合才能发挥效能的独立的物中,处于从属地位,辅助和配合主物发挥经济效用的物。民法理论中,从物在原则上随同主物一起发生物权变动,所以除非当事人另有约定,否则应当认定该从物包含在抵押的标的物范围之内。

对于抵押权设定后新增的从物而言,因为涉及从物这一独立物设立抵押权的物权变动,该物权变动如果是继受取得,那么必须存在就该从物设定抵押权的抵押合同。事实上,双方当事人在为主物设定抵押权签署抵押合同时,作出的意思表示并不包含对新增从物的处分意思,所以不应当将新增从物包含在抵押的标的物范围之内。那么,是不是可以规定抵押权人原始取得新增从物的抵押权,从而得出抵押权自动及于新增从物的结论呢? 显然不行,因为一方面并不存在这一物权原始取得的方式,另一方面,不经抵押人同意而允许抵押权人原始取得新增从物的抵押权,会打击抵押人以增加从物的方式增加主物经济价值的积极性,最终也不利于抵押权人。所以,对于抵押设定后新增从物而言,国内通说认为,抵押权不及于该从物,但在抵押权实现时应将新增从物连同主物一起拍卖,抵押权人对于该从物拍卖所得价款无优先受偿权。

3. 抵押物的孳息物

孳息是基于原物产生的收益,而且是相对于原物的独立物。孳息分为天然孳息和法定孳息,前者包括果实与动物因自然属性获得的收益,后者包括利息、租金等依据法律关系产生的收益。

对于抵押权的效力是否及于抵押物的孳息的问题,大多数国家均跟随《德国民法典》规定抵押权的效力仅仅及于抵押物被司法扣押之后所产生的孳息,我国也不例外。事实上,这一结论的得出同抵押权的权利特征有关。抵押权设定后,抵押人并未丧失对抵押物的占有、使用权能,而收取孳息即作为使用抵押物的结果。如果法律规定在抵押权设定后其效力即自然及于孳息,必然会打击抵押人使用抵押物的积极性,无法充分发挥抵押制度应有的制度功能。但是,在主债权到期等实现抵押权的情形出现,且人民法院依法扣押抵押财产的情况下,通过剥夺抵押人收取孳息的权利,让抵押权效力及于扣押之后的孳息,将使抵押人使用抵押物变得无经济利益,这有助于抵押人配合抵押权人和司法机关实现抵押权。这里的收取孳息并非是指转移孳息所有权,而是将孳息归入抵押的标的物范围之内,抵押权人仅对所收取的孳息享有优先受偿权。

4. 抵押物的添附物

添附物是指不同所有人的物结合在一起或一人的物经过他人加工劳动形成一个新物的事实。添附在民法理论上具体分为附合、混合和加工三种具体类型,该三种类型均会引起物权变动。在抵押权的效力部分讨论抵押物的添附物实际上涉及两个问题:第一,抵押物因添附发生物权变动而导致抵押物不再归属于抵押人的情况下,抵押权的效力如何?第二,抵押物本身未因添附发生物权变动,但因附合、混合及加工而使抵押物的价值增加或降低的情况下,抵押权的效力如何?

对于抵押物因添附发生物权变动而导致抵押物不再归属于抵押人的情况,抵押人将根据添附的法律效果从获得抵押物所有权人处获得失去抵押物的赔偿或补偿,抵押权的效力将及于该部分赔偿或补偿,抵押权人就此优先受偿。对于抵押物本身未因添附发生物权变动,但因附合、混合及加工而使抵押物的价值增加或降低的情况下,抵押权的效力将及于添附后的抵押物,以及抵押人因此获得的赔偿或补偿。

5. 土地上新增建筑物

对于建设用地使用权设定抵押后,该抵押权是否及于土地上新增的建筑物的问题,在物权法原理上类同于抵押权是否及于物之新增从物的问题。一方面,新增建筑物并不依照罗马法中的"土地吸附原则"而自然归入建设用地使用权中,而是由建设用地使用权人建筑性使用土地之后原始取得建筑物所有权,从而使土地所有权之上出现了建筑物所有权与建设用地使用权两个自法律上相对独立、且可供交易的权利。其中,新增建筑物所有权价值较大,建设用地使用权抵押权设定时是以使用权的价值为基准确定抵押担保的债权范围,没有发挥建筑物的担保功能;另一方面,如果法律规定建设用地使用权抵押权自然及于地上新增建筑物,在第三人提供建设用地使用权设定抵押权的情况下,将打击第三人实施建设行为的积极性。从以上两个方面来看,我国法律规定建设用地使用权抵押权不及于地上新增建筑物具备合理性。应当看到的是,在特殊情况下,如果抵押人将新增建筑物所有权出让给第三人的情况下,将可能会出现建设用地使用权抵押人和建筑物所有权人之间的权利冲突,但这种冲突将会为不动产统一登记制度所缓解。

尽管地上新增建筑物不属于抵押财产,但是在该建设用地使用权实现抵押权时,应当将该土地上新增的建筑物与建设用地使用权一并处分,抵押权人无权就新增建筑物所得的价款优先受偿。

6. 抵押物的代位物

抵押物的代位物,是指在抵押权存续期间,抵押财产毁损、灭失而依法获得的、代替原抵押物以担保债务履行的财产。在我国,物权法规定的代位物包括保险金、侵权损害赔偿金以及因征收、添附而获得补偿金三种情况。

通说认为,抵押权人同意抵押人以转让方式处分抵押财产包含了抵押权人自身对抵押物的支配和对抵押权的处分,故抵押人转让抵押财产所得的价款不能作为抵押物的代位物,而是须根据《物权法》的规定提前清偿债务或者提存,而提存和清偿一样都是《合同法》第91条规定的债务关系终止的一种方式。换句话说,经抵押权人同意转让抵押财产的,最终结果是主债务得到清偿。

(三)抵押权的一般物权效力

作为物权的一种类型,抵押权基于公示也会获得物权的一般效力,即物权优先效力、排他效力、追及效力以及物上请求权效力。因为抵押权不转移占有的权利特征,使上述四项物权的一般效力仅仅是在抵押权实现时才得以体现出来。实践中,除了抵押权优先于普通债权受偿、可追及至抵押物占有人处实现抵押权等体现抵押权物权效力的一般情况外,抵押权的物权效力还着重体现在以下几个方面:

1. 抵押物重复抵押

重复抵押是指抵押人在抵押物上设定抵押权后，为了担保其他债权的实现，而在同一抵押物上再次设定抵押权。因为抵押权的有效设定不以不转移抵押物的占有为条件，故在一个物上设定多个抵押权并不违反一物一权原则。因此，我国法律并未禁止进行重复抵押，只是要求在财产抵押后，该财产的价值大于所担保债权的余额部分，才可以再次进行抵押，且不得超出余额部分。实践中，是否进行重复抵押，以及被担保债权是否超出抵押后剩余价值部分，均由当事人根据实际情况自行决定。在重复抵押的情况下，抵押权之间会产生优先效力。一般来讲，先登记的抵押权优先于后登记的抵押权，登记的抵押权优先于未登记的抵押权；均未登记的，相互之间不产生优先效力，各抵押权人按照债权比例分别受偿。

2. 抵押权与租赁权

根据《物权法》第 190 条之规定，"订立抵押合同前抵押财产已出租的，原租赁关系不受该抵押权的影响。抵押权设立后抵押财产出租的，该租赁关系不得对抗已登记的抵押权"，以及《合同法》第 229 条之规定，"租赁物在租赁期间发生所有权变动的，不影响租赁合同的效力"，在处理租赁权和抵押权之间的关系时，仍然遵循设立在先的具有优先效力的原则，处理规则如下：

第一，抵押物在抵押权设立之前出租的（即"先租赁、后抵押"），该租赁关系可以对抗已登记的抵押权。租赁合同对抵押权实现时受让抵押物的买受人具有约束力，买受人不得要求承租人返还租赁物，但可以租赁物所有权收取租金。

第二，抵押物在抵押权设立之后出租的（即"先抵押、后租赁"），该租赁关系不得对抗已登记的抵押权。租赁合同对抵押权实现时受让抵押物的买受人不具有约束力，买受人可以要求承租人返还租赁物；承租人返还租赁物的，可以根据合同法有关租赁合同的相关规定，要求解除合同，并要求出租人承担损失赔偿责任。

上述规则体现出了抵押权的优先效力以及追及至承租人处实现抵押权的追及效力，其间须注意以下三点：(1)"买卖不破租赁"规则的适用范围不仅仅包括不动产，而且还包括动产；(2)具有上述效力的抵押权必须是经过登记公示的抵押权，未经过登记公示的，原则上不具备优先效力等物权效力；(3)上述规则不排斥承租人基于租赁合同享有的优先购买权。

3. 抵押权与地役权

抵押权不转移占有的权利特征决定了其并不排斥以占有、使用、收益为内容的用益物权,所以在一个抵押物上可以同时存在抵押权和用益物权。鉴于我国用益物权的标的物仅仅是土地,且物权法明确禁止在土地所有权上设定抵押权,故实践中的问题主要是出现在土地使用权之上同时存在抵押权与地役权的情况下。在处理两者之间关系时,仍然遵循是否登记和设立在先两个标准,具体处理规则如下:

(1)抵押权与地役权均登记,且抵押登记在先的。抵押权的标的物为无地役权负担的土地使用权,所以,在实现抵押权时,无论抵押物为需役地的土地使用权还是供役地的土地使用权,均原则上作为无地役权负担的土地使用权进行处分。具体而言,如果是供役地,买受人无须受地役权约束;如果是需役地,买受人无须支付地役权对价。

(2)抵押权与地役权均登记,且地役权登记在先的。抵押权的标的物为有地役权负担的土地使用权。所以,在实现抵押权时,无论抵押物为需役地的土地使用权还是供役地的土地使用权,均作为有地役权负担的土地使用权进行处分。具体而言,如果是供役地,买受人须受地役权约束;如果是需役地,买受人须支付地役权对价。

(四)抵押权的特殊效力

抵押权除了作为物权而拥有物权的一般效力之外,还基于自身担保物权类型和不转移占有的权利特征而拥有自己特有的法律效力。在抵押权存续期间,抵押权效力集中体现在抵押权人对抵押财产交换价值的"控制"性支配当中,其中包含两个层面:第一,在抵押人使用抵押物时进行控制,保持抵押物现有交换价值,即抵押物的保全;第二,在抵押人处分抵押物时进行控制,防止抵押人对抵押物的处分行为导致抵押权人的权益受损。

1. 抵押物的保全

所谓抵押物的保全,是指在抵押权存续期间,抵押物受到侵害时,抵押权人依法享有的保全抵押物价值的权利。在抵押期间,抵押权人并不直接占有抵押物,在客观上无法对抵押物实施有效的避免价值减损的措施。故这里存在抵押权人保全抵押物价值和抵押人正常就抵押物占有、使用、收益之间的矛盾。为了妥善地处理这一矛盾,《物权法》规定,抵押权人一方面可通过对抵押人对抵押物的使用权进行直接限制的方式保全抵押物的价值；另一方面可通过要求抵押人另行提交抵押物或直接清偿主债务的方式，促使抵押人对第三人直接侵害抵押人的行为采取措施以间接保全抵押物的价值。

（1）停止侵害或消除危险请求权。抵押权人停止侵害或消除危险请求权，是指在抵押存续期间，抵押人的行为足以使抵押物价值减少的，抵押权人享有要求抵押人停止侵害、消除危险的权利。抵押权人行使该权利的条件是：第一，必须是抵押人的行为；第二，抵押人的行为必须是足以造成抵押物价值减少的情况，需满足有行为程度的要求；第三，抵押权人原则上只能向抵押人请求停止侵害或消除危险，因为第三人对抵押物的侵害，对第三人请求权往往由抵押人行使。

（2）恢复原状或另行提供担保的请求权。抵押人恢复原状请求权，是指在抵押存续期间，因抵押人、第三人的行为致使抵押物的价值减少时，抵押权人有权请求抵押人或第三人恢复抵押物价值的权利。同时，抵押权人还有权请求抵押人另行提供担保，以补足抵押物价值减少部分的物权担保，所以另行提供的担保应当属于物权担保。

（3）提前要求清偿债务的请求权。在抵押人、第三人的行为导致抵押物价值减少，抵押人未能恢复抵押物价值，也未能提供物权担保的情况下，抵押权人有权要求债务人提前清偿债务。此项为抵押权人的法定权利，当事人不能在主债权债务关系中预先排除该项权利。该项权利也意味着，抵押权人有权在请求债务人提前清偿债务的同时，提前就抵押物实现抵押权。

2. 限制抵押人处分抵押物的权利

抵押权依法在抵押人所有物上设定物上负担，而抵押人对抵押物的所有权并不因为抵押权的设立而消灭。所以，抵押人在抵押权存续期间仍然拥有对抵押物的处分权，但鉴于抵押权的限定物权性质，抵押人的处分权须受到抵押权的限制。根据《物权法》的规定，抵押人在抵押权存续期间转让抵押财产的，应当经过抵押权人同意。这里，切不可将“抵押权人同意”作绝对化理解，即理解为未经抵押权人同意的，转让行为一概无效。法律一直在保护抵押权人的利益和保证抵押物的自由流通之间寻找平衡。这一点从《担保法解释》第 68 条的规定，即“抵押物依法被继承或者赠与的，抵押权不受影响”和《物权法》第 191 条第 2 款的规定，即“抵押期间，抵押人未经抵押权人同意，不得转让抵押财产，但受让人代为清偿债务消灭抵押权的除外”中就可以看出。

从抵押权作为一种价值支配权的角度来看，立法本意是让抵押权人在转让抵押物所有权时看是否能保障其就抵押物价值优先受偿的权利，并不是完全刚性地赋予抵押权的追及效力以绝对化的法律效力，从而产生了面向实践的规则：

第一，无偿转让抵押物的，如赠与或继承，无须抵押权人同意，但抵押权人有权根据《担保法解释》第68条的规定追及至继承人、受遗赠人、受赠人处行使抵押权。他们继承或受赠的是带有抵押权负担的抵押物，这里没有涉及需要保护继承人、受遗赠人、受赠人利益的问题。当然，继承人、受遗赠人、受赠人也可以以代为清偿的方式消灭抵押权，从而去除抵押物的抵押权负担。

第二，有偿转让抵押物的，根据《物权法》第191条第2款的规定需要经过抵押权人同意，这里的"同意"存在保护抵押权人和受让人利益的双重含义。实践中，抵押权人是否同意抵押人已转让方式处分抵押物，一般会依据转让价款高低而定：

首先，如果转让价款高于抵押担保的债权，抵押权一般会同意抵押人转让抵押物，但转让价款须向抵押权人提存或提前清偿。转让价款将作为抵押物的代位物存在，抵押权人无权追及至受让人处行使抵押权。也就是说，受让人受让的是无抵押权负担的抵押物。

其次，如果转让价款低于抵押担保的债权，则抵押权人有权拒绝抵押人转让抵押物。这里需要注意三点：一是抵押权人不同意转让，不影响转让合同在抵押人和受让人之间发生效力，其仍是有效的法律行为，抵押权人不同意将导致抵押人履行不能，受让人有权依据转让合同主张违约责任或解除合同；二是如果抵押物受让人代为清偿债务消灭抵押权的，转让抵押物则无须抵押权人同意，这即是所谓抵押权人的涤除权；三是抵押权人不同意，如果是已登记的抵押权，登记部门不会予以办理抵押人和受让人之间的产权过户手续；如果是无须登记的抵押权，存在第三人依据《物权法》有关规定善意取得无抵押权负担抵押物的可能性。

3. 抵押权的期限

作为限定物权的一种类型，抵押权不可能是无期限物权，否则因其对抵押人权利（所有权、使用权）的限制也会变得无期限限制。但关于抵押权的期限，《物权法》《担保法》及其司法解释的规定是比较混乱：

首先，《担保法解释》第12条第1款规定："当事人约定的或者登记部门要求登记的担保期间，对担保物权的存续不具有法律约束力。"关于怎么理解这里规定的“担保期间”，可以参考保证法律关系中的保证期间，其对保证债权而言是一个不变的、特殊的消灭时效；一旦保证期间经过，而担保债权人未有效行使保证债权的，则该保证债权消灭，所以保证期间在本质上是一个债权请求权的消灭时效。考虑到担保物权的物权特征和公示效力，设定类似的消灭时效可能会损害利害关系人的权益，所以法律不允许设定担保期间，这也是物权法定原则在抵押权规则中的具体体现。在实践中，抵押登记部门往往在给抵押权人出具的抵押他项权利证书上注明担保期间，根据《担保法解释》的上述规定，应属无效。

其次，《担保法》第 52 条规定了抵押权存续期间的一般规则，即抵押权的存续期间是一个不确定期限，即“抵押权与其担保的债权同时存在，债权消灭的，抵押权也消灭”。

再次，《担保法解释》第 12 条第 2 款规定了抵押权的行使期限，即“当事人所担保的债权的诉讼时效结束后，担保权人在诉讼时效结束后的二年内行使担保物权的，人民法院应予以支持”。这条规则被《物权法》第 202 条所取代，即“抵押权人应当在主债权诉讼时效期间行使抵押权；未行使的，人民法院不予保护”。这一立法上的变动原因在于，抵押权人实现抵押权后，抵押人可以因使用抵押物代偿担保债权而拥有向主债权债务人进行追偿的权利。此时，如果主债权已经经过诉讼时效，而法律保护了抵押人对主债务人进行追偿的权利，那么主债权的诉讼时效在实际效果上是被延长了两年。另外，抵押权是主债权的从权利，抵押人在理论上应当享有主债务人对债权人享有的抗辩权，包括诉讼时效抗辩权，故而不应当赋予抵押权人在主债权诉讼时效经过后行使抵押权的权利。

最后，那么怎么理解《物权法》第 202 条中的“不予保护”？应当看到，诉讼时效经过之后，主债权虽然因债务人拥有诉讼时效抗辩权而失去胜诉权，主债权依然作为自然之债而存在。但如果此时抵押权被设定了和主债权一样的规则，将会导致抵押权人虽然不能行使抵押权，但是抵押权还可以根据《担保法》第 52 条所规定的抵押权存续期间的一般规则而继续存续。这样，抵押权和主债权一样作为自然权利而存续的话，将会阻碍抵押物（权利）进行流转，不利于发挥抵押物的经济价值；而且在重复抵押的情况下，后序位抵押权人在实现抵押权时将面临是否需要为不予保护的序位在先的抵押权保留清偿份额等一系列棘手的问题。所以，“不予保护”在法律效力上应当理解为抵押权消灭，而主债权的诉讼时效对于抵押权而言就应当是消灭时效,这符合抵押权作为物权,而不是债权的权利特征;但是,这个时效因为其所依据的诉讼时效本身是一个可变期间,导致其也成为一个可变期间。

综上,抵押权的期间应当分为两个部分:第一,一般而言,抵押权因主债权的消灭而消灭;第二,主债权诉讼时效内,抵押权人不有效行使抵押权的,抵押权归于消灭。至于两部分之间的关系,前者是一般规则,而后者是抵押权消灭的特殊规则。

二、制度

(一)抵押权担保的债权范围

《物权法》第173条规定:"担保物权的担保范围包括主债权及其利息、违约金、损害赔偿金、保管担保财产和实现担保物权的费用。"本条是抵押权担保债权范围的一般规定。如果当事人之间就担保范围另有约定,依照当事人的约定确定担保的债权范围。

(二)抵押权效力及于的标的物的范围

1. 抵押物的从物

《担保法解释》第63条规定:"抵押权设定前为抵押物的从物的,抵押权的效力及于抵押物的从物。"抵押权有效设立前为抵押物从物的,抵押权效力自然及于从物,但上述规则并未提及当事人可以另有约定,这显然是出于保护交易安全的需要。实践中,如果当事人在抵押物合同中对从物另有约定,并且已就此通过登记加以公示,那么该从物便不属于抵押权标的物的范围。此外,该规则的另一层含义是,抵押权的效力不及于新增从物。如果在抵押权设立时,主物和从物分属于不同的民事主体,那么在法律上二者之间当然不属于主从物关系,这也是第63条后半段规定的"抵押物与其从物为两个以上的人分别所有时,抵押权的效力不及于抵押物的从物"的含义,该规则原则上排除了抵押权人对属于第三人的"从物"的抵押权善意取得的可能性。

2. 抵押物的孳息

《物权法》第197条规定:"债务人不履行到期债务或者发生当事人约定的实现抵押权的情形,致使抵押财产被人民法院依法扣押的,自扣押之日起抵押权人有权收取该抵押财产的天然孳息或者法定孳息,但抵押权人未通知应当清偿法定孳息的义务人的除外。”上述规则规定抵押权有效设立后的孳息并不自然包括在抵押权标的物范围之内，只有在法院依法扣押后，抵押物的法定孳息和天然孳息才进入抵押物范围之内，但孳息应当先充抵收取孳息的费用。

3. 抵押物的添附物

《担保法解释》第62条规定，在抵押物因附合、混合或者加工使抵押物的所有权为第三人所有的，抵押权的效力及于补偿金，即抵押物的代位物；在抵押物所有人为附合物、混合物或者加工物的所有人的，抵押权的效力自然及于附合物、混合物或者加工物；第三人与抵押物所有人为附合物、混合物或者加工物的共有人的，抵押权的效力及于抵押人对共有物享有的份额，并不及于抵押物本身。

4. 土地上新增建筑物

《物权法》第200条规定：“建设用地使用权抵押后，该土地上新增的建筑物不属于抵押财产。该建设用地使用权实现抵押权时，应当将该土地上新增的建筑物与建设用地使用权一并处分，但新增建筑物所得的价款，抵押权人无权优先受偿。”根据该规则，新增建筑物不包含在抵押物范围之内。

5. 抵押物的代位物

《物权法》第174条规定：“担保期间，担保财产毁损、灭失或者被征收等，担保物权人可以就获得的保险金、赔偿金或者补偿金等优先受偿。”这即是抵押物代位物的规则，抵押权的效力自然及于保险金、赔偿金或者补偿金等优先受偿。如果被担保债权的履行期尚未届满，那么当事人可以提存该保险金、赔偿金或者补偿金等。这一规则即是所谓的“担保提存”，但这一提存类型并不能引起债务清偿的法律效果。

三、抵押权的一般物权效力

1. 抵押权与租赁权

《担保法解释》第65条规定：“抵押人将已出租的财产抵押的，抵押权实现后，租赁合同在有效期内对抵押物的受让人继续有效。”上述规则是“买卖不破租赁”原则在抵押权规则中的体现，但买受人有权收取租金；相反地，第66条规定：“如果抵押人将已抵押的财产出租的，抵押权实现后，租赁合同对受让人不具有约束力。”

上述规则还体现在最高人民法院《关于审理城镇房屋租赁合同纠纷案件具体应用法律若干问题的解释》第20条之中，即“租赁房屋在租赁期间发生所有权变动,承租人请求房屋受让人继续履行原租赁合同的,人民法院应予支持。但租赁房屋具有下列情形或者当事人另有约定的除外:(1)房屋在出租前已设立抵押权,因抵押权人实现抵押权发生所有权变动的;(2)房屋在出租前已被人民法院依法查封的”。

2. 抵押权与地役权

《物权法》第165条规定:“地役权不得单独抵押。土地承包经营权、建设用地使用权等抵押的,在实现抵押权时,地役权一并转让。”上述规则过于原则性,这里请参考前文。

四、抵押权的特殊效力

1. 抵押权的保全

《物权法》第193条规定:“抵押人的行为足以使抵押财产价值减少的,抵押权人有权要求抵押人停止其行为。抵押财产价值减少的,抵押权人有权要求恢复抵押财产的价值,或者提供与减少的价值相应的担保。抵押人不恢复抵押财产的价值也不提供担保的,抵押权人有权要求债务人提前清偿债务。”该条款规定了抵押权人对抵押物进行保全的一般规则:首先,抵押人的行为足以使抵押财产价值减少的,抵押权人有权要求抵押人停止其行为,此项为抵押权人要求停止侵害和消除危险的权利;其次,抵押财产价值减少的,抵押权人有权要求恢复抵押财产的价值,或者提供与减少的价值相应的担保,此项为抵押权人要求恢复原状和提供担保物的权利;最后,在抵押人不恢复抵押财产的价值也不提供担保的情况下,抵押权人有权要求债务人提前清偿债务。

应当注意,在《担保法》第51条第2款中,法律规定如果抵押人对抵押物价值的减少无过错的,抵押权人只能在抵押人因损害而得到的赔偿范围内要求提供担保。抵押物价值未减少的部分,仍作为债权的担保。此项规则是指,抵押权人应当承担非因抵押人过错造成抵押物损失的风险。所以,在第三人对抵押物的价值减损负有责任的情况下,抵押权人无权要求恢复原状,但可以要求在因损害而得到的赔偿范围内提供担保,当然抵押人从第三人处获得的赔偿也应当作为代位物继续承担担保功能。

2. 限制抵押人处分抵押物的权利

(1)抵押权不能单独转让,只能跟随所担保的债权一并转让。《物权法》第192条规定:“抵押权不得与债权分离而单独转让或者作为其他债权的担保。债权转让的，担保该债权的抵押权一并转让，但法律另有规定或者当事人另有约定的除外。”该规则在排除抵押权单独转让的合法性的同时，并不排除法律对抵押权不随债权转让的情况另有明确规定，也不禁止抵押人和抵押权人就抵押权不随债权转让另有约定。但应当看到，当事人在抵押合同中就抵押权不随债权转让所进行的约定并不具备公示效力，所以，在当事人另有约定的情况下，债权受让人也可能根据《物权法》的规定善意取得抵押权。

(2)抵押财产的转让。《物权法》第 191 条第 2 款规定：“抵押期间，抵押人未经抵押权人同意，不得转让抵押财产，但受让人代为清偿债务消灭抵押权的除外。”通说认为，未经抵押权人同意而转让抵押物给第三人的转让合同不因此而无效。实践中，如果是已登记抵押权，未经抵押权人同意，登记机关一般不予办理转让的过户登记手续；如果是无须登记且未登记的抵押权，未经抵押权人同意，则第三人存在善意取得无负担抵押物的可能。一些地方人民法院会认为“经抵押权人同意”为效力性强制规定，故依据《合同法》第 52 条判令合同无效，进而宣布转让无效。

根据《物权法》第 191 条第 1 款的规定，抵押人在抵押期间，且在抵押权人同意的情况下可以将抵押财产转让与第三人，但应当将转让所得的价款向抵押权人提前清偿债务或者提存。转让的价款超过债权数额的部分归抵押人所有，不足部分由债务人清偿。

第四节　抵押权的实现与消灭

本节的主要内容在于系统论述抵押权作为一种担保物权，如何实现，并在何种情况下归于消灭。在学习过程中，应当着重从抵押权的担保物权特征出发，理解并掌握抵押权实现的条件、抵押权实现的顺序及方式，以及抵押权的消灭原因。

一、抵押权的实现

(一)抵押权实现的含义

抵押权的实现，是指抵押权人在满足法定或约定条件的情况下行使抵押权，就抵押物的价值优先受偿的法律现象。抵押权实现时行使抵押权与抵押权存续期间内行使抵押权在目的上有着明显的不同,后者行使的目的在于保全抵押物的交换价值,前者是为了实现抵押物的价值,就抵押物的价值优先受偿。

(二)抵押权实现的条件

抵押权实现应当满足以下法定或约定的条件:

1. 必须以抵押权有效设立并存续为前提。抵押权是一种对物权利,抵押权人就抵押物的价值优先受偿必须是在抵押权有效设立并存续的前提下进行。实践中,如果抵押权未有效设立,或存在抵押权无效、被撤销的情形,都不能够实现抵押权。

(1)抵押权未有效设立。抵押权未有效设立的情形主要是指抵押权因不符合有效设立的要件而未能有效设立,例如,不动产抵押未能进行抵押登记、动产抵押合同约定有生效延缓条件且条件未满足等情形。

(2)抵押权无效。因为我国物权法并不承认物权行为理论,抵押登记仅仅是一个事实行为,并不能进行"有效"或"无效"的价值判断,所以抵押权无效的原因只能来自抵押合同。首先抵押合同无效可能是因为主体不适格而无效,例如政府机关作为抵押人签订的抵押合同;其次,抵押合同可能因抵押物而无效,例如抵押物为禁止流通物;最后,抵押合同还可能存在《合同法》第52条所述之合同无效情形,例如抵押合同存在恶意串通损害第三人利益的情况,或抵押合同存在以合法形式掩盖非法目的的情形等。

(3)抵押权被撤销。抵押合同及抵押权设定均符合法律的规定,抵押权有效设立,也可能存在第三人行使撤销权撤销抵押权的情形。抵押权被撤销可分为两种情况:

第一,抵押合同被撤销。除了因欺诈、胁迫等意思表示瑕疵原因导致合同被撤销外,《合同法》第74条还规定了债权人的撤销权,即如果抵押人为逃避到期债务,而为其他无担保债权设定抵押担保,可能会导致其丧失对到期债权的偿债能力。此时,到期债权人可以请求人民法院撤销该抵押合同,从而产生抵押权被间接撤销的法律效果。这里的债务人如果本身就是抵押人,也可以适用《担保法解释》第69条之规定,即"债务人有多个普通债权人的,在清偿债务时,债务人与其中一个债权人恶意串通,将其全部或者部分财产抵押给该债权人,因此丧失了履行其他债务的能力,损害了其他债权人的合法权益,受损害的其他债权人可以请求人民法院撤销该抵押行为",如果是第三人抵押,则不能适用

《担保法解释》第69条之规定，而是适用《合同法》第74条。当然，如果发生抵押人和其债权人恶意串通的情形，也可以适用《合同法》第52条有关合同因恶意串通损害第三人利益而无效的规定。

第二，抵押权被撤销。根据《破产法》第31条第3项的规定，在破产企业为无担保的债权追加抵押担保的情形下，破产管理人有权向人民法院申请撤销已经有效设定的抵押权。这里应当注意上述两种情况中撤销对象的不同之处。

（4）抵押物灭失且无代位物。抵押权是物权的一种，其有效存续须以抵押物（或权利）存在为前提。如果抵押物灭失且无保险金、赔偿金、补偿金等代位物，抵押权自然归于消灭。

2. 债务已届清偿期且债务人未履行债务，或发生当事人约定的实现抵押权的情形。

（1）债务已届清偿期且债务人未履行债务。债务已届清偿期是指债务人的债务履行期限已经届满，债权人有权请求债务人即时履行债务的情形。例如，借款合同已经到期，债务人应立即履行还本付息义务的情形。在双务合同中，债务已届清偿期还意味着，债务人对债权人履行义务的请求无有效抗辩权；否则，债务人行使抗辩权，抵押权人也无权实现抵押权。

（2）发生当事人约定的实现抵押权的情形。抵押权是一种意定物权，当事人当然可以对实现抵押权的情形进行约定。如果发生当事人约定的实现抵押权的情形时，抵押人可以按照约定实现抵押权。当事人约定的实现抵押权的情形可能来自主债权债务法律关系，也可能来自抵押合同法律关系。前者例如，在银行贷款合同当中，通常会约定贷款的使用用途，如流动资金借款、固定资产借款，并约定在借款人擅自改变借款的用途时，贷款人有权提前收回贷款；如无法收回贷款时，抵押权人可以按照约定实现抵押权。这种情形主要是以主债权合同中约定的债务提前到期的条款为依据，但此时应注意合同的相对性，主债权合同中有关债务提前到期的约定如果没有在抵押合同中进行约定，并不能引起抵押权人提前实现抵押权。后者例如，抵押权人和抵押人在抵押合同中约定，抵押物价值客观降低或市场价值降低的情形下，可以提前实现抵押权，并将处置抵押物所得进行提存或提前清偿。

（三）抵押权实现的顺序

在发生债务人不履行到期债务，或发生当事人约定的实现抵押权的情形时，抵押权人应当按照以下顺序实现抵押权：

1. 债务人自己提供抵押担保的，债权人应当先就该抵押担保实现债权；债权人放弃债务人提供的抵押担保的，其他抵押人可以请求人民法院减轻或者免除其应当承担的担保责任。

2. 第三人提供抵押担保的，债权人可以就抵押担保实现债权，也可以要求保证人承担保证责任；即债权人就第三人提供的抵押、质押担保或保证担保时，没有实现顺序上的要求。

债权人应首先就债务人提供的抵押担保实现抵押权，其目的是：第一，避免出现债权人在就第三人提供的物的担保或保证担保实现担保权利后，在第三人转而向债务人追偿时，面临债务人提供的抵押担保因主债权清偿而消灭，导致第三人无法行使债务人提供的抵押担保的情形；第二，债权人就第三人提供的物的担保或保证担保实现担保权利，会导致第三人最终还得向债务人进行追偿，此时会发生债权实现在路径上的不经济，毋宁让债权人直接就债务人提供的抵押担保实现抵押权。在债务人并未提供物的担保的情况下，债权人可以自由选择就第三人的物的担保或保证担保实现担保权利。

上述是有关抵押权实现顺序的一般规则，当事人可以通过合同加以改变。例如，债权人与提供抵押担保的第三人在抵押合同中约定，在债务人提供抵押担保时，债权人可以直接就第三人提供的抵押担保实现抵押权。

（四）抵押权实现的方式

在发生债务人不履行到期债务，或发生当事人约定的实现抵押权的情形时，抵押权人可以与抵押人协议以抵押财产折价的方式，或以变价或拍卖所得的价款优先受偿的方式实现抵押权，故抵押权实现有折价、变卖、拍卖三种方式。具体而言，拍卖，是指通过拍卖竞价程序出卖担保物，以所获价金供担保物权人受偿的担保物变价方式；变卖，是指通过普通的出卖方式出卖担保物，以所获价金供担保物权人受偿的担保物变价方式；折价，是指在对担保物评估作价的基础上，由担保物权人取得担保物的所有权，且根据评估作价多退少补的担保物变价方式。

在实现程序上，首先抵押权人可以与抵押人协商以抵押物折价或拍卖、变卖的方式实现抵押权；其次，在双方无法就实现抵押权达成一致时，抵押权人可以向人民法院起诉，请求法院拍卖、变卖抵押物；最后，对于拍卖、变卖所得的价款,抵押权人有优先受偿权。其中,实践中较为常用的方式是拍卖。

(五)抵押权实现的法律效果

实现抵押权有三个法律上的效果:(1)抵押权人首先有权就实现抵押权所得价款优先受偿,或以抵押物折价冲抵债权,导致债权依据《合同法》第91条因清偿而消灭。(2)抵押人对主债权债务人有权行使追偿权,这里分为两种情况:第一,在抵押人提供抵押担保时,抵押人和债务人之间存在委托担保等法律关系的,抵押人有权依据委托担保合同向债务人追偿;第二,抵押人和债务人之间不存在委托担保等法律关系的,抵押人用抵押物代偿主债务的行为使债务人因免于清偿主债务而获利,抵押人有权依据不当得利向主债务人进行追偿。(3)抵押人承担担保责任后,除有权向债务人追偿之外,也可以要求其他抵押、质押担保人清偿其应当承担的份额。应当注意,抵押人虽然有权要求其他抵押、质押担保人清偿其应当承担的份额,但无权行使债权人对其他抵押、质押人享有的抵押、质押权;而这里的应当承担的份额,既可以是抵押、质押人约定份额,也可以在没有约定的情况下理解为均等份额。

二、抵押权的消灭

抵押权的消灭,是指以因特定法律事实出现而使抵押权归于终止的现象。一般情况下,抵押权因以下法律事实消灭:

1. 因主债权的消灭而消灭。主债权消灭是抵押权消灭最为常见的原因。因为抵押权是担保主债权实现的从权利,所以抵押权随主债权的消灭而消灭。如果抵押权所担保的主债权系合同之债,那么除清偿外,《合同法》第91条还规定了其他合同权利义务终止的事由,如主债权因合同解除、抵销、免除、提存、债权人债务人混同等事项而终止时,抵押权也会随着消灭。

2. 抵押物灭失且无代位物。抵押权是物权的一种,其有效存续须以抵押物(或权利)存在为前提。如果抵押物灭失且无保险金、赔偿金、补偿金等代位物,抵押权自然归于消灭。

3. 债权人放弃担保物权、担保物权实现或法律规定担保物权消灭的其他情形。如果出现债权人放弃担保物权、担保物权实现的情况,抵押权也归于消灭。而《物权法》第177条规定的法律规定担保物权消灭的其他情形是一个兜底性条款,例如第202条规定:“抵押权人应当在主债权诉讼时效期间行使抵押权;

未行使的,人民法院不予保护。”

三、制度

(一)抵押权的实现

1. 抵押权实现的条件

根据《物权法》第 179 条的规定,抵押权人在“债务人不履行到期债务或者发生当事人约定的实现抵押权的情形”下,有权利就抵押财产优先受偿。

根据上述规定,抵押权的实现即就抵押财产优先受偿有两种情形:第一,债务人到期不履行债务;第二,发生当事人约定的实现抵押权的情形。前者是法律规定的一般情形,如抵押权人和抵押人在抵押合同中约定了抵押权实现情形,则应当以当事人的约定为准。

《担保法解释》第 69 条规定:“债务人有多个普通债权人的,在清偿债务时,债务人与其中一个债权人恶意串通,将其全部或者部分财产抵押给该债权人,因此丧失了履行其他债务的能力,损害了其他债权人的合法权益,受损害的其他债权人可以请求人民法院撤销该抵押行为。”

2. 抵押权实现的顺序

根据《物权法》第 176 条之规定:“被担保的债权既有物的担保又有人的担保的,债务人不履行到期债务或者发生当事人约定的实现担保物权的情形,债权人应当按照约定实现债权;没有约定或者约定不明确,债务人自己提供物的担保的,债权人应当先就该物的担保实现债权;第三人提供物的担保的,债权人可以就物的担保实现债权,也可以要求保证人承担保证责任。”此外,《担保法解释》第 75 条还规定:“同一债权有两个以上抵押人的,债权人放弃债务人提供的抵押担保的,其他抵押人可以请求人民法院减轻或者免除其应当承担的担保责任。”

根据上述规定,如果当事人没有其他约定,那么在债务人自己提供担保的情况下,债权人只能先就债务人提供的抵押、质押担保实现债权,而不能径行就第三人提供的抵押、质押担保或保证担保实现债权。而且,如果债权人全部或部分放弃了债务人提供的抵押担保的,其他抵押人可以请求人民法院减轻或者免除其应当承担的担保责任。

3. 抵押权的实现方式和路径

《担保法》第 33、63、82 条规定了债权人(担保物权人)有权以拍卖、变卖抵押物、质押物和留置物的价款优先受偿。这里,本书对抵押权、质权、留置权的实现方式和路径,以抵押权为例进行统一论述,下文质权、留置权处不再赘述。

（1）实现抵押权的法律依据。《担保法》第 53 条规定:“债务履行期届满抵押权人未受清偿的,可以与抵押人协议以抵押物折价或者以拍卖、变卖该抵押物所得的价款受偿;协议不成的,抵押权人可以向人民法院提起诉讼。抵押物折价或者拍卖、变卖后,其价款超过债权数额的部分归抵押人所有,不足部分由债务人清偿。”

《物权法》第 195 条第 1 句规定:“债务人不履行到期债务或者发生当事人约定的实现抵押权的情形,抵押权人可以与抵押人协议以抵押财产折价或者以拍卖、变卖该抵押财产所得的价款优先受偿。”

（2）协议实现抵押权。抵押权人可以与抵押人达成协议,对抵押财产通过折价或者以拍卖、变卖的方式就抵押财产所得的价款优先受偿。鉴于协议可能会损害抵押人的其他债权人的利益,例如以较低的价格处置抵押物导致抵押人一般责任财产不当减少,《物权法》第 195 条第 2 句,即“协议损害其他债权人利益的,其他债权人可以在知道或者应当知道撤销事由之日起一年内请求人民法院撤销该协议”,赋予其他债权人向人民法院申请撤销该协议的权利。从表面上看抵押人的其他债权人是依据《物权法》第 195 条撤销实现抵押权协议的,但实际上是依据《合同法》第 74 条的规定行使撤销权。所以,在抵押人的其他债权人撤销该协议时,应当依据《合同法》及其司法解释中有关撤销权的规定（尤其是有关管辖、诉讼费承担等相关规定）行使撤销权。

（3）未达成抵押权实现协议时,抵押权人有权单方向人民法院申请实现抵押权。从《担保法解释》第 130 条的规定,即“在主合同纠纷案件中,对担保合同未经审判,人民法院不应当依据对主合同当事人所作出的判决或者裁定,直接执行担保人的财产”,以及相应的司法实践中可以看出,人民法院介入担保纠纷,对担保财产采取执行措施,仍需有效的执行依据（法院裁判、仲裁裁决,以及赋予强制执行效力的公证债权文书和执行证书）。

《民事诉讼法》第十五章第七节（第 196、197 条）规定了有关实现担保物权案件的特别程序,即担保物权人根据《物权法》第 195 条第 2 款的规定,在达不成抵押权实现协议,或即使达成协议但仍需人民法院拍卖、变卖抵押财产的情况下,抵押权人通过上述特别程序获得执行依据的程序。结合上述规定,以及《民事诉讼法解释》第 361 ~ 374 条的规定,上述特别程序如下:

第一,程序申请人:根据《民事诉讼法解释》第 361 条的规定,上述特别程序的申请人包括担保物权人(抵押权人、质权人、留置权人),和其他有权实现担保物权的人(抵押人、出质人、留置权债务人以及所有权人)。对于其他有权实现担保物权的人,以质权为例,《物权法》第 220 条规定,出质人可以请求质权人在债务履行期届满后及时行使质权,故质权人可以成为上述特别程序的申请人。至于所有权人成为申请人的情形,我们认为,这是在担保物权人基于无权处分善意取得担保物权时,担保物的所有人可以成为上述特别程序的申请人。

第二,管辖法院:《民事诉讼法解释》第 362 ~ 364 条规定了上述特别程序的法院管辖规则,即实现票据、仓单、提单等有权利凭证的权利质权案件,可以由权利凭证持有人住所地人民法院管辖;无权利凭证的权利质权,由出质登记地人民法院管辖(第 362 条);实现担保物权案件属于海事法院等专门人民法院管辖的,由专门人民法院管辖(第 363 条);同一债权的担保物有多个且所在地不同,申请人分别向有管辖权的人民法院申请实现担保物权的,人民法院应当依法受理(第 364 条)。

第三,程序申请所需材料:根据《民事诉讼法解释》第 367 条的规定,申请人申请实现担保物权的,应当提交下列材料:一是申请书。申请书应当记明申请人、被申请人的姓名或者名称、联系方式等基本信息,具体的请求和事实、理由;二是证明担保物权存在的材料,包括主合同、担保合同、抵押登记证明或者他项权利证书、权利质权的权利凭证或者质权出质登记证明等;三是证明实现担保物权条件成就的材料;四是担保财产现状的说明;五是人民法院认为需要提交的其他材料。

第四,审判组织构成:《民事诉讼法解释》第 369 条规定,实现担保物权案件可以由审判员一人独任审查。担保财产标的额超过基层人民法院管辖范围的,应当组成合议庭进行审查。

第五,审查及裁判内容:根据《民事诉讼法解释》第 371 条之规定,人民法院应当就主合同的效力、期限、履行情况,担保物权是否有效设立、担保财产的范围、被担保的债权范围、被担保的债权是否已届清偿期等担保物权实现的条件,以及是否损害他人合法权益等内容进行审查。需要注意的是,上述审查并不是仅仅基于当事人、利害关系人的异议而进行,人民法院也有义务以职权进行主动审查。

人民法院在审查的基础上根据案件的实际情况,依据《民事诉讼法解释》第

372 条之规定作出如下裁决：其一，当事人对实现担保物权无实质性争议且实现担保物权条件成就的，裁定准许拍卖、变卖担保财产；其二，当事人对实现担保物权有部分实质性争议的，可以就无争议部分裁定准许拍卖、变卖担保财产；其三，当事人对实现担保物权有实质性争议的，裁定驳回申请，并告知申请人向人民法院提起诉讼。

第六，救济程序：根据《民事诉讼法解释》第 374 条规定，实现担保物权案件的当事人、利害关系人认为有错误的，可以向人民法院提出异议；人民法院经审查，异议成立或者部分成立的，作出新的判决、裁定撤销或者改变原判决、裁定；异议不成立的，裁定驳回。

4. 抵押权实现的法律效果

《担保法》第 57 条规定，为债务人抵押担保的第三人，在抵押权人实现抵押权后，有权向债务人追偿。《担保法解释》第 75 条第 3 款进一步赋予抵押人在向债务人追偿的权利之外，还有要求其他抵押人承担其应当承担的份额的权利，即“抵押人承担担保责任后，可以向债务人追偿，也可以要求其他抵押人清偿其应当承担的份额”。

《物权法》第 176 条规定：“提供担保的第三人承担担保责任后，有权向债务人追偿。”所以提供担保的第三人，无论是抵、质押人，还是保证人均有权向债务人进行追偿。

根据上述规定，可以得出抵押权实现后的法律效果：(1)主债权基于清偿而归于终止；(2)抵押人可以向债务人追偿；(3)抵押人可以要求其他抵押、质押人清偿其应当承担的份额。至于抵押人是否有权要求保证人清偿其应当承担的份额的问题，《担保法解释》第 38 条规定：“当事人对保证担保的范围或者物的担保的范围没有约定或者约定不明的，承担了担保责任的担保人，可以向债务人追偿，也可以要求其他担保人清偿其应当分担的份额。”这一规定相较于《担保法解释》第 75 条第 3 款规定更加明确而清晰，所以应当理解为只适用于保证担保，而不能推定适用于抵押担保，即抵押人不能要求保证人清偿其应当承担的份额。

(二)抵押权的消灭

《物权法》第 177 条规定，有下列情形之一的，担保物权消灭：(1)主债权消灭；(2)担保物权实现；(3)债权人放弃担保物权；(4)法律规定担保物权消灭的其他情形。

根据上述规定，担保物权消灭，有以下几个原因：

1. 主债权消灭。一般情况下，主债权因清偿而消灭，《合同法》第 91 条还规定了其他合同权利义务终止的事由，其中应当特别注意法律规定的主债权合同解除后的法律效果。《担保法解释》第 10 条规定："主合同解除后，担保人对债务人应当承担的民事责任仍应承担担保责任。但是，担保合同另有约定的除外。"

应当注意，上述《担保法解释》第 10 条中的担保人包括应当包括抵押、质押人和保证人。根据《合同法》第 97 条，合同解除后当事人根据合同的履行情况和合同的性质，负有恢复原状、采取其他补救措施和赔偿损失的义务，所以只有当债务人不履行上述义务时才会产生《担保法解释》第 10 条规定的"民事责任"。此时，债权人才能够行使抵押权实现上述条款中规定的要求债务人承担的民事责任。所以，在合同未实际履行，各方亦未产生损失的情况下，抵押权会随着合同被解除而消灭。从理论上讲，在主债权因合同解除而归于终止的情况下，抵押人还需承担担保责任的规定是值得进一步商榷的。

2. 抵押物灭失且无代位物。《担保法》第 58 条规定："抵押权因抵押物灭失而消灭。因灭失所得的赔偿金，应当作为抵押财产。如果抵押物灭失，且无赔偿金、补偿金及保险金等抵押物的代位物的情况下，抵押权消灭。"

3. 债权人放弃担保物权、担保物权实现或法律规定担保物权消灭的其他情形。如果出现债权人放弃担保物权、担保物权实现的情况，抵押权也归于消灭。而《物权法》第 177 条规定的法律规定担保物权消灭的其他情形是一个兜底性条款。

第五节　特殊抵押权

本节的内容在于掌握最高额抵押、浮动抵押这两种特殊的抵押类型，它们在权利的特征，抵押权设立、存续、实现等程序上都有别于一般的抵押权：浮动抵押是指抵押权在设定时，抵押财产不确定；最高额抵押是指抵押权设定时，抵押担保的债权范围不确定，两种类型的抵押权都存在自己鲜明的特征。在学习的过程中，应当注意从这两种特殊抵押权所满足的社会实际需要入手，理解它们特殊的制度规则，并思考如何将这两种特殊抵押权应用于具体的社会实践当中。

一、基本原理

（一）最高额抵押

1. 最高额抵押的概念

最高额抵押，是指为了担保债务的履行，债务人或者第三人对一定期间内将要连续发生的债权提供抵押担保，债务人不履行到期债务或者发生当事人约定的实现抵押权的情形的，抵押权人有权在最高债权额度内就该担保财产优先受偿。

2. 最高额抵押的特征

作为一种特殊的抵押担保类型，最高额抵押有不同于一般抵押的如下特征：

第一，最高额抵押是限制最高债权额的抵押类型。设定最高额抵押时，抵押人与抵押权人在最高额抵押合同中会约定抵押财产所担保的最高债权限额，无论将来实际发生的债权额为多少，抵押权人只能在最高限额范围内对抵押财产享有优先受偿的权利。

第二，最高额抵押是为将来发生的债权提供担保。在一般抵押关系中，抵押权作为主债权的从权利，都是在主债权发生后才有效设立，并且不能单独存在；与此不同，主债权在最高额抵押设定时可能并不存在，其有效设定并不以主债权存在为前提，是典型的担保将来发生的债权的抵押权。

第三，最高额抵押所担保的最高债权额是确定的，但实际发生额须至约定期日或法定事项发生时才能确定。实践中，确定最高额抵押担保债权的期日称为决算日或决算期，该日确定最高额抵押最终担保的债权数额。具体而言，该期日前实际发生的债权总额小于最高债权额的，以实际发生的债权总额确定担保债权的数额；实际发生的债权总额大于最高债权额的，以最高债权额确定担保债权的数额。

第四，最高额抵押所担保的是一定期间内连续发生的多个债权，具有连续性和不确定性的特征，只要在最高额限度内，债权发生的频次和数量在所不论。

鉴于最高额抵押的上述特征，这一抵押担保的特殊类型被广泛地应用于对外贸易、销售、供应链等快节奏、高频次的融资交易领域当中,极大地方便了外贸和生产企业的融资交易。

3. 最高额抵押合同及最高额抵押权的设立

最高额抵押权由当事人双方自愿依抵押权设定的一般程序设立。最高额抵押合同在内容上与一般抵押权大致相同,不同之处在于:第一,最高额抵押存在对所担保的债权范围的约定,多数为债权类型或债权发生事由,以及抵押担保的最高债权额;第二,最高额抵押存在确定抵押权所担保债权的期间范围的约定,即在该期间的始期和终期之间发生的债权。抵押人和抵押权人也可以约定将始期前的特定债权纳入到最高额抵押担保的债权范围之内。

4. 最高额抵押担保范围内的债权确定

在确定最高额抵押担保范围内的债权时,有两个口径:第一,应当是约定期限内,或债权确定法定事由发生前的约定类型的债权;第二,约定最高担保额度内的债权。不符合上述两个口径的债权,不在最高额抵押担保的债权范围之内。

(二)浮动抵押

1. 浮动抵押的概念

浮动抵押,是指权利人以现有的和将有的全部财产或者部分财产为其债务提供担保,债务人不履行到期债务或者发生当事人约定或法律规定实现抵押权的情形,债权人有权就实现抵押权时的动产优先受偿。

浮动抵押的基本原理是:浮动抵押权设定后,抵押人可以将抵押的原材料投入产品生产,也可以卖出抵押的财产,抵押财产并未特定。当发生债务履行期届满未清偿债务、抵押人被宣告破产或被撤销、当事人约定的实现抵押权的情形或发生严重影响债权实现的情形时,企业现有的财产被确定为抵押财产,债权人(抵押权人)有权就该财产优先受偿。

2. 浮动抵押的特征

浮动抵押不同于一般的动产抵押,其有以下两个特征:

第一,浮动抵押设立时和抵押期间,抵押财产因不断发生变化而未特定,直到约定或法定的事由发生,抵押财产才最终确定。

第二,浮动抵押期间,抵押人处分抵押财产不必经过抵押权人的同意,抵押权人对抵押财产无追及的权利,只能就约定或者法定事由发生后确定的财产优先受偿。

3. 设立浮动抵押的条件

设立浮动抵押应当符合以下条件:

第一,浮动抵押的抵押人主体仅限于企业、个体工商户、农业生产经营者;

第二,设立浮动抵押的财产限于生产设备、原材料、半成品、产品等与生产有关的动产,除此之外的动产、不动产均不得设定浮动抵押。

第三,浮动抵押须达成书面的抵押合同,该协议一般包括担保债权的种类、数额、债务履行期间、抵押财产确定的情形或条件、抵押权实现等约定。

第四,实现抵押权的条件是不履行到期债务,或者发生当事人约定的实现抵押权的事由。

第五,债权人有权就实现抵押权时的动产优先受偿,该动产不同于设定浮动抵押时的动产。抵押期间,抵押财产处于不确定状态,抵押人可以自由处分抵押财产,只有约定或法定的事由或条件出现或成就时,抵押财产才确定。

4. 浮动抵押的有效设立

浮动抵押是动产抵押,抵押合同生效时抵押权即有效设立;未经登记,不得对抗善意第三人;浮动抵押登记机关一般为抵押人住所地的工商行政管理部门。

二、制度

(一)最高额抵押权

1. 最高额抵押权的法定概念和特征

《物权法》第 203 条第 1 款规定了最高额抵押的法定概念:“为担保债务的履行,债务人或者第三人对一定期间内将要连续发生的债权提供担保财产的,债务人不履行到期债务或者发生当事人约定的实现抵押权的情形,抵押权人有权在最高债权额限度内就该担保财产优先受偿。”

根据上述规定,最高额抵押设立时,其所担保的债权范围并不确定,债权范围是一定期间内连续发生的债权。尽管如此,抵押人还是可以通过最高额抵押合同,在最高额抵押担保的最高限额之外,对担保的债权范围进行限制,该限制主要表现为:第一,债权的发生事由,例如借款、买卖、信用证垫款等事项;第二,单个债权的范围,即是否包括利息、违约金等事项。

根据《物权法》第 203 条第 2 款的规定,当事人可以在最高额抵押合同中约定,将最高额抵押权设立前已经存在的债权转入最高额抵押担保的债权范围。但应当注意,这里的约定应当是明确而具体的约定。

2. 主债权及最高额抵押权的转让

《物权法》第204条规定:"最高额抵押担保的债权确定前,部分债权转让的,最高额抵押权不得转让,但当事人另有约定的除外。"该条款取代了《担保法》第61条的规定,最高额抵押所担保的主债权在确定前经当事人协商一致是可以转让的。

《物权法》第204条但书规定中的"当事人"应当是指最高额抵押合同中的当事人,即抵押人和抵押权人。在一般抵押中,债权可以转让,抵押权随着主债权的转让而转让,债权人只需通知债务人和抵押人即可。抵押权人和抵押人尽管可以在抵押合同中约定抵押权"不得转让"或进行类似的约定,但是在抵押登记时一般无法通过登记使"不得转让"这种请求权性质的相对约定产生对世效力,从而对抵押权这种具有对世效力的支配权利产生限制效力。所以,在一般抵押中,抵押权随主债权转让的,抵押人虽然可以根据"不得转让"的约定要求抵押权人承担违约责任,但不得否认抵押权随主债权转让的法律效果。

在最高额抵押中,主债权作为一项民事权利,债权人当然可以自由地以转让的方式进行处分,应当在法律上对债权人债权转让权利给予充分的制度保障,而不是阻止。所以,《物权法》第204条改变了《担保法》第61条的简单而粗暴的规定。但由于未来发生的债权是不确定的,抵押权的权利内容因此也未确定。所以,在决算期届满之前,如果允许抵押权随着债权人转让的债权一并转让,会在事实上发生担保债权特定化的法律效果,除了有违最高额抵押制度的立法本意之外,还会使最高额抵押各方之间的法律关系发生紊乱。例如,债权人将担保债权确定前的某一债权转让,而提供房屋抵押担保的第三人并不知情,因为债权的有效转让只需要通知债务人即可;在决算期届满,债权人实现抵押权后,先前转让债权的受让人主张抵押权就有可能损害抵押人的合法权益。故而,《物权法》第204条的准确意图是,在决算期届满之前,债权人转让债权的,如经过抵押人同意并就此达成一致约定,那么债权受让人则有权要求抵押人将其登记为抵押权人。达成《物权法》第204条所规定的约定的好处还在于,可以就随主债权转让的抵押权是否占用抵押最高额的额度,以及该抵押权与为转让的抵押权之间的序位问题达成一致,避免因转让主债权而发生矛盾。与此相对,如果最高额抵押权人、债权受让人以及抵押人未达成上述约定,那么就应当依据《物权法》第204条认定该转让的债权无抵押担保。当然，决算期届满之后，由于债权已经确定，而且也不会再有新的债权发生，此时最高额抵押已经与一般抵押不存在区别，应当肯定抵押权随主债权转让的效力。

3. 最高额抵押合同的变更

《物权法》第205条规定："最高额抵押担保的债权确定前，抵押权人与抵押人可以通过协议变更债权确定的期间、债权范围以及最高债权额，但变更的内容不得对其他抵押权人产生不利影响。"

抵押权人和抵押人在债权确定前进行的变更实际上是对最高额抵押合同的变更，该变更会改变最终债权确定后的抵押权的担保范围。因此，如果在最高额抵押担保的债权范围确定前，同一抵押物为第三人设定抵押权的，该变更不得损害其他抵押权人的利益。

4. 确定最高额抵押债权的具体情形

《物权法》第206条规定了在什么情形下，应当对最高额抵押所担保的债权范围进行确定，具体包括：(1)约定的债权确定期间届满；(2)没有约定债权确定期间或者约定不明确，抵押权人或者抵押人自最高额抵押权设立之日起满二年后请求确定债权；(3)新的债权不可能发生；(4)抵押财产被查封、扣押；(5)债务人、抵押人被宣告破产或者被撤销；(6)法律规定债权确定的其他情形。上述情形发生的，最高额抵押所担保的债权即是上述情形发生前所发生的债权余额，即未清偿债权。如果实际发生的债权余额高于最高限额的，以最高限额为限，超过部分不具有优先受偿的效力；如果实际发生的债权余额低于最高限额的，以实际发生的债权余额为限对抵押物优先受偿。

(二)浮动抵押权

1. 浮动抵押权的法定概念

《物权法》第181条规定了浮动抵押权的法定概念："经当事人书面协议，企业、个体工商户、农业生产经营者可以将现有的以及将有的生产设备、原材料、半成品、产品抵押，债务人不履行到期债务或者发生当事人约定的实现抵押权的情形，债权人有权就实现抵押权时的动产优先受偿。"

2. 浮动抵押权的设立及效力

根据《物权法》第189条的规定，设定浮动抵押的抵押人应当是企业、个体工商户、农业生产经营者；抵押权自抵押合同生效时设立，抵押登记在抵押人住所地的工商行政管理部门办理,未经登记,不得对抗善意第三人。

因为浮动抵押的抵押财产在浮动抵押权设立时尚未确定,依据有利生产和保护正常经营活动中的交易相对人的原则,抵押人可以出卖企业财产,抵押财产不得追及至正常经营活动中已支付合理价款并取得抵押财产的买受人行使抵押权。

3. 浮动抵押权抵押财产的确定

根据《物权法》第196条的规定,浮动抵押的抵押财产在下列情形之一发生时确定:(1)债务履行期届满,债权未实现;(2)抵押人被宣告破产或者被撤销;(3)当事人约定的实现抵押权的情形;(4)严重影响债权实现的其他情形。

在发生上述情形之一时,抵押人现有的所有用于生产的财产都将被确定为抵押财产,抵押权被特定至该财产之上。

司法考试试题

一、选择题

1. 5月10日,甲以自有房屋1套为债权人乙设定抵押权并办理抵押登记。6月10日,甲又以该房屋为债权人丙设定抵押,但一直拒绝办理抵押登记。9月10日,甲擅自将该房屋转让给丁并办理过户登记。下列哪些说法是错误的?(2006年)

A. 乙可对该房屋行使抵押权

B. 甲与丙之间的抵押合同已生效

C. 甲与丁之间的转让房屋的合同无效

D. 丙可以要求甲赔偿自己所遭受的损失

【答案】 BD

【解析】 《物权法》第15条规定:"当事人之间订立有关设立、变更、转让和消灭不动产物权的合同,除法律另有规定或者合同另有约定外,自合同成立时生效;未办理物权登记的,不影响合同效力。"物权法根据该规定将合同生效发生债权法律关系与不动产物权发生物权变动加以区分,即所谓的"区分原则"。根据该原则,甲与丙之间的抵押合同不因未办理抵押登记而无效,故C项错误。抵押权的取得一般是继受取得,须满足抵押合同和抵押登记两个要件,乙的抵押权符合上述要件,故A项正确;丙仅有抵押合同,但因未办理抵押登记,不满足上述要件中办理抵押登记的要求,故其抵押权未有效设立,其仅能依据与甲之间存在的有效的抵押合同关系要求甲承担抵押合同之违约责任,故BD项均为应选项。本题在当年的正确答案是B项,请思考这是为什么。

2. 甲公司开发写字楼一幢,于2008年5月5日将其中一层卖给乙公司,约定半年后交房,乙公司于2008年5月6日申请办理了预告登记。2008年6月2日甲公司因资金周转困难,在乙公司不知情的情况下,以该层楼向银行抵押借款并登记。现因甲公司不能清偿欠款,银行要求实现抵押权。下列哪一判断是正确的?(2009年)

A. 抵押合同有效,抵押权设立

B. 抵押合同无效,但抵押权设立

C. 抵押合同有效,但抵押权不设立

D. 抵押合同无效,抵押权不设立

【答案】 C

【解析】 本题考查的实际上是预告登记的效力,预告登记制度是我国房屋预售制度下的一项特殊制度,其本质是将不动产买卖双方之间的债权关系通过预告登记获得对抗效力,从而产生阻止卖方有效处分不动产。根据《物权法》第20条之规定,即"当事人签订买卖房屋或者其他不动产物权的协议,为保障将来实现物权,按照约定可以向登记机构申请预告登记。预告登记后,未经预告登记的权利人同意,处分该不动产的,不发生物权效力",在已经办理预告登记的情况下,甲公司以设定抵押的方式处分楼层的,不发生物权效力,即抵押权并未设立。预告登记的效力只是在于阻止物权人处分物权,并不能阻止其签订与处分物权相关的债权合同,故本题C项正确。需要注意的是,《物权法》在第20条第2款规定了预告登记的有效期限,即"预告登记后,债权消灭或者自能够进行不动产登记之日起三个月内未申请登记的,预告登记失效"。

3. 方某、李某、刘某和张某签订借款合同,约定:"方某向李某借款100万元,刘某提供房屋抵押,张某提供保证。"除李某外其他人都签了字。刘某先把房本交给了李某,承诺过几天再作抵押登记。李某交付100万元后,方某到期未还款。下列哪一选项是正确的?(2015年)

A. 借款合同不成立

B. 方某应返还不当得利

C. 张某应承担保证责任

D. 刘某无义务办理房屋抵押登记

【答案】 C

【解析】 借款合同非要式合同,但却是要物合同,故李某虽未签署协议,但交付100万元的行为,表明借款约定存在且标的物已经交付,故借款合同成立、生效,AB不选。保证人张某表明自己保证意思,债权人李某未提出异议,符合《担保法解释》第22条第1款规定的"第三人单方以书面形式向债权人出具担保书,债权人接受且未提出异议的,保证合同成立"的情况,故保证合同成立、生效。在方某到期未还款的情况下,保证人张某当然应当承担保证责任,故C项当选。债权人房屋抵押合同生效后,未办理抵押登记手续的,抵押权不成立,但是抵押合同的债权效力已经发生。基于此,抵押人有办理抵押登记的合同债务,D不选。

本题中,可能存在的疑问是:第一,抵押合同是要式合同,李某未签署书面的借款合同(该合同中包含抵押担保的条款),抵押合同是否有效呢?物权法有关抵押合同为要式合同的规定并非效力性强制规定,在债权成立且生效,抵押合同双方存在明确的抵押债权合意时,可以突破抵押合同为要式合同的规定。第二,抵押合同和保证合同均为从合同,不应当出现在借款合同为基于款项交付而生效之前。实践中,对于主从合同订立生效的时间上的要求经常得到软化,只要在发生纠纷时,各合同均有效成立,在成立顺序上的瑕疵一般不影响各合同的效力。

4. 甲公司向某银行贷款100万元,乙公司以其所有的一栋房屋作抵押担保,并完成抵押登记。现乙公司拟将房屋出售给丙公司,通知了银行并向丙公司告知了该房屋已经抵押的事实。乙、丙订立书面买卖合同后到房屋管理部门办理过户手续。下列哪些说法是正确的?(2009年)

A. 不论银行是否同意换让,房屋管理部门应当准予过户,但银行仍然对该房屋享有抵押权

B. 如丙公司代为清偿了甲公司的银行债务,则不论银行是否同意转让,房屋管理部门均应当准予过户

C. 如丙公司向银行承诺代为清偿甲公司的银行债务,则不论银行是否同意转让,房屋管理部门均应当准予过户

D. 如甲公司清偿了银行债务,则不论银行是否同意,房屋管理部门均应当准予过户

【答案】 BD

【解析】 本题考查的是抵押权人对抵押人转让抵押物的限制。根据《物权法》第191条的规定,抵押人转让抵押物的应当经过抵押权人的同意,实践中未经抵押权人同意的,登记部门均不予办理过户登记,故A项不选。第191条的但书条款是指抵押物的受让人通过清偿的方式消灭抵押权,从而去除抵押权人对抵押人转让抵押物的限制,除非在债权合同中约定债权人不接受第三人代为清偿,否则无需债权人同意,故BD项当选。同理,仅仅是承诺代为清偿,而未实际清偿,抵押权未因主债权清偿而消灭,导致抵押权人还有权对抵押人转让抵押物进行限制,故C项不选。

实践中,应当特别注意共同抵押情况下代为清偿的效果,例如,甲公司向乙银行借款,丙、丁公司分别用自己的一处房产作抵押,戊公司与丙公司签订房产转让协议,并代为清偿甲公司的银行债务。在结果上会产生如下法律效果:(1)甲公司对乙银行的债务因清偿而终止;(2)丙、丁房产上的抵押权因债务清偿而消灭;(3)戊公司有权向甲公司追偿。所以,戊公司在有权向甲公司追偿的同时,却无权行使对丁公司房产的抵押权,其仅仅是甲公司的一般债权人。

5.5月10日,甲以自有房产1套为债权人乙设定抵押并办理抵押登记。6月10日,甲又以该房产为债权人丙设定抵押,但一直拒绝办理抵押登记。9月10日,甲擅自将该房屋转让给丁并办理了过户登记。下列哪种说法是错误的?(2006年)

A. 乙可以对该房屋行使抵押权

B. 甲与丙之间的抵押合同已生效

C. 甲与丁之间转让房屋的合同无效

D. 丙可以要求甲赔偿自己所遭受的损失

【答案】 C

【解析】 根据物权法的规定,乙的抵押权已有效设立,故其可以行使抵押权,A项不选;丙的抵押权虽未有效设立,但根据物权法区分原则,未登记不影响抵押合同的效力,丙可以依据抵押合同要求甲承担违约责任,包括损失赔偿,故BD项不选;甲、丁之间的买卖合同并不违反法律的强制性规定,C项当选。

6. 甲乙为夫妻,共有一套房屋登记在甲名下。乙瞒着甲向丙借款100万元供个人使用,并将房屋抵押给丙。在签订抵押合同和办理抵押登记时乙冒用甲的名字签字。现甲主张借款和抵押均无效。下列哪一表述是正确的?(2015年)

A. 押合同无效

B. 借款合同无效

C. 甲对100万元借款应负连带还款义务

D. 甲可请求撤销丙的抵押权

【答案】 D

【解析】 根据《物权法》第97条的规定,处分共有的不动产或者动产以及对共有的不动产或者动产作重大修缮的,应当经占份额2/3以上的按份共有人或者全体共同共有人同意,但共有人之间另有约定的除外。甲未经乙的同意,将二者共有的房屋设立抵押,属于无权处分,其抵押合同不是无效,故A项不选。乙、丙之间的借款合同意思表示真实,借款合同有效,故B项不选。根据最高人民法院《关于适用〈中华人民共和国婚姻法〉若干问题的解释(二)》第24条的规定,在婚姻关系存续期间,夫妻一方以个人名义所负债务供个人使用的,不属于夫妻共同债务。本题中,乙以自己的名义向丙借款供本人使用,该借款应当认定为是其个人债务,所以甲对100万元债务不负责任,故C项不选。之所以甲可以请求撤销丙的抵押权,而不是请求宣布合同或抵押权无效,是因为该抵押权仅损害了乙个人的利益,故赋予其撤销权,由其自己决定该抵押权有效是否妥当,故D项当选。

7. 2014年7月1日,甲公司、乙公司和张某签订了《个人最高额抵押协议》,张某将其房屋抵押给乙公司,担保甲公司在一周前所欠乙公司货款300万元,最高债权额400万元,并办理了最高额抵押登记,债权确定期间为2014年7月2日到2015年7月1日。债权确定期间内，甲公司因从乙公司分批次进货，又欠乙公司100万元。甲公司未还款。关于有抵押担保的债权额和抵押权期间，下列哪些选项是正确的？（2015年）

A. 债权额为100万元

B. 债权额为400万元

C. 抵押权期间为1年

D. 抵押权期间为主债权诉讼时效期间

【答案】 BD

【解析】 《物权法》第203条第2款规定："最高额抵押权设立前已经存在的债权，经当事人同意，可以转入最高额抵押担保的债权范围。"故债权额为之前欠的300万元加之后欠的100万元共400万元，故B项正确，A项错误。另，《物权法》第202条规定："抵押权人应当在主债权诉讼时效期间行使抵押权；未行使的，人民法院不予保护。"故C项错误，D项正确。

8. 个体工商户甲将其现有的以及将有的生产设备、原材料、半成品、产品一并抵押给乙银行，但未办理抵押登记。抵押期间，甲未经乙同意以合理价格将一台生产设备出卖给丙。后甲不能向乙履行到期债务。对此，下列哪一选项是正确的？（2008年）

A. 该抵押权因抵押物不特定而不能成立

B. 该抵押权因未办理抵押登记而不能成立

C. 该抵押权虽已成立但不能对抗善意第三人

D. 乙有权对丙从甲处购买的生产设备行使抵押权

【答案】 C

【解析】 在抵押权法律关系中，一般抵押的抵押物应当特定，但是浮动抵押例外，故A项不选。浮动抵押抵押权自抵押合同生效时设立，登记发生对抗效力，而不是生效效力，故B项不选，C项当选。根据《物权法》的规定，抵押权人只能就实现抵押权时的动产优先受偿，且抵押人有权在抵押权实现前自由地处分企业财产，故乙无权对丙从甲处购买的生产设备行使抵押权，所以D项不选。

二、案例分析

甲公司向乙银行借款，丙公司用自己的一处房产所有权提供抵押担保。乙、丙就此担保签订了《抵押合同》后，丙公司始终未按合同约定办理抵押登记。后，借款合同到期，甲公司未履行还本付息义务。乙银行向人民法院提起诉讼，要求甲公司履行还本付息义务，要求丙公司承担担保责任。[1] 结合上述事实，试回答以下问题：

---

〔1〕 具体案情以及最高人民法院判决，请参见中国建设银行股份有限公司满洲里分行与满洲里中欧化工有限公司、北京伊尔库科贸有限公司信用证纠纷案民事判决书。

1. 一审法院支持乙银行要求甲公司还本付息的诉讼请求，但对于乙、丙之间的抵押合同关系，一审法院认为，根据《中华人民共和国担保法》第 41 条“当事人以本法第四十二条规定的财产抵押的，应当办理抵押物登记，抵押合同自登记之日起生效”的规定，认定乙、丙之间的抵押合同未生效，是否正确，为什么？

2. 未办理抵押登记，抵押权是否有效设立？为什么？

3. 未办理抵押登记，乙银行是否有权利要求丙公司承担担保责任？为什么？

4. 未办理抵押登记，乙银行对丙公司有什么权利？为什么？

5. 抵押合同约定，“如果因抵押人原因导致抵押权未有效设立，或者导致抵押财产价值减少，或者导致抵押权人未及时或未充分实现抵押权，且抵押人与债务人不是同一人，抵押权人有权要求抵押人在本合同约定的担保范围内对担保的债务与债务人承担连带责任”，该条约定性为何？这一条款在本案中可以起到什么作用？

【解析】

1.《物权法》第 15 条，即“当事人之间订立有关设立、变更、转让和消灭不动产物权的合同，除法律另有规定或者合同另有约定外，自合同成立时生效；未办理物权登记的，不影响合同效力”作为一般性规则，将不动产合同生效及物权设立、变更、转让和消灭两个法律效果或民事法律关系变动分别归因于合同成立和物权登记两个不同的法律事实，即所谓的“区分原则”。

根据区分原则，不动产抵押合同自合同成立之时生效，除非当事人另有约定，否则与抵押登记并无关系。在这一问题上，《物权法》第 15 条与《担保法》第 41 条不一致，根据《物权法》第 178 条“担保法与本法的规定不一致的，适用本法”之规定，《担保法》第 41 条的规定在不动产抵押权问题上已经失去法律效力。

本案中，抵押人未办理抵押登记的事实，不影响抵押合同的生效，抵押合同毫无疑问已经生效，一审法院此项认定错误。

2. 根据《物权法》第 9 条之规定，“不动产物权的设立、变更、转让和消灭，经依法登记，发生效力；未经登记，不发生效力，但法律另有规定的除外”，抵押登记是不动产抵押权的生效要件。因为始终未办理抵押登记，所以房产抵押权也始终未有效设立。

3. 根据《物权法》第 185 条之规定，即标准化的抵押合同一般包括以下条款：“（一）被担保债权的种类和数额；（二）债务人履行债务的期限；（三）抵押财产的名称、数量、质量、状况、所在地、所有权归属或者使用权归属；（四）担保的范围”，这些条款仅仅是对债务人所设定抵押权的权利内容的描述，只有在抵押登记完成，抵押权有效设立后，抵押权人才能够基于这些约定行使已经登记的抵押权实现债权。也就是说，抵押合同本身并不具有担保的义务内容，所以乙银行不能要求丙公司在未办理抵押登记的情况下承担担保责任。

4. 本案中，抵押人未办理抵押登记，是为违约行为，应当承担违约责任。如当事人在

《抵押合同》中没有有关违约责任的约定,违约方应当根据《合同法》第 107 条的规定以继续履行、采取补救措施或者赔偿损失这三种方式承担违约责任。因为采取补救措施一般情况下是针对瑕疵履行的救济方式,故乙银行不能要求丙公司采取补救措施,只能要求丙公司以继续履行(抵押登记)或赔偿损失的方式承担违约责任。

对于是否可以要求继续履行,即以抵押登记方式承担违约责任的问题,司法实践中会遇到两个问题:第一,时间问题。在最高人民法院就上述满洲里建行诉伊尔库公司案件做出的民事裁判中认为,“因本案债权已到期,并且当事人对违约责任的承担方式已另有约定,故要抵押人继续办理抵押登记已无必要”。相反地,如果抵押人在抵押合同约定的期限内未办理抵押登记,而且债权未到期,那么抵押权人有权利要求抵押人以继续履行抵押登记义务的方式承担违约责任。第二,如果债务人不履行继续履行抵押登记义务时,存在是否可以强制进行抵押登记的问题。这个问题是一个关系到人民法院作出的判决是否拥有实际意义或是否最终能够强制执行的问题,因为如果人民法院判决债务人限期办理抵押登记,但在债务人拒不履行判决、人民法院又不宜强制执行的情况下,判决缺乏应有的实际意义。在本案中,强制执行的标的是债务人办理抵押登记的行为,而不是交付动产或金钱,所以一般只能使用间接强制即罚金的执行方式。但如果债务人长期不履行判决,直至主债务履行期限到期,又会遇到办理抵押登记无必要的问题。故此,在出现债务人不履行办理抵押登记的合同义务时,人民法院应以作出债务人赔偿损失的判决为宜。

5. 乙、丙之间在抵押合同中的“如果因抵押人原因导致抵押权未有效设立,或者导致抵押财产价值减少,或者导致抵押权人未及时或未充分实现抵押权,且抵押人与债务人不是同一人,抵押权人有权要求抵押人在本合同约定的担保范围内对担保的债务与债务人承担连带责任”的约定是一个附条件的保证担保合同。最高人民法院在上述案件的民事裁判中认为,这是一个“再担保”约定,即在满足“因抵押人原因导致抵押权未有效设立,或者导致抵押财产价值减少,或者导致抵押权人未及时或未充分实现抵押权”,且“抵押人与债务人不是同一人”两个条件的情况下,抵押权人有权要求抵押人承担性质上为连带保证责任的连带责任。

在抵押合同存在上述条款的情况下,人民法院可以直接判令抵押人承担连带责任,而不必基于抵押人未办理抵押登记的行为判令其承担赔偿损失的违约责任。

思考题

1. 抵押合同的权利义务内容主要是什么,违反抵押合同的情形有哪些,以及违反抵押合同应当如何承担法律责任?

2. 抵押合同无效的法律后果有哪些?
3. 抵押权善意取得的要件和情形分别有哪些?
4. 抵押权实现的方式有哪些? 程序上有何要求?

—— 阅读文献 ——

1. 程啸:《担保物权研究》,中国人民大学出版社 2017 年版。
2. 郭明瑞、房绍坤:《担保法》,中国政法大学出版社 2015 年版。
3. 梁慧星、陈华彬:《物权法》,法律出版社 2016 年版。
4. 王泽鉴:《民法物权》,北京大学出版社 2010 年版。
5. 王利明:《论动产抵押》,载《法学》2007 年第 1 期。
6. 崔建远:《抵押权探微》,载《法学》2004 年第 2 期。
7. 程啸:《论抵押权的实现程序》,载《中外法学》2012 年第 6 期。

第四章　质　　权

本章导语

质权是就动产权利人设定担保的主要方式，与抵押权不同，质权需要转移担保物的占有，以达到担保权人控制担保物交换价值的目的。所以，本章的学习重点在于结合动产的物理属性、物权变动等法律特征，学习质权作为一项担保物权的必要性和重要性；并由此出发，进一步学习质押法律关系中，出质人、质权人、债务人之间各方具体的权利义务，理解并掌握质权规则体系是如何解决出质人作为动产权利的权利人和作为限定物权的质权人之间就动产权利进行支配的矛盾。

第一节　质权概述

本节主要介绍质权的概念、特征、效力和基本分类，学习质权在设立、保全、实现等方面不同于抵押权、留置权的具体特征，并借助这些内容，掌握质权的基本原理。

一、质权相关基本原理

（一）质权的概念

质权又称为质押权，是指债权人对于债务人或第三人转移占有的、作为履行债务担保的特定财产，在债务人到期不履行债务，或者发生当事人约定的实现质权的情形时，有权就该财产卖得的价值优先受偿的一种担保物权。在质权法律关系中，提供质押财产设定质权的是出质人，占有质物并享有质权的债权人是质权人，转移占有并用于担保债务履行的担保财产或财产性权利被称为质物。

（二）质权的法律特征

质权作为一种担保物权，除了具有担保物权从属性、不可分性、物上代位性等一般特征外，还具有以下特征：

1. 质权是以动产或动产权利为客体的担保物权。质权的标的物即质物，既可以是动产，也可以是动产权利，而不能是不动产和不动产权利，这是质权和抵押权之间非常重要的一个区别。

动产或动产权利作为人类财产的表现形式，在具备可流通性的情况下，当然可以用来担保债务的履行。这样，民事主体可以选择通过使用动产获取该动产的使用价值，也可以通过质押动产使用动产的交换价值；在物尽其用的物权法的终极目标下，质权满足了动产或动产权利的权利人在不转让动产所有权的情况下获得其交换价值的实际需要。

2. 质权是以出质人转移质物的占有为成立生效要件的担保物权。债务人或第三人为担保债务履行，而在其特定财产上为债权人设定质权时，必须将出质的标的物转移给债权人占有，质权才能够成立并生效。这一点是质权和抵押权之间最为显著的区别。

占有质物，控制质物权利人处分质物，是质权设定的核心要件。之所以要转移占有，目的是为了满足质权人控制动产交换价值的实际需要。如果不转移占有，在出质人转让并交付动产的情况下，第三人有可能因此获得动产的所有权，从而无法达到质押担保的制度目标。

3. 质权是一种基于质物权利人的处分而设定的担保物权，所以和抵押权一样，质权一般情况下只能创设性继受取得，即其有效设定需要满足法律行为和交付行为两个法律事实要件。满足法律行为要件，质权人和出质人需要签订质权合同；满足交付行为要件，出质人需要将质物交付给质权人实际占有。

（三）质权合同

质权是限定物权，所以质权人的质权会对出质人的质物所有权或其他动产权利形成权利限制。因此，为有效调整质权和所有权或其他动产权利之间的关系，经质权人和出质人意思自治、友好协商而达成一致的质权合同，就成为规范和确定出质人和质权人之间权利义务关系的主要依据。

1. 质权合同的主要内容

一般情况下,质权合同应当具有以下主要内容:(1)质押担保的主债权的债权人、债务人、种类、数额、期限,其功能在于确定质权所担保的具体债权,完成担保债权的特定化;(2)质押财产的名称、数量、质量、状况,其功能在于完成质物或质押权利的特定化;(3)质押担保的债权范围,既可以包括主债权的部分或全部,也可以包括主债权,从债权、利息以及违约金,其功能在于确定质押担保的债权范围;(4)质押动产或质押权利的交付或设定方式、期限、违约责任,该交付既可能是动产的交付,即实际交付质权人占有,或交付给质权人委托的第三人占有;也可能是质押权利的交付,既可能是股权、应收账款债权或其他质押权利的登记,也可能是权利凭证的背书和实际交付。

从上述质权合同的主要内容中可以看出,出质人和质权人通过质权合同主要确定两个方面的内容:第一,双方合意准备设定一个什么样的质权,上述第(1)(2)(3)项均有关于此;第二,双方合意通过什么样的方式设定该质权,即上述第(4)项。如果质权合同存在就上述内容没有约定或约定不明的情形,可以借助《合同法》第61、62条进行合同解释,以明确质权合同的有关事项。

2. 质权合同的形式

质权合同须采用书面形式,其表现形式可以是:(1)主债权合同的质押条款;(2)出质人与质权人(债权人)签订的书面形式的质权合同,可能是数据电文形式的电子邮件,也可以是质物的收据。至于是否可以向保证人出具保证函一样,以出质人单方向债权人出具质押担保函且债权人无异议表示的方式成立质权合同,在没有正式的司法解释的情况下无法断言,但我们认为应根据实际情况类推适用保证担保的规定。

在质权合同中,只要有被担保的债权与有关质物的约定,就应当认为质权合同成立,质权合同双方没有明确约定的质权合同其他内容应根据《物权法》《担保法》《合同法》的规定加以确定。

3. 质权合同的生效

根据《担保法》第46条第2款的规定,"质权合同自质物移交于质权人占有时生效"。根据该规定,质权合同在法学理论上被认为和自然人借款一样属于实践性合同(要物合同)。对于这一规定,实务界有判决认为其与《物权法》第15条,即"当事人之间订立有关设立、变更、转让和消灭不动产物权的合同,除法律另有规定或者合同另有约定外，自合同成立时生效”所主张的区分原则（质权合同是诺成性合同，即自成立时生效，与是否交付质物无关）相冲突。但是，应当看到《物权法》第15条规定的是不动产物权的情形，并未明确涉及动产；而且，《担保法》第46条第2款规定的质权合同生效时间和《物权法》第23条“动产物权的设立和转让，自交付时发生效力，但法律另有规定的除外”所规定的质权生效时间并无冲突。因此，尽管《担保法》第65条规定的质权合同内容中有质物移交时间，但我们认为，在没有明确的法律条文规定质权合同为诺成性合同的情况下，应当严格遵守《担保法》的规定，将质权合同认定为实践性合同。更进一步的分析，请参见本节后的思考题。

4. 出质人未交付质物义务的法律后果

出质人未交付质物义务的法律后果，根据《担保法》第46条第2款的规定，“质权合同自质物移交于质权人占有时生效”，因为质权合同未生效，出质人应当承担缔约过失责任，责任承担的要件是：第一，出质人对未交付质物存在过错；第二，质权人有损失；第三，未交付质物和质权人有损失之间存在因果关系。

如果按照区分原则，认定质权合同自成立之时起生效，那么出质人未按照质权合同交付质物的，除当事人另有约定外，出质人应当根据《合同法》第107条的规定向质权人承担继续履行，即交付质物设定质权，和/或赔偿损失的违约责任。并且，除当事人另有约定外，出质人未交付质物应当承担违约责任，而不是承担担保责任或义务，该等约定应当是当事人之间有关担保的其他约定（详见抵押权部分有关满洲里建行诉北京伊尔库公司判决的分析）。

二、质权相关制度

（一）质权的概念及特征

我国现行有关质权的法律规定主要见于《物权法》《担保法》以及《担保法解释》三个规范性文件当中。

《物权法》第208条以规定质权设定方式、特征及质权法律效力的方式规定了质权的法定概念，即“为担保债务的履行，债务人或者第三人将其动产出质给债权人占有的，债务人不履行到期债务或者发生当事人约定的实现质权的情形，债权人有权就该动产优先受偿”。

（二）质权合同

《担保法》第64～68条，《物权法》第210、211条规定了质权合同的有关问题：

首先，《担保法》第 64 条、《物权法》第 210 条规定，质权合同是要式合同，即必须采用书面形式。根据《合同法》第 11 条，该书面形式除当事人约定必须是合同书形式外，可以是合同书、信件和数据电文（包括电报、电传、传真、电子数据交换和电子邮件）等可以有形地表现所载内容的形式。另外，质权合同即使未采取书面形式，也能根据《合同法》第 36 条成立，即“法律、行政法规规定或者当事人约定采用书面形式订立合同，当事人未采用书面形式但一方已经履行主要义务，对方接受的，该合同成立”。根据该规定，在双方有口头约定的情况下，出质人将质物交付给质权人占有，质权合同也溯及既往地成立。

其次，《担保法》第 65 条、《物权法》第 210 条规定了质权合同的主要条款：(1)被担保债权的种类和数额；(2)债务人履行债务的期限；(3)质押财产的名称、数量、质量、状况；(4)担保的范围；(5)质押财产交付的时间。在质权合同的上述一般条款外，当事人还可就质物的保全、占有及保管的方式、质物的使用以及孳息的收取等事项进行约定。在当事人未就质押担保的债权范围进行明确约定的情况下，《担保法》第 67 条规定了一般的质押担保范围，即“包括主债权及利息、违约金、损害赔偿金、质物保管费用和实现质权的费用”。

最后，《担保法》第 66 条、《物权法》第 211 条规定质权合同当事人不得在质权合同中约定“流质条款”，即不得约定“债务人不履行到期债务时质押财产归债权人所有”。

当事人不得在质权合同中约定流质条款，即使当事人或当时的质物评估报告证明质物的价值与债权价值相当，此类约定也属于无效约定。

第二节 动产质权

因为动产质权和权利质权在质权设定、保全以及实现等方面均存在较大的差异，所以本章结构是围绕动产质权和权利质权两大类别进行论述。其中，本节的主要内容是动产质权的设立、保全以及实现，应当着重从动产的物理属性，以及法律给质押担保设定的制度价值入手，学习和理解有关动产质权的理论和法律规定。

一、动产质权基本原理

（一）动产质权的概念

动产质权，是指债权人对于债务人或第三人提供的用于担保债务履行的、转移占有的动产，在债务人不履行到期债务，或发生当事人约定的实现质权的情形时，就该动产得优先受偿的权利。

动产质押所形成的是出质人和质权人之间的权利义务关系，在本质上质押的还是动产的所有权，出质人应当是对动产所有权享有处分权的民事主体，所以在动产质权的设定上应当理解为动产所有权人以在动产所有权上设定质权的方式处分动产所有权，该处分在内容上应当包含该所有权所涉及的范围，如是否包含从物、孳息等，以及该所有权所担保的债权范围，如是否仅包含本金，或也包含利息。

（二）动产质权的取得

1. 动产质权的一般取得

动产质权的一般取得是指基于出质人和质权人之间有效的质权合同，出质人将动产占有转移给质权人，为质权人设定动产质权的情形。

（1）可予质押的动产。质权是出质人基于质物的交换价值，用其担保债权实现而设定的担保物权。所以，对于动产质物，质权制度有以下要求：第一，质物必须具备财产属性，拥有交换价值，不具备财产属性的物品，如身份证、学位证、结婚证等都不得作为质物。第二，质物必须具备流通性，可变现。因为所有质权都需存在质权人通过拍卖、折价、变卖质物而优先受偿的可能性，故质物不能是禁止流通物，否则不能予以质押。第三，质物必须是可交付的动产，不能现实交付的动产，无法有效设定质权。

（2）动产质权的设立。动产质权的有效设立须满足两个要件：第一，出质人与质权人（债权人）签订质权合同；第二，质权自出质人交付质押财产时设立。《物权法》规定了动产交付的直接交付、简易交付、指示交付和占有改定四种形式。但鉴于担保物权有效设立的核心问题在于担保物权人能否通过设立有效控制担保物，即阻碍担保人有效转让担保物，所以出质人可以以直接交付、简易交付方式交付动产质物，从而有效设立质权。在指示交付情形中，质权自出质人向直接占有人送达质押通知时有效设立，这时应当视为成立两层占有媒介关系,即出质人(间接占有人)—质权人(间接占有人)—保管人/占有人(直接占有人)。在占有改定情形中,质权只有在出质人向质权人实际转移质物占有时有效设立。

(3)质权合同内容的“实践性”。根据《物权法》的规定,质权合同自合同成立之时起生效,故质权合同属于诺成性合同,而不是实践性合同。如果出质人实际交付的质押财产与质权合同约定的质押财产不一致,且质权人接受并占有该财产,应当视为质权人和出质人对质权合同内容的变更,质物应当以实际交付占有的为准。

2. 动产质权的善意取得

一般情况下,质权的有效设立需满足质权合同和质物交付两个要件,这是质权的继受取得。但是在特殊情况下,质权人还可能通过善意取得的方式原始取得质权,但须满足《物权法》第106条善意取得的要件,即(1)出质人是无权以设立质权方式处分质物的无权处分人;(2)质物已交付;(3)交付质物时,质权人是善意的;(4)主债权有效存续。

与出质人有权处分设立质权一样,质权人也不能以占有改定方式善意取得质权,须至质权人实际占有质物时,质权方有效设立。

(三)动产质权的效力

动产质权的效力是指动产质权成立、生效后的法律效果,主要包括以下内容:动产质权所担保的债权范围;动产质权的效力所及标的物的范围;质权人和出质人的权利、义务。

1. 动产质权所担保的债权范围

动产质权所担保的债权范围应当依据质权合同中的约定加以确定;当事人没有约定,或约定不明且无法通过《合同法》有关合同解释的条款加以确定,则质权所担保的债权范围包括主债权、利息、违约金、损害赔偿金、保管质物的费用和实现质权的费用。

2. 动产质权效力所及的标的物范围

(1)动产质权效力及于动产交付时的主物和从物,从物未随主物交付的,从物的质权自从物交付时有效设立。

(2)在动产质权存续期间,因为质权人直接占有质物,故质物所产生的孳息物都是由质权人收取。所以,除非当事人另有约定,质物产生的孳息物都应由质权人收取并归入质物范围，但该孳息物应当首先冲抵收取孳息物的费用，然后用于清偿质权所担保的债权。

(3)在动产质权存续期间，因动产质物灭失而产生赔偿金、补偿金和保险金等代位物的，质权人有权就该代位物优先受偿。

3. 出质人的权利、义务

相对于所承担按照质权合同交付质物设立质权，以及在质权存续和实现时不侵犯质权的消极义务，出质人享有以下权利：

(1)就质物作出负担行为。出质人在质权设立后，其并没有失去质物的所有权，仍然有权利就质物作出负担行为，例如与质权人之外的主体就质物签订买卖合同。需要注意的是，因为质物在质押期间始终由质权人占有，故法律没有如抵押权那样给出"出质人转让质物须经过质权人同意"的法律规定。因为，即使是其与第三人就质物签订买卖合同，不经质权人同意，也无法实际交付质物完成质物所有权转让的物权变动。

(2)有条件的返还质物请求权。在质权存续期间，出质人无权要求质权人返还质物。但是，在质权人不能妥善保管质物，有致使质物毁损、灭失可能时，出质人有权请求质权人将质物提存以避免对质物造成损害；或者请求提前清偿债务，从而在消灭债权后要求质权人返还质物。

(3)质物毁损、灭失的赔偿请求权。质权是担保物权，不是用益物权，故质权人无权使用质物。对质权人擅自使用或处分质押财产，或因保管不善，从而导致质押财产毁损、灭失的，出质人有权要求质权人承担赔偿责任。这种损害赔偿责任在性质上属于侵权损害赔偿责任。上述第(2)项的返还请求权在实践中很难起到规范的预期效果，与此相对，第(3)项的内容从结果出发则具备对质权人使用质物、对质物保管不善而产生的纠纷进行处理的可操作性。

(4)请求质权人及时行使质权的权利。主债权届满之后，存在债权人既不行使主债权，也不行使质权的怠于行使权利的可能情况，对出质人而言，可能导致以下不利情形：

第一，质权人占有但不行使质权，可能会使债务人以外的出质人承担不必要的因质物价值因自然损耗而下降，或质物的意外灭失而造成的损失，因为出质人向债务人进行的追偿最终是以质物拍卖所得价款为准。

第二，质权人不行使主债权和质权，可能会因主债权利息增加而导致质押所担保的债权增加，尽管出质人可以向债务人追偿，但这也会增加债务人不能清偿的风险。

第三,质权人不行使主债权和质权,可能会使出质人无法在债务人资信状况良好的情况下及时行使出质人的追偿权,从而无法最大可能地维护出质人的合法权益。

上述三种可能情形结合出质人在质押期间不能通过使用质物实现质物的使用价值的情形,将造成质权人不行使质权而给出质人造成的不利益,所以在主债权到期后,出质人有权要求质权人行使质权。

4. 质权人的权利、义务

(1)占有质物的权利。质权是一种物权,其支配质物交换价值的方式就是占有质物;所以,在质押期间,质权人有权占有质物,出质人不得要求质权人返还质物。质权人既可以自己占有质物,也可以与第三人建立占有媒介关系间接占有质物。在占有质物的同时,质权人也有在质押期间妥善保管质物,在质权所担保债务清偿后返还质物的义务。

(2)收取孳息的权利。在质押期间,除非当事人另有约定,否则质权人有权收取并将质物的孳息归入质押标的物范围的权利。但应当注意的是,质权人收取孳息并不意味着其会获得孳息的所有权,其因为法律规定直接获得孳息的质权,孳息获得的价值应当首先冲抵收取孳息的费用,然后用于清偿质权所担保的债权。

(3)保全质物的权利。质物的价值对质权人来讲至关重要,在动产质押期间,质物可能会出现毁损或价值减少的情形,可能会导致无法有效对债权进行担保。对此,质权人有权要求出质人另行提供担保物,出质人不提供的,质权人有权拍卖或变卖质物,并提前清偿债务或提存。这里需要注意的是,如果是第三人质押担保,是否提前清偿债务在有明确债务履行期限的情况下须经债务人同意,否则质权人和出质人只能提存质物价款。

(4)处分质权的权利。质权是一项民事权利,故质权人有权自由的处分该权利,包括放弃质物就部分债权进行担保的质权(缩小质权担保的债权范围),放弃收取孳息的权利而返还质物之孳息,抛弃质权,以及通过转让主债权的方式一并转让质权。上述处分行为原则上以通知方式作出,但是放弃质权原则上还须和设立质权一样须以返还质物的方式完成。

(5)转质。转质是指质权人为了担保自己或他人的债务的履行,将质物的占有转移给自己或他人的债权人以设定新的质权的行为,新设立的质权被称为

“转质权”。

(6)优先受偿的权利。优先受偿权是指,质权人就质物变价所得的价款优先受偿的权利,是质权的基本效力,也是质权发挥担保物权功能的基本方式。这里需要特别注意的是,优先受偿仅限于质物变价所得价款,而不能就出质人的其他财产行使优先受偿权。

(四)动产质权的实现

动产质权的实现,是指质权人在债权履行期限届满而未获清偿时,对质物进行变价,且就变价优先受偿其债权的情形。根据我国《物权法》《担保法》的规定,实现质权的方式包括拍卖、折价、变价。如果所得价款高于质权人所担保的债权额,质权人须将余额返还出质人;所得价款低于质权所担保的债权额的,其差额为无担保债权,质权人仍得就此差额请求债务人以其一般责任财产进行清偿。

(五)动产质权的消灭

动产质权的消灭,是基于一定法律事实的出现而引起质权消灭的法律效果。该等法律事实即为质权消灭的事由,一般包括:

1. 主债权消灭。作为从权利的担保物权,会因主债权因清偿、抛弃等原因消灭而消灭,主债权的消灭应具体适用《合同法》第 91 条的规定。

2. 质物灭失。质权是物权的一种,一般须以物的存在为前提,质物灭失的,质权消灭;在质物灭失,但灭失后有代位物的,质权就代位物而继续存在。在这里,质权人须承担质物意外灭失的风险。

3. 质权的实现。债务人到期不履行债务时,质权人有权以质押财产的变价优先受偿其债权,质权随质权的实现而消灭。

4. 质物占有的丧失。质权是一种占有性权利,须以质权人占有为有效存续的条件。所以,只要质权人将质物返还于出质人,无论其返还的目的如何,质权均归于消灭。在质权人因遗失、被盗等原因而丧失质物占有时,质权并不因此而消灭;质权人有权向质物的实际占有人,包括出质人以不法占有为由要求返还。

5. 质权人放弃质权。作为财产性民事权利,质权人拥有放弃质权的权利,质权自质权人放弃之时起消灭。质权人放弃质权的,应当以质权人向出质人返还质物占有的时间作为质权消灭的时间。

6. 主债权诉讼时效经过,而质权人未行使质权。关于主债权诉讼时效经过，质权人（主债权人）是否还有权行使并实现质权，《担保法》《物权法》对此均无直接而明确的法律规定。那么，是不是可以认定质权已经消灭，或者直接适用《物权法》第202条的表述“人民法院不予保护”？主债权已经经过诉讼时效，将产生债务人对主债权人的诉讼时效抗辩权，但并不产生债权完全消灭的法律效果。所以，根据《担保法》第74条的规定，即“质权与其担保的债权同时存在，债权消灭的，质权也消灭”，质权仍然应当有效存续。

二、动产质权相关制度

（一）可予质押的动产

根据《物权法》第209条之规定，可予质押的动产是法律、行政法规不禁止转让的动产。注意，这里的禁止动产转让的规范性文件的层级，必须是全国人大、人大常委会或国务院通过的狭义的法律和行政法规。

一般情况下，金钱不作为动产对待，《担保法解释》第85条对如何就金钱设立质权进行了规定，即只有质押金钱以：（1）特定账户；（2）封金；（3）保证金，三种形式完成特定化后，才能够作为质物进行质押。另外，《担保法》第73条规定，因灭失所得的赔偿金，应当作为出质财产。

金钱是否完成特定化是在性质上确定金钱是动产质押还是权利质押的核心问题，关于这一点请参见课后案例“中国农业发展银行安徽省分行诉张大标、安徽长江融资担保集团有限公司执行异议之诉纠纷案（最高人民法院第54号指导案例）”，该案的判决中对金钱特定化问题有着非常准确的解读。

（二）动产质权的取得

1. 动产质权设立的条件

根据《物权法》第210条的规定，即“设立质权，当事人应当采取书面形式订立质权合同”，以及《物权法》第212条的规定，即“质权自出质人交付质押财产时设立”，动产质权的设立须满足质权合同成立生效及质物的交付两个要件。

2. 动产质物的交付形式

《物权法》《担保法》并未就动产质物的直接交付、简易交付直接进行相应的规定，所以应当适用《物权法》第23、25条的一般规定。对于动产质物交付的占有改定形式，因为我国现有法律并未进行规定，所以根据物权法定原则，当事人不得以占有改定形式设定动产质权。如果当事人约定以占有改定形式设定质权的,那么该质权应当自出质人向质权人转移质物占有时方有效设定。

《担保法解释》第 88 条就动产质物的指示交付做了相应的规定,即“出质人以间接占有的财产出质的,质权合同自书面通知送达占有人时视为移交。占有人收到出质通知后,仍接受出质人的指示处分出质财产的,该行为无效”,此即为动产质物的指示交付形式;但是,《物权法解释(一)》第 2 款第 2 句的规定,即“当事人以物权法第二十六条规定的方式交付动产的,转让人与受让人之间有关转让返还原物请求权的协议生效时为动产交付之时”,使两个司法解释的规定在特殊情形下出现相互矛盾的问题。

3. 质物交付的“实践性”

根据《担保法解释》第 89 条之规定,即“质权合同中对质押的财产约定不明,或者约定的出质财产与实际移交的财产不一致的,以实际交付占有的财产为准”,质物是以最终出质人交付且质权人受领的质物为准。

4. 质物瑕疵损害赔偿责任

根据《担保法解释》第 90 条之规定,即“质物有隐蔽瑕疵造成质权人其他财产损害的,应由出质人承担赔偿责任。但是,质权人在质物移交时明知质物有瑕疵而予以接受的除外”,和买卖合同中的加害给付一样,上述规定中的赔偿责任在性质上属于侵权损害赔偿责任或违反质权合同的违约责任,由质权人在主张权利时根据具体情况加以确定。

5. 质物范围

在质物范围问题上,法律就从物是否为质物作出了原则性规定,《担保法解释》第 91 条规定:“动产质权的效力及于质物的从物。但是,从物未随同质物移交质权人占有的,质权的效力不及于从物。”

(三)动产质权的效力

1. 质权人的权利义务

(1)妥善保管质物的作为义务。《担保法》第 69 条、《物权法》第 215 条规定了质权人的质物保管义务,因保管不善致使质物灭失或者毁损的,质权人应当承担民事责任。如果质权人不能妥善保管质物可能致使其灭失或者毁损的,出质人可以要求质权人将质物提存,或者要求提前清偿债权而返还质物。如果将质物做提存处理,质权人应当根据《担保法解释》第 92 条承担提存费用;如果提前清偿债权的,质权人无权要求清偿未到期部分的利息。

(2)不得使用、处分质物的不作为义务。《物权法》第 214 条、《担保法解释》第 93 条规定了质权人不得使用、处分质物的不作为义务,即"质权人在质权存续期间,未经出质人同意,擅自使用、处分质押财产,给出质人造成损害的,应当承担赔偿责任"。

上述规定中的"不得使用",既包括质权人自己不得使用,也包括其不得允许他人使用;而"不得处分"则指转让质物或就质物设定质权,否则转让和设定质权的处分行为应当属于无权处分。

(3)质物的保全权。我国法律对于质权人的质物保全权规定在《担保法》和《物权法》当中,但这两部法律中的规定略有不同。

《担保法》第 70 条规定:"质物有损坏或者价值明显减少的可能,足以危害质权人权利的,质权人可以要求出质人提供相应的担保。出质人不提供的,质权人可以拍卖或者变卖质物,并与出质人协议将拍卖或者变卖所得的价款用于提前清偿所担保的债权或者向与出质人约定的第三人提存。"

《物权法》第 216 条规定:"因不能归责于质权人的事由可能使质押财产毁损或者价值明显减少,足以危害质权人权利的,质权人有权要求出质人提供相应的担保;出质人不提供的,质权人可以拍卖、变卖质押财产,并与出质人通过协议将拍卖、变卖所得的价款提前清偿债务或者提存。"

相比较《担保法》第 70 条的规定,《物权法》第 216 条的规定更加明确,即只有在可能致使质押财产毁损或者价值明显减少的原因不可归责于质权人的情况下,质权人才能够提出对质物进行保全。

(4)收取孳息的权利。《担保法》第 68 条、《物权法》第 213 条规定:质权人有权收取质押财产的孳息,但合同另有约定的除外。孳息应当先充抵收取孳息的费用,这里的收取孳息是指将孳息归入质押财产范围之内的权利。

(5)放弃质权的权利。《物权法》第 218 条规定了质权人放弃质权的结果,即如果质权人放弃的是设定在债务人自己财产之上的质权,那么其他担保人在质权人丧失优先受偿权益的范围内免除担保责任,但其他担保人承诺仍然提供担保的除外。

(6)转质。根据《担保法解释》第 94 条之规定,即"质权人在质权存续期间,为担保自己的债务,经出质人同意,以其所占有的质物为第三人设定质权的,应当在原质权所担保的债权范围之内,超过的部分不具有优先受偿的效力。转质权的效力优于原质权",其仅就质权人为担保自己对第三人的债务的转质进行了规定，并未涉及为第三人的债务而进行的转质，但从《物权法》第 217 条的表述来看，即“质权人在质权存续期间，未经出质人同意转质，造成质押财产毁损、灭失的，应当向出质人承担赔偿责任”，转质应当包含质权人为担保第三人的债务而提供其占有的质物设定的质权。

《担保法解释》第 94 条第 2 款规定未经出质人同意设定的转质无效，该规定并未排除善意取得质权的情况；所以，质权人未经出质人同意设定质权的情况，应依据《物权法》第 106 条的规定具体判断质权是否有效设立。

(7)返还质物的义务。《物权法》第 219 条规定，债务人履行债务或者出质人提前清偿所担保的债权的，质权人应当返还质押财产。债务关系因清偿终止，作为从权利的质权也因主债权消灭而消灭，所以出质人作为所有权人有权要求质权人返还质物；相应地，质权人也负有返还质物的义务。

2. 出质人的权利义务

(1)要求质权人及时行使质权的权利。根据《物权法》第 220 条之规定，出质人可以请求质权人在债务履行期届满后及时行使质权；质权人怠于行使质权的，出质人可以单方请求人民法院拍卖、变卖质押财产。对于质权人怠于行使质权造成出质人损失的情形，《担保法解释》第 95 条第 2 款仅仅规定了怠于行使质权致使价格下降的情形，而《物权法》第 220 条第 2 款并未依此例，而是泛指损害。有鉴于此，质权人怠于行使质权向出质人承担赔偿责任的要件是：第一，出质人须已对质权人提出“及时行使质权”的请求；第二，须给出质人造成损害；第三，损害与未及时行使质权的行为之间存在因果关系。其间，出质人是否单方请求人民法院拍卖、变卖质押财产，与质权人是否以及在什么程度上承担上述赔偿责任无关。

(2)向债务人追偿的权利。根据《担保法》第 72 条之规定，为债务人质押担保的第三人，在质权人实现质权后，有权向债务人追偿。根据《担保法解释》第 38 条第 1 款的规定，出质人在向债务人追偿的同时，也可以要求其他担保人清偿其应当分担的份额。

(四)动产质权的实现

根据《担保法》第 71 条第 2 款之规定，即“债务履行期届满质权人未受清偿的，可以与出质人协议以质物折价，也可以依法拍卖、变卖质物”，债务履行期限届满，债务人未清偿或未完全清偿债务的，质权人可以要求拍卖、变卖质物，也可以与出质人协商折价处置质物。

对于质物处置的结果,《担保法》第 71 条第 3 款、《物权法》第 221 条均规定,质押财产折价或者拍卖、变卖后,其价款超过债权数额的部分归出质人所有,不足部分由债务人清偿。

第三节 权利质权

本节的主要内容是有关以可转让的财产性权利设立质权的相关知识,应当着重学习权利质权的公示方式、实现方式等内容。因为权利质权涉及票据、股权、基金份额、专利权等知识产权等特殊权利类型,所以在学习中应注意《物权法》《担保法》与这些权利类型相关的专业法律规范的冲突和协调,如《公司法》《票据法》《证券投资基金法》《专利法》等以及与上述权利质押登记相关的其他法律规范,如《专利权质押登记办法》《应收账款质押登记办法》等,应注重从上述每种权利的本质特征入手理解与质权有关的法律规定。

一、权利质权基本原理

(一)权利质权的概念

权利质权是指出质人用依法可转让的财产权利作为客体而设立的质权,该财产权利的权利人即为出质人。与动产质权不同,作为权利质权的财产权利不仅涉及权利人,而且涉及该权利的义务人或其他利害关系人。

依据传统民法理论和我国物权法的规定,并非所有的财产权利都可以设定质权,作为质权客体,须具备以下条件:第一,须为财产权利,具有财产属性,人身权不得作为质权的客体;第二,须为可转让的财产权利,法律规定或依权利性质不得转让的权利不得设定质权。至于当事人约定不得转让的财产权利是否可以设定质权,须看该约定是否具备对抗第三人的效力。

(二)权利质权的公示方法

1. 权利质权公示的意义

依据传统民法理论和我国《物权法》等法律规定,物权基于公示而产生法律上的对世公信力。与所有权及用益物权公示仅产生对抗效力不同(如不动产初始登记),对于支配权利交换价值的权利质权而言,公示直接关系到质权是否能够有效设立,因为不能产生对世效力就意味着无法对抗出质人的其他债权人及利害关系人直接支配质押权利,并进而获得优先受偿权。

2. 权利质权公示的方法

权利质权的公示方法应首先着眼于是否能够有效阻碍出质人再次处置或实现质押权利,从而增强质权人对质押权利的独占性、支配性,其次才是是否产生对抗效力的问题。

(1)交付及"背书"。对于具有文义性、流通性、无因性、要式且可支配性等法律特征的票据,须通过交付阻碍票据出质人使用票据进行支付,或持票向票据债务人主张票据权利,进而实现票据权利。所以,对于可流通票据,例如汇票、支票、本票等,须以交付作为公示方法和质权设立的充分必要要件;而票据"背书"将产生票据质权的对抗效力。在这一点上,《物权法》和《票据法》稍有不同,详见本节思考题。

(2)登记。对于须通过变更登记完成权利转让的权利,例如债券、基金份额、股权、上市公司股份、专利权等知识产权等,须通过质权登记阻碍出质人再次处置质押权利,所以权利登记即成为权利质权设立的有效要件。

(三)权利质权的类型及设立

根据《物权法》《担保法》的规定,依据质押权利的类型以及质权有效设立的方式不同,可以将权利质权主要分为以下几个类型:

1. 有价证券质权

(1)可质押的有价证券。可转让的有价证券可以作为客体设定质权,这些有价证券包括汇票、支票、本票、债券、存款单、仓单、提单。

根据《票据法》第 19 条的规定,汇票是出票人签发的,委托付款人在见票时或者在指定日期无条件支付确定的金额给收款人或者持票人的票据。根据汇票付款人的不同,汇票可分为银行汇票和商业汇票。

根据《票据法》第 73 条的规定,本票是出票人签发的,承诺自己在见票时无条件支付确定的金额给收款人或者持票人的票据。实践中,本票一般是指银行本票。

根据《票据法》第 82 条的规定,支票是出票人签发的,委托办理支票存款业务的银行或者其他金融机构在见票时无条件支付确定的金额给收款人或者持票人的票据。

债券是政府、金融机构、公司企业等直接向社会借债筹措资金时，向投资者发行，同时承诺按一定利率支付利息并按约定条件偿还本金的债权债务凭证。债券所表明的本质上是一种债权债务关系，债券发行人是债务人，购买债券的投资者是债权人。债券根据发行人的不同，分为政府债券、金融机构债权以及公司债券。其中，政府债券是指中央或地方政府发行的，承诺在一定时期支付利息和到期偿还本金的债权债务凭证，如记账式国债。金融机构债券，以银行间债券市场的金融债券为例，根据中国人民银行发布的《全国银行间债券市场金融债券发行管理办法》第 2 条的规定："本办法所称金融债券，是指依法在中华人民共和国境内设立的金融机构法人在全国银行间债券市场发行的、按约定还本付息的有价证券。本办法所称金融机构法人，包括政策性银行、商业银行、企业集团财务公司及其他金融机构。"公司企业债券，根据《公司法》第 153 条规定，公司债券是指公司依照法定程序发行、约定在一定期限还本付息的有价证券。

根据国务院颁布的《储蓄管理条例》第 2 条的规定，存款单是表明单位或个人与储蓄机构的储蓄关系，储户用以请求储蓄机构支取存款本金和利息的有价证券。

根据《合同法》第 387 条的规定，仓单是提取仓储物的凭证。存货人或者仓单持有人在仓单上背书并经保管人签字或者盖章的，可以转让提取仓储物的权利。

根据《海商法》第 71 条的规定，提单是指用以证明海上货物运输合同和货物已经由承运人接收或者装船，以及承运人保证据以交付货物的单证。提单中载明的向记名人交付货物，或者按照指示人的指示交付货物，或者向提单持有人交付货物的条款，构成承运人据以交付货物的保证。

上述有价证券在本质上表明的都是一种债权债务关系，是有价证券权利人要求义务人给付一定金钱或货物的凭证。这种债权关系通过证券的单证化而具备流通性，从而能够进行质押，质权的客体即是这些证券载明的债权权利。例如，《合同法》第 387 条中所讲的"提取仓储物的权利"就不是货物本身，而是一项权利，所以其不是动产质押，而是权利质押。

（2）有价证券质权的设立。有价证券设立质权的，分为以下两种情况：

第一，有权利凭证的，质权自权利凭证交付债权人时设立，如汇票、支票、本票等。因为权利凭证的流通性和无因性，使权利发生、转移、行使均须依据权利凭证才能进行，故一般以交付为质权有效设立的要件。

第二，没有权利凭证的，或即使有凭证，但因为须在单证上记载权利人的名称（虽然实践中也有记名的债券和提单，但为数不多）而仅具有相对流通性的，质权自有关机关和主体办理出质登记时设立。例如，记账式国债债券须到中央国债登记结算中心办理出质登记，在证券交易所上市交易的公司债券须到证券登记结算机构办理出质登记。

2. 基金份额、股权、专利权等知识产权

（1）基金份额。基金以发行的要求、程序和发行对象的范围作为区分标准分为私募基金和公募基金。

私募基金以其组织结构为标准分为公司式基金、有限合伙式基金和契约式基金。其中，公司式私募基金中的公司一般是指有限责任公司，而基金份额实际上就是公司的股权，应当参照有限责任公司股权质押的相关规定办理质押手续设立质权。对于有限合伙式私募基金，基金份额实际就是合伙人在合伙企业中的财产份额，应当参照《合伙企业法》中有关合伙份额质押的规定设立质权。对于契约式基金，权利人所享有的基金份额在本质上是其以契约收取投资收益的而权利，因契约式基金对应的财产不具备完全的独立性，所以收取收益的权利实际上是一种债权，故应当按照债权质押的规定设立质权。

公募基金以基金募集资金的用途为标准分为投资股票等证券的证券投资基金，以及投资其他非证券项目的其他基金，前者由《证券投资基金法》加以规范，质权自基金份额登记机构办理出质登记时设立；而对于后者，我国目前尚未有明确而具体的法律规定。

（2）股权。股权作为质权的客体，主要是指我国《公司法》中规定的有限责任公司的股权，以及股份有限公司的股份。对于股权质权的设立，应当分为上市公司股份和非上市公司股权两种情况。对于上市公司的股份，股份质权自证券登记结算机构办理出质登记时设立；对于非上市公司，股份或股权质权自工商行政管理部门办理出质登记时设立。

这里需要特别注意的是，以股权设定质权的，在实现质权时，设定质权的股权均有潜在的以拍卖、折价、变卖的方式进行处分的可能性。所以，在股权设定质权时，对于仅具有相对流通性的股权需要按照股权转让的程序和方式设定质权:第一,除质权人为公司其他股东的情况之外,有限责任公司的股权一般需要向登记机关提交同意股权设定质权的股东大会决议,或按照《公司法》的规定征求其他股东的书面同意;违背上述规定签订质权合同或设定质权的,该质权无效。第二,对于股权有限公司的股份,设定质权不得违背《公司法》中有关发起人股东,或董、监、高股东限制股份转让的法律规定,如发起人持有的本公司股份自公司成立之日起一年内不得转让。违背上述规定签订质权合同或设定质权的,质权合同和质权均无效。

另外,对于特殊公司法人股权设定质权,法律可能会有特别限制和程序性要求,如对外贸易经济合作部、国家工商行政管理局颁布的《关于外商投资企业投资者股权变更的若干规定》第 6 条第 1 款规定:“经企业其他投资者同意,缴付出资的投资者可以依据《担保法》的有关规定,通过签订质押合同并经审批机关批准将其已缴付出资部分形成的股权质押给质权人。投资者不得质押未缴付出资部分的股权。投资者不得将其股权质押给本企业。”可见,对于外资企业,股权设定质权尚须经审批机关批准,并向原登记机关办理备案。

(3)知识产权。发明、实用新型、外观设计专利,以及注册商标专用权、著作权等知识产权中具备流通性特征的权利内容也可以设定质权,质权自上述权利在管理机关办理出质登记时有效设立。其中,发明、实用新型、外观设计专利在专利局办理出质登记,注册商标专用权在工商行政管理部门办理出质登记,著作权在版权局办理出质登记。

3. 应收账款

关于应收账款,我国《担保法》《物权法》均未给出法定概念。根据中国人民银行颁布的《应收账款质押登记办法》第 4 条明确规定,应收账款即指“权利人因提供一定的货物、服务或设施而获得的要求义务人付款的权利,包括现有的和未来的金钱债权及其产生的收益,但不包括因票据或其他有价证券而产生的付款请求权”。根据上述规定,应收账款既包括现有的,也包括未来的金钱债权,同时还包括非金钱债权的其他收益;该办法第 4 条还以不完全列举的方式列举通常情况下的应收账款:(1)销售产生的债权,包括销售货物,供应水、电、气、暖,知识产权的许可使用等;(2)出租产生的债权,包括出租动产或不动产;(3)提供服务产生的债权;(4)公路、桥梁、隧道、渡口等不动产收费权;(5)提供贷款或其他信用产生的债权。实践中,争议较大的是上述权利质权设定及实现过程中的两个问题:

第一,权利质权的合法性和设定方式问题。实践中,一些质押的权利涉及公共利益,故设定质权是否合法,争议较大。根据《担保法》第37条的规定:“下列财产不得抵押:……(三)学校、幼儿园、医院等以公益为目的的事业单位、社会团体的教育设施、医疗卫生设施和其他社会公益设施。”《担保法解释》第53条的规定:“学校、幼儿园、医院等以公益为目的的事业单位、社会团体,以其教育设施、医疗卫生设施和其他社会公益设施以外的财产为自身债务设定抵押的,人民法院可以认定抵押有效。”就高校学生公寓的收费权设定质权是否违背上述规定,存在疑问。中国人民银行、教育部《关于进一步解决学生公寓等高等学校后勤服务设施建设资金问题的若干意见》第1条规定:“商业银行要积极开展学生公寓收费权质押贷款业务,应与借款人签订书面质押合同。质押合同必须经省级教育行政部门审批和统一登记,自登记之日起生效。”从上述规定可以看出,我国有关权利质权的规定,完全是以实用为导向,即质权设定是否能够解决特定主体的融资担保问题。这里,行政机关的审批和登记有两个作用:一是因公寓收费是经行政机关行政许可的收费事项,故须行政机关审批以保障收费及许可目的的实现;二是公寓收费权质押经审批和登记,实际上是质权的公示方式之一,提供和保障质权对抗第三人的对世效力。

所以,在审查某种权利是否能够设定权利质权时,应着重审查国家有关部门是否出台相关的规定,以及是否规定了相应的出质登记主体和程序。例如,《国务院关于收费公路项目贷款担保问题的批复》规定,公路收费权质押由省级人民政府批准,地市级以上交通主管部门为登记部门;《国务院办公厅关于农村电网建设与改造工程贷款担保和贷款偿还期限问题的复函》规定,电费收益权质押由省级物价部门批准,地市级以上电力主管部门作为电费收益权质押的登记部门。如果国家有关部门没有出台相关的管理规定,那么一般情况下是由享有该收费权的行政管理机关审批和登记。

第二,权利质权实现时的实现方式问题。《应收账款质押登记办法》第4条规定的可予质押的应收账款中很多涉及特殊行业,如公用水、电、气等,这些行业的收益是以专业、有效运营为前提。如果按照传统质权拍卖、折价、变卖的方式实现质权,有可能会使该应收账款因受让主体不专业而导致不能进行有效运营,最终导致无法取得收益。所以,最高人民法院指导案例53号所涉案件的审理法院,放弃传统的实现质权的方式,转而判决质押收益权所涉项目仍然由出质人经营,而质权人仅就该项目的未来产生的实际收益享有优先受偿权。

关于经营权、收益权的质押及质权实现问题,详见本章案例:最高人民法院指导案例53号,福建海峡银行股份有限公司福州五一支行诉长乐亚新污水处理有限公司、福州市政工程有限公司金融借款合同纠纷案。最高人民法院在该案的分析中对污水处理项目特许经营权质押的质权类型和质权有效设立的方式,以及质权的实现均有较为详细的论述。

二、权利质权相关制度

我国有关权利质权的法律条文被规定在《物权法》《担保法》以及《担保法解释》这三个有关担保的一般性规范性文件,以及《公司法》《票据法》《海商法》等专业性法律规范当中。

(一)可予质押的权利

《物权法》第223条用不完全列举的方式规定了可予设定质权的财产性权利,即(1)汇票、支票、本票;(2)债券、存款单;(3)仓单、提单;(4)可以转让的基金份额、股权;(5)可以转让的注册商标专用权、专利权、著作权等知识产权中的财产权;(6)应收账款;(7)法律、行政法规规定可以出质的其他财产权利。相比较于《担保法》第75条的规定,有两方面变化:第一,增加应收账款,即债权质押;第二,明确了可以规定权利质押的法源,即法律、行政法规。

(二)权利质权设立

1. 汇票、支票、本票、债券、存款单、仓单、提单质权的设立

《担保法》第76条规定:"以汇票、支票、本票、债券、存款单、仓单、提单出质的,应当在合同约定的期限内将权利凭证交付质权人。质押合同自权利凭证交付之日起生效。"

《物权法》第224条规定:"以汇票、支票、本票、债券、存款单、仓单、提单出质的,当事人应当订立书面合同。质权自权利凭证交付质权人时设立;没有权利凭证的,质权自有关部门办理出质登记时设立。"

《票据法》第35条第2款规定,汇票可以设定质押;质押时应当以背书记载"质押"字样。被背书人依法实现其质权时,可以行使汇票权利。

在上述法律规范中,《担保法》《物权法》均以汇票、本票等权利凭证的交付作为质权有效设立的充分必要条件;但《票据法》的规定还另外提出了质押应当

进行“质押背书”的要求。所以，在上述票据权利设立质权时，应当在进行“质押背书”后，交付权利凭证。

2. 基金份额、股权、知识产权质权

（1）基金份额质权。关于私募基金的份额设定质权，如果是有限责任公司制私募基金，参见下文有关公司股权设定质权的规定。如果是有限合伙制私募基金，实际上就是合伙份额设定质权，应当分为普通合伙份额和有限合伙份额。以普通合伙份额设定质权的，根据《合伙企业法》第25条之规定，即“合伙人以其在合伙企业中的财产份额出质的，须经其他合伙人一致同意；未经其他合伙人一致同意，其行为无效，由此给善意第三人造成损失的，由行为人依法承担赔偿责任”，需要经过其他合伙人的同意，否则质权合同有效，但质权无效。以有限合伙份额设定质权的，《合伙企业法》第72条规定：“有限合伙人可以将其在有限合伙企业中的财产份额出质，但是合伙协议另有约定的除外。”这一规定与上述第25条的规定不同。实践中，有人理解为应当将有限合伙份额类比参照有限公司的股权，不需要向普通合伙份额那样须经其他合伙人一致同意。另外，《合伙企业法》未有提及合伙份额设定质权的程序和公示方法，实践中一般参照股权质押的相关规定，即合伙企业财产份额质押应当到工商行政管理部门办理出质登记。

关于公募基金，《证券投资基金法》第103条规定，证券投资基金基金份额登记机构以电子介质登记的数据，是基金份额持有人权利归属的根据。基金份额持有人以基金份额出质的，质权自基金份额登记机构办理出质登记时设立。

（2）股权质权。《物权法》第226条统一规定了基金份额、股权质权的设立，即“当事人应当订立书面合同。以基金份额、证券登记结算机构登记的股权出质的，质权自证券登记结算机构办理出质登记时设立；以其他股权出质的，质权自工商行政管理部门办理出质登记时设立”。根据上述规定，就股权设定质权的，如果是证券登记结算机构登记的股权出质的，质权自证券登记结算机构办理出质登记时设立；以其他股权出质的，质权自工商行政管理部门办理出质登记时设立。

需要注意的是，对于股份有限公司和有限责任公司股权质押，《担保法》第78条和《担保法解释》第103条都要求适用《公司法》有关股份和股权转让的有关规定。实践中，工商行政管理部门办理出质登记时均要求当事人根据现行《公司法》有关股权转让的条件、程序办理股权质押，并提交相应的出质登记资料。

(3)知识产权质权。根据《担保法》第79条的规定,以依法可以转让的商标专用权,专利权、著作权中的财产权出质的,出质人与质权人应当订立书面合同,并向其管理部门办理出质登记。质押合同自登记之日起生效。

根据《物权法》第227条的规定,以注册商标专用权、专利权、著作权等知识产权中的财产权出质的,当事人应当订立书面合同。质权自有关主管部门办理出质登记时设立。

上述规定是《担保法》《物权法》规定的一般事项,具体在办理知识产权质押时,还应当依据有关部门颁布的具体办法进行。例如,专利权质押,根据国家知识产权局颁布的《专利权质押登记办法》第12条之规定,即"专利权质押登记申请经审查合格的,国家知识产权局在专利登记簿上予以登记,并向当事人发送《专利权质押登记通知书》。质权自国家知识产权局登记时设立",如果当事人根据该办法规定程序和条件申请办理专利权出质登记,那么该专利权自国家知识产权局登记时设立。

3. 应收账款

根据《物权法》第228条之规定,以应收账款出质的,当事人应当订立书面合同。质权自信贷征信机构办理出质登记时设立。在《应收账款质押登记办法》第2条中,中国人民银行将其征信中心作为法定的应收账款质押的登记机构,而征信中心建立的应收账款质押登记公示系统则作为登记所用的信息化平台,当事人和利害关系人可以通过该系统查询应收账款质押情况,办理应收账款质押登记,并为社会公众提供查询服务。

(三)权利质权的效力及保全

1. 汇票、支票、本票、债券、存款单、仓单、提单质权的效力及保全

因为汇票、支票、本票、债券、存款单、仓单、提单等票据的文义性、流通性和无因性,应当格外注意上述票据质押时"背书"的效力。《担保法解释》第98、99条规定,以汇票、支票、本票、公司债券出质的,出质人与质权人没有背书记载"质押"字样,以票据出质对抗善意第三人的,人民法院不予支持。结合该法第101条的规定,即"以票据、债券、存款单、仓单、提单出质的,质权人再转让或者质押的无效",善意第三人可以善意取得票据权利。如质权人在买卖合同法律关系中,用未"背书"的支票向善意买受人支付合同价款的情形。此外,最高人

民法院《关于审理票据纠纷案件若干问题的规定》第47条还规定:“因票据质权人以质押票据再行背书质押或者背书转让引起纠纷而提起诉讼的,人民法院应当认定背书行为无效。”

2. 基金份额、股权、知识产权以及应收账款质权的效力及保全

(1)出质人转让质押权利的限制。《物权法》第226条第2款第1句、第227条第2款第1句、第228条第2款第1句规定,基金份额、股权、知识产权中的财产权、应收账款出质后,不得转让,但经出质人与质权人协商同意的除外。

(2)质权效力范围。质押权利在质权存续期间可能会产生收益,该收益应当如何处理,《担保法解释》第104条给出了相应的法律规定,即将股权、股票的收益(如分红、股息等)作为质物的孳息纳入质物范围之内。法律虽然没有就所有权利质权作出明确规定,我们认为,这个规则应当同样适用于基金份额。

对于转让股权、知识产权、应收账款所得的价款,或许可他人使用知识产权所得的许可费,《物权法》第226条第2款第2句、第227条第2款第2句、第228条第2款第2句规定,出质人应当向质权人提前清偿所担保的债权或者向与质权人约定的第三人提存。

(四)权利质权的实现

1. 汇票、支票、本票、债券、存款单、仓单、提单等权利质权的实现

根据《物权法》第225条之规定,即“汇票、支票、本票、债券、存款单、仓单、提单的兑现日期或者提货日期先于主债权到期的,质权人可以兑现或者提货,并与出质人协议将兑现的价款或者提取的货物提前清偿债务或者提存”,《物权法》只是笼统的规定票据质权人可以行使票据权利,如汇票质权人行使汇票的承兑、追索权,仓单、提单质权人向仓储人、运输人行使提取货物的权利;这一点和《票据法》第35条第2款第2句的规定一致,即“被背书人依法实现其质权时,可以行使汇票权利”。

相比而言,《担保法》第77条、《担保法解释》第102条根据票据权利期限和债务履行期限的关系,将票据质权实现分为两种情形:《担保法》第77条规定,票据权利日期先于债务履行期的,质权人可以在债务履行期届满前兑现或者提货,并与出质人协议将兑现的价款或者提取的货物用于提前清偿所担保的债权或者向与出质人约定的第三人提存;《担保法解释》第102条规定,票据权利日期后于债务履行期的,质权人只能在兑现或者提货日期届满时兑现款项或者提

取货物。

2. 基金份额、股权、知识产权，以及应收账款等权利质权的实现

《担保法》《物权法》均未对基金份额、股权、知识产权，以及应收账款等权利质权的实现给予特殊规定，所以一般情况下，这些权利质权的实现依照传统的质权实现方式，即拍卖、折价、变卖的方式实现。需要特别注意的是，在应收账款质权所涉质押权利是特殊行业的收益权时，实现质权时所针对的仅仅收益，而不涉及产生收益的基础性权利，如学生公寓收益权质押。

司法考试试题

一、选择题

1. 乙欠甲货款，二人商定由乙将一块红木出质并签订质权合同。甲与丙签订委托合同授权丙代自己占有红木。乙将红木交付与丙。下列哪一说法是正确的？（2015 年）

A. 甲乙之间的担保合同无效

B. 红木已交付，丙取得质权

C. 丙经甲的授权而占有，甲取得质权

D. 丙不能代理甲占有红木，因而甲未取得质权

【答案】 C

【解析】 根据《合同法》的规定，甲、乙之间的质押合同没有合同无效事由，故当属有效，A 项不选。丙获得质权，须签订质押合同和交付质物，丙与出质人乙之间没有质权合同，丙不可能取得质权，B 项不选。质权人既可以自己占有动产质物，也可以委托第三人占有质物，本题即是如此，故甲取得质权成为间接占有人，而丙受托占有质物为直接占有人，甲、丙之间存在占有媒介关系，故 C 项当选，D 项不选。

2. 甲为乙的债权人，乙将其电动车出质于甲。现甲为了向丙借款，未经乙同意将电动车出质于丙，丙不知此车为乙所有。下列哪些选项是正确的？（2008 年）

A. 丙因善意取得而享有质权

B. 因未经乙的同意丙不能取得质权

C. 甲对电动车的毁损、灭失应向乙承担赔偿责任

D. 对电动车毁损、灭失，乙可向丙索赔

【答案】 ACD

【解析】 本题考查的是质权人以设定质权的方式无权处分质物的情形。甲将质物

出质于丙，若经乙同意，则为转质，丙继受取得质权；若未经乙同意，则为无权处分，符合善意取得条件的，丙善意、原始取得质权，故 A 项当选，B 项不选。

根据《物权法》第 214 条之规定，即"质权人在质权存续期间，未经出质人同意，擅自使用、处分质押财产，给出质人造成损害的，应当承担赔偿责任"，和《物权法》第215 条第 1 款之规定，即"质权人负有妥善保管质押财产的义务；因保管不善致使质押财产毁损、灭失的，应当承担赔偿责任"，在质权人甲未履行妥善保管义务的情况下电动车毁损，无论甲是否有过错，都应当向乙承担赔偿责任。此处，妥善保管、不使用质物实际上是质权合同的法定义务，故甲向乙承担相对的无过错责任，C 项当选。同时，作为所有权人，乙可以向造成毁损的责任人丙主张损害赔偿责任，此即侵权责任，故 D 项当选。

3. 甲公司以其机器设备为乙公司设立了质权。10 日后，丙公司向银行贷款 100 万元，甲公司将机器设备又抵押给银行，担保其中 40 万元贷款，但未办理抵押登记。同时，丙公司将自有房产抵押给银行，担保其余 60 万元贷款，办理了抵押登记。20 日后，甲将机器设备再抵押给丁公司，办理了抵押登记。丙公司届期不能清偿银行贷款。下列哪一表述是正确的？(2013 年)

A. 如银行主张全部债权，应先拍卖房产实现抵押权

B. 如银行主张全部债权，可选择拍卖房产或者机器设备实现抵押权

C. 乙公司的质权优先于银行对机器设备的抵押权

D. 丁公司对机器设备的抵押权优先于乙公司的质权

【答案】 C

【解析】 本题考查共同抵押、担保物权竞合和抵押权的实现，综合性比较强。《物权法》第 176 条规定，被担保的债权既有物的担保又有人的担保的，债务人不履行到期债务或者发生当事人约定的实现担保物权的情形，债权人应当按照约定实现债权；没有约定或者约定不明确，债务人自己提供物的担保的，债权人应当先就该物的担保实现债权；第三人提供物的担保的，债权人可以就物的担保实现债权，也可以要求保证人承担保证责任。提供担保的第三人承担担保责任后，有权向债务人追偿。此条规定自己物保先于第三人担保的适用前提是当事人对债权实现无约定，而本题中，明确约定了债务人自身物保和第三人物保的担保份额，应该适用该约定由债权人就该等份额分别向担保权人主张实现担保物权，故 AB 项均不选。

在同一物上存在数个相同或不同的担保物权时，根据《担保法解释》第 79 条第 1 款之规定，即"同一财产法定登记的抵押权与质权并存时，抵押权人优先于质权人受偿"，乙公司的质权应当优先于未进行登记的抵押权，故 C 项当选；至于 D 项是不是可以适用上述条款确定为正确，我们认为，机械设备并非须登记设立担保物权的物，在担保物权实现时还必须顾及现实性问题。这里，质权人的质权设立在先，设立质权无须登记，且实际占

有质物，为后续登记的抵押权而使先期设立的质权失去优先序位明显不符合法律正当性要求，故D项所述情形不应当适用上述第79条，不当选。

4. 根据《物权法》的规定，下列哪一类权利不能设定权利质权？（2009年）

A. 专利权

B. 应收账款债权

C. 可以转让的股权

D. 房屋所有权

【答案】 D

【解析】 尽管动产质权的标的在本质上也是一种权利——动产所有权，而不是物之本体，但其不属于《物权法》《担保法》中的权利质押，后者可谓之狭义的权利质权。根据《物权法》第223条之规定，即"债务人或者第三人有权处分的下列权利可以出质：（一）汇票、支票、本票；（二）债券、存款单；（三）仓单、提单；（四）可以转让的基金份额、股权；（五）可以转让的注册商标专用权、专利权、著作权等知识产权中的财产权；（六）应收账款；（七）法律、行政法规规定可以出质的其他财产权利"，可以质押的权利不包括房屋所有权。另，房屋为不动产，其因为无法实际交付以及持续产生使用收益的特征，只能设定抵押权，而不是质权，故本题D项当选，ABC项不选。

5. 甲对乙享有10万元的债权，甲将该债权向丙出质，借款5万元。下列哪一表述是错误的？（2012年）

A. 将债权出质的事实通知乙不是债权质权生效的要件

B. 如未将债权出质的事实通知乙，丙即不得向乙主张权利

C. 如将债权出质的事实通知了乙，即使乙向甲履行了债务，乙不得对丙主张债已消灭

D. 乙在得到债权出质的通知后，向甲还款3万元，因还有7万元的债权额作为担保，乙的部分履行行为对丙有效

【答案】 D

【解析】 本题考查的是债权出质。债权出质，应当适用债权转让的基本规则，因为两者都是对权利人对债权的处置。如债权转让自债权转让协议生效之时起发生法律效力，而不是在通知债权人之时，故A项不选；未通知债务人的，转让或质权设定的效力不及于债务人，故丙不得向乙主张权利，B项不选；同理，债权转让或出质通知到达债务人后，债务人还向原债权人履行债务，则不发生清偿的法律效果，质权人仍得向债务人主张质权，故C项不选，D项当选。

6. 甲公司为乙公司向银行贷款100万元提供保证，乙公司将其基于与丙公司签订的供货合同而对丙公司享有的100万元债权出质给甲公司作反担保。下列哪一表述是正确的？（2013年）

A. 如乙公司依约向银行清偿了贷款，甲公司的债权质权仍未消灭

B. 如甲公司、乙公司将出质债权转让给丁公司但未通知丙公司，则丁公司可向丙公司主张该债权

C. 甲公司在设立债权质权时可与乙公司约定，如乙公司届期不清偿银行贷款，则出质债权归甲公司所有

D. 如乙公司将债权出质的事实通知了丙公司，则丙公司可向甲公司主张其基于供货合同而对乙公司享有的抗辩

【答案】 D

【解析】 本题如上题一样，考查债权质押和债权转让。《物权法》第177条规定："有下列情形之一的，担保物权消灭：(一)主债权消灭……"本题中，甲公司质权的主债权是甲公司履行保证义务，向银行代偿乙公司本息债务人而对乙公司享有追偿权。在乙公司向银行清偿债务后，甲公司将不再对乙公司享有追偿权，债权质权消灭，故A项不选。《物权法》第221条规定，质权人在债务履行期届满前，不得与出质人约定债务人不履行到期债务时质押财产归债权人所有，此即"流质禁令"，C项违反该禁令，故不选。

在债权转让中，受让人作为新的债权人向债务人主张权利须在原债权人通知债务人之后，故B项不选。而且，债务人可以向新债权人主张对原债权人的抗辩权，质权也是如此，债务人可向质权人主张对债权人的抗辩权。这一点符合罗马法中"任何人不得处分大于自己权利的权利"的基本原则，在质权人因债务人的抗辩无法行使质权的情况下，其可以依质权合同向出质人(债务人)主张违约责任，故D项当选。

二、案例分析

1. 自然人甲向乙借款，将自己的摩托车质押给乙，且已实际交付。在质权人乙占有摩托车期间，乙未经甲同意擅自使用摩托车很长时间，并在一次驾车外出时不慎将车撞在树上导致摩托车彻底毁损。

(1)问此时，甲有权向乙提出什么样的请求？

(2)假设：在乙驾驶摩托车外出时，与丙的汽车碰撞，导致发生交通事故。交警部门认定丙对该起事故承担全部责任，乙不承担任何事故责任。质权人乙在甲要求其承担赔偿责任时，主张自己对交通事故不负事故责任，也不应当承担赔偿责任。问，乙的主张是否正确？

【解析】

(1)甲有权向乙提出的请求有：

第一，甲有权要求乙返还不当得利。根据《物权法》第215条之规定，即"质权人负有妥善保管质押财产的义务"，质权人乙无权在未经出质人同意的情况下使用质物，故使用质物所产生的收益为乙获得的不当得利，应当向出质人甲返还。所以，甲有权以乙擅自使用为由向乙要求返还不当得利。

第二,甲有权要求赔偿损失。根据《物权法》第214条之规定,即“质权人在质权存续期间,未经出质人同意,擅自使用、处分质押财产,给出质人造成损害的,应当承担赔偿责任”,本案中质物摩托车毁损,质权人乙应当向出质人甲承担赔偿责任。

(2)仔细分析一下《物权法》第214条的规定,就会发现,该条中“赔偿责任”实际来自《物权法》第215条中的“质权人负有妥善保管质押财产的义务”,即赔偿责任是未尽妥善保管义务,且导致质押财产有损失而产生的责任。而第215条中的妥善保管义务与其说是一项法定义务,不如说是《质权合同》的义务,因为当事人可以自行约定“何谓妥善保管”,甚至可以约定质权人可以使用质物。所以结论是,妥善保管义务是一项合同义务,只要质权人未尽该义务,如本案中擅自使用,即应当承担违约责任。而合同法上的违约责任是无过错责任,因此乙的主张不正确。

2. 自然人甲向乙借款1万元,无利息约定;丙将自己的一辆价值3万元的摩托车质押给乙用以担保其对甲的借款债权,乙、丙就此签订质权合同,且已交付了摩托车。质押合同约定,甲到期不还款,摩托车归乙所有。后,在债务人甲未履行到期债务的情况下,乙与丙协商将摩托车转让给第三人丁,变价2万元用于清偿甲对乙的债务。请根据以上事实,回答以下问题:

(1)乙、丙之间的“甲到期不还款,摩托车归乙所有”的约定是否有效?为什么?

(2)乙、丙协商将质物摩托车以2万元的价格变价处理给第三人丁,是否需要债务人甲的同意?为什么?2万元应当如何分配?

(3)出质人丙可以向债务人甲追偿1万元,还是2万元?如果是1万元,丙就摩托车的损失1万元由谁承担?

(4)债务到期后,出质人丙与质权人乙协商用摩托车抵偿甲对乙的债务,该约定是否有效?

(5)假设摩托车只变卖得5000元,债权人乙是否能够要求出质人丙另行支付5000元补足质物价款不足的部分?

【解析】

(1)无效,因为此项约定为“流押”条款,所以根据《物权法》第211条之规定,“质权人在债务履行期届满前,不得与出质人约定债务人不履行到期债务时质押财产归债权人所有”,该条款因为违反法律的效力性强制规定而无效。

(2)无须甲同意,因为这是所有权人丙和质权人乙共同处置质物的一种方式,与甲无关。2万元应当由质权人乙分得1万元,用于清偿甲对其的借款债务;剩余1万元返还给出质人丙。

(3)丙通过质物所清偿的甲的债务为1万元,故丙只能向甲追偿1万元。因为以较低的2万元变卖摩托车是经过丙同意的,故丙应自行承担摩托车的损失1万元。这也是法律规定流质条款无效、质物折价须经与出质人协议，而拍卖、变卖须以公开的方式（主要是通过人民法院的执行程序）进行的原因。如果是公开变价，导致丙以2万元价格出卖质物，该价格与实际价值之间的差价损失也应当由出质人承担，其不能向债务人追偿。

（4）有效，因为《物权法》对于流押条款的禁止性规定非常明确，即"质权人在债务履行期届满前"，质物到期，出质人和质权人之间的抵债约定不在禁止的期限范围之内，故当然有效。

（5）不能，在出质人并非债务人的情况下，因为出质人不是用自己的一般财产提供担保，而是用自己的特定财产提供质押担保，所以质物所得价款不足以清偿债务的，债权人不得要求出质人另行清偿。也就是说，质权人须承担质物价值下降的风险，这也是法律赋予质权人质物保全权利的原因。当然，在变卖只得5000元的情况下，出质人在以该款项承担担保责任后，也只能向债务人追偿5000元。

思考题

1. 质权合同是诺成性合同，还是实践性合同？
2. 在动产质押中，如何贯彻物权法"一物一权"原则？
3. 在保证金、封金和押金中，担保权人的质押标的有何不同？为什么？
4. 在质权人有损害质物之虞时，出质人能够如何对此进行救济？

阅读文献

1. 程啸：《担保物权研究》，中国人民大学出版社2017年版。
2. 梁慧星、陈华彬：《物权法》，法律出版社2016年版。
3. 胡开忠：《权利质权制度研究》，中国政法大学出版社2004年版。
4. 高圣平：《应收账款质权登记的法理——以〈应收账款质押登记办法〉的修改为中心》，载《当代法学》2015年第4期。
5. 孙淑云：《刍议不动产收益权质押》，载《法律科学》2003年第3期。

第五章 留 置 权

本章导语

留置权是法定担保物权。本章第一节主要阐述留置权的概念、特征以及其与相关权利的区别;第二节为留置权的设立,主要讲述留置权的成立条件;第三节为留置权的效力,主要包括留置权人的权利和义务;第四节为留置权的实现与消灭。

第一节 留置权概述

本节主要明确留置权的概念、特征,及其与相关权利的区别。

一、留置权的概念

所谓留置权是指债权人合法占有债务人的动产,在债务人逾期不履行债务时,有留置该动产,并就该动产优先受偿的权利。留置权滥觞于罗马法上的恶意抗辩及诈欺抗辩之拒绝给付权。

根据我国《担保法》第82条的规定,留置权是指债权人按照合同占有债务人的动产,债务人不按合同约定的期限履行债务的,债权人有权依照规定留置该财产,以该财产折价或者以拍卖、变卖该财产的价款优先受偿。

二、留置权的特点

1. 留置权是以动产为标的物的一种担保物权。留置权的作用在于担保而不在于用益,故为担保物权的一种;其标的在各国的立法上并不一致,在我国限于动产。

2. 留置权的标的物并不限于债务人所有的动产。我国《担保法》规定的仅仅是债务人的动产，但最高人民法院《担保法解释》第174条规定，对第三人的财产也得成立留置权。这是对立法的突破。

3. 留置权为由法律直接规定的担保物权。留置权与质权及抵押权不同，它不是由当事人约定产生的，而是由法律规定而直接产生的。只要符合法律规定的条件，留置权便不以当事人的意志为转移而当然发生，但当事人可用合同约定排除留置权的行使。

4. 留置权具备担保物权的一般性特征，如不可分性、物上代位性、从属性等。

三、留置权与类似权利的区别

（一）留置权与动产质权的区别

留置权与动产质权均是基于对动产标的物的占有而产生的担保物权，二者有许多相似之处，但其差异也是明显的：

1. 产生的依据不同。留置权是法定担保物权，依法律规定产生，无须当事人事先约定；而动产质权属意定担保物权，其产生以当事人的协议设定为依据。

2. 取得占有的原因不同。动产质权的标的物是因担保债权而移转给债权人占有；留置权中债权人占有债务人的财产通常乃履行合同本身所必需，而非专为设定担保，债务人届期不履行债务导致留置权的设立，该标的物才成为担保物。

3. 目的和功效不同。留置权的目的在于担保与留置物有牵连性或属于同一法律关系的特定债权获得清偿，纯属保全性担保物权，不具有金融媒介的功能；而质权所担保的债权，无须与担保物有任何关系，质权的设立除具有确保债权实现的功能外，还可具有融通资金的媒介作用。也正因如此，留置权的适用范围有一定的限制，而质权的适用则无硬性限制。

4. 标的物范围不同。留置权的标的物一般限于债务人本人的动产，且该动产与留置权人的债权之间须有牵连性或属于同一法律关系；而质权的标的物除可由债务人提供外，还可由第三人提供，且不要求与担保的主债权有牵连关系。

5. 实现条件不同。留置权实现分为留置和变价两个阶段，当合同约定的期限届满债务人仍未履行义务时，债权人可留置标的物，经催告债务人履行义务而债务人在一定期限内仍未履行的，债权人才可将留置物变价以受偿债权；而动产质权于债权已届清偿期而未受偿时即可实行，无须事先催告。

6. 消灭原因不同。留置权在债务人另行提供担保并被债权人接受的情况下，归于消灭，债权人不得继续留置标的物；而质权，则并不因债务人另行提供担保而当然消灭。

（二）留置权与同时履行抗辩权的区别

同时履行抗辩权，是指在未定先后履行顺序的双务合同中，一方当事人在他方未为对待履行以前，有权拒绝其向自己提出的先予履行要求的权利（参见《合同法》第66条）。同时履行抗辩权与留置权均基于公平的理念，二者的发生原因颇为相似，且也无妨同时存在。但对二者不可等同看待，其区别主要表现在：

1. 性质不同。留置权属担保物权，具有物权的支配性和担保物权的从属性、不可分性、物上代位性，并可用以对抗合同当事人以及合同以外的任何人；而同时履行抗辩权属双务合同的一种效力，为债权性权利，以拒绝相对人的请求为内容，且只能对合同的相对人主张。

2. 目的不同。留置权以担保债务履行为目的，在权利人留置标的物并催告债务人后，可依法对标的物变价并优先受偿；而同时履行抗辩权的发生和行使主要不在于担保债务履行，而在于谋求双方同时履行，以维护利益的公平，其只能消极地阻止对方的请求，并无积极实现自己的债权的功能。

3. 适用范围不同。留置权系法定担保物权，只适用于法律明确规定的特定债权；而同时履行抗辩权适用的合同债权的种类并无限定，只要是双务合同且事先未约定当事人双方履行合同的先后顺序，原则上均得发生该项抗辩权。例如，买卖合同中常发生同时履行抗辩权，但普通留置权在买卖合同中无从发生。

4. 标的不同。留置权所留置的标的限为动产，且该动产不属于权利人所有；而同时履行抗辩权中拒绝给付的标的，不限于物，还可以是金钱以及劳务等。在拒绝为物之给付时，该物通常属于行使抗辩权的一方当事人所有。

（三）留置权与抵销权的区别

抵销权，是指当事人双方互负到期债务，且其债务的标的物种类、品质相当的，相互主张不再交互履行而予以抵偿的权利。二者区别主要是：

1. 性质及目的不同。留置权系担保物权,其目的在于担保债务的履行;而抵销权在性质上为形成权,其行使的目的在于使当事人之间对立的债务于等额范围内归于消灭,以节约交互履行的成本。

2. 适用条件不同。留置权是在主债权基础上产生的担保权,其产生的过程中只存在一个合同关系;而抵销权则适用于当事人之间互有债权、互负债务的情形,存在两个或两个以上债的关系。

3. 标的物范围不同。留置权的标的物只能是动产;而抵销权可以为一切适于抵销的债权债务。

4. 效力不同。留置权具有物权的支配力与对抗力、优先力,而抵销权无此效力;但留置权并不能直接使双方的债权债务归于消灭,而抵销权则有使双方的债权债务在抵销的范围内确定地、终局地消灭的效力。

第二节 留置权的设立

本节主要明确留置权的成立要件。

一、留置权的成立条件

留置权与抵押权、质权虽同为担保物权,但抵押权及质权均得基于当事人的设定行为而取得。而留置权由其性质所决定,无从依设定行为取得,而依法律规定发生。既因法律规定发生,必应满足一定条件。留置权成立的要件依其性质可分为积极要件、消极条件。积极要件是指必须具备该要件留置才能成立的要件;而消极要件是指留置消极地所应具备的条件,即违反了这些条件,留置权就不能成立。

二、留置权成立的积极条件

1. 债权人已经合法占有债务人的动产。

(1)留置权的主体为债权人。留置权的成立,旨在担保债权的实现,故其主体须为债权人。至于留置权人应当为何种债的债权人,各国规定不一,根据我国《担保法》和《合同法》的规定,留置权的主体为保管合同、承揽合同、行纪合

同等中的债权人。我国《物权法》并不限制债的发生原因,任何人均可成为留置权的主体

(2)留置财产须为动产。依我国《物权法》第230条规定,债权人合法占有债务人的动产,债务人未履行到期债务的,债权人才有权留置该动产。不动产不适用留置。

(3)留置权的成立,以债权人合法占有债务人的动产为必要。对债务人的动产,只有债权人取得事实上的管领、控制或支配力时,才能成立留置权。留置权因占有而成立并存续,因占有消灭而消灭。占有的方式可以是直接占有,也可以是辅助占有和间接占有,但单纯的持有不是占有,不能成立留置权。例如,受雇的售货员对雇佣人店铺中的财物并不构成占有,而是持有,其不能于雇佣人的财产上成立留置权。当留置权将其占有的留置财产返还给债务人之后,应被视为抛弃留置权,不能再主张留置权。但是,如果留置权人非因自己的意志而脱离了留置财产的占有,留置权人仍可以主张返还留置财产。并且债权人留置的动产必须是债权人通过合法的方式占有的债务人的动产,否则不得行使留置权。

2. 债权人占有的动产与债权属于同一法律关系。留置权的成立,不仅要求债权人占有债务人的动产,而且还须债权的发生与该动产的占有有一定的关系。对此,我国《担保法》未置明文,学者间基于第84条第1款的规定归纳出,债权与占有的财产之间须存在牵连关系这一要件。《担保法解释》第109条规定:“债权人在债权已届清偿期,债权人对动产的占有与债权的发生有牵连关系,债权人可以留置其所占有的动产。”将这一要件定为明文。我国《物权法》第231条规定:“债权人留置的动产,应当与债权属于同一法律关系,但企业之间的留置的除外。”即企业之间留置的财产,可以不与债权属于同一法律关系,承认了商事留置权。[1]

3. 债权人不履行到期债务。留置权因债务人不履行债务而发生,如果债权清偿期尚未届满,债务人仍处于自觉履行合同的状态中,债务人到期能否清偿债务还无法判断,因而留置权不能成立。债权人占有债务人的财产,若其债权未届清偿期而允许发生留置权,势必等于强制债务人提前清偿债务。这不仅不能实现留置权担保债权受偿的目的,而且易于诱发债权人滥用权利。只有在债

---

〔1〕 胡康生:《中华人民共和国物权法释义》,法律出版社2007年版,第498~499页。

权清偿期已届满，债务人仍不履行其债务时，债权人才可以将其合法占有的属于债务人的动产留置，即债权已届清偿期是留置权产生的条件。强调期限届满为留置权的要件，旨在保护债务人利益，维系双方当事人的利益平衡。若债权尚未至清偿期，而债权人交付占有物的义务履行期已届满时，债权人仍须先将占有物交付于债务人。债权人故意拖延不还，以等债权的清偿期届满的，不能取得留置权。[2]《担保法解释》第112条规定："债权人的债权未届清偿期，其交付占有标的物的义务已届履行期的，不能行使留置权。但是，债权人能够证明债务人无支付能力的除外。"

留置权的成立，以债权已届清偿期为要件，而不以债务人的迟延履行为必要。但《担保法》第82条规定，债务人不按合同约定的履行期履行债务的，债权人才可以留置该财产。不按履行期履行，即提前履行和迟延履行，从事后的结果上才能评价，而提前履行显然不用留置，故只能是迟延履行。我国《物权法》为防止纠纷，明确留置权的成立要件为"债务人不履行到期债务"。

三、留置权成立的消极条件

通常情形下，具备上述各项要件时，留置权即成立，但虽具备了上述积极要件，却违反下列情形的，不得成立留置权。[3]

1. 留置债务人的动产违反公共秩序或善良风俗。国家、社会的安全与公益之维持及国民道德观念之尊重，应较保护债权人利益为要。因此，债权人留置债务人的动产如违反社会公共利益和社会公德，为一切民事活动应遵守的基本原则，留置权的成立亦不例外。实践中，如运输赈灾粮食的送者，不得以托运人未付运费而留置粮食。

2. 留置的动产与债务人交付动产前，或交付时所为的指示相抵触。债务人于动产交付前或交付之际，对于债权人已为指示的，债权人仍接受其动产，即应认为债权人已接受债务人的指示。此项指示，因实际上已构成合同的内容的一部分，故债权人自有遵守的义务。如当事人双方在合同中明确约定不得留置财产的，留置权依约定不得发生。我国《物权法》第232条规定，若当事人对不得留置的财产已有约定，则当然排除留置权的成立。

3. 留置债务人的动产违反债权人所承担的义务。《担保法解释》第111条

---

[2] 崔宝顺、冷春燕：《论留置权的成立条件》，载《律师世界》1999年第2期。

[3] 朱岩、高圣平、陈鑫：《中国物权法评注》，北京大学出版社2007年版，第749页。

规定:“债权人行使留置权与其承担的义务或合同的特殊约定相抵触的,人民法院不予支持。”这里的“债权人所承担的义务”,不是指应返还标的物给债务人,或者依债务人的指示而交给第三人的义务,而是指债权人占有动产时所负担的义务。法律允许留置权人占有他人的财产,是为了促使债务人履行债务,但是若留置权人在占有他人动产的同时,还负有交付该动产的义务,则债权人如留置所占有的动产,即与他所负担的义务本旨相违反。如承运人占有托运人交付的货物,其义务是依约定将承运的货物运送到目的地,承运人将货物运送到目的地后,对方不支付运输费用时,承运人得留置其占有的货物,但若承运人在开始运输前即留置其应当承运的货物,违反承运人运输货物至目的地的义务,在此情形下,承运人不得留置其应当装运的货物。

第三节　留置权的效力

本节主要明确留置权的效力。

一、留置权所担保的债权的范围

留置权为法定担保物权,因此,对于留置权所担保的债权范围,不得由当事人约定。按照物权法理论,并结合我国《物权法》第 173 条的规定,留置权担保的债权范围包括主债权及利息、违约金、损害赔偿金、留置物保管费用和实现留置权的费用。

二、留置权效力所及的标的物的范围

留置权效力所及的标的物范围,通说认为,应包括主物、从物、孳息物、添附物以及代位物。根据《物权法》第 233 条的规定,“留置的财产为可分物的,留置财产的价值应当相当于债务的金额”。可见,留置权的效力仅及于债权人留置的、价值相当于债务金额的财产,而不是及于债权人占有的全部动产。

三、留置权对留置物所有人的效力

留置物所有人又称为被留置人。在一般情况下,被留置人也就是留置物所

有人。但在债权人交付的物为第三人的动产,而留置权人依善意取得原则取得留置权时,被留置人与留置物的所有人就不一致。留置权对留置物所有人的效力,主要表现在:其一,留置物被债权人留置后,留置物所有人并不因此而丧失留置物的所有权。留置物所有人可以对留置物为法律上的处分,但其处分不能影响留置权的存在。其二,当债务履行期届满,债务人不履行债务达到一定期限时,留置权人有权依法实现留置权,并以留置物的变价优先受偿其债权。

四、留置权对留置权人的效力

留置权对留置权人的效力,表现为留置权人的权利和义务。

(一)留置权人的权利

1. 占有留置动产的权利。留置权是债权人占有债务人的动产、在债权未受清偿前、依法可以留置债务人动产的权利。因此,留置权人在其债权未受清偿前,有权扣留留置物,拒绝债务人的一切返还请求,这是留置权的基本效力。因为留置权以占有为成立条件,如果债权人放弃对债务人动产的占有时,留置权便无法成立和存续。

2. 收取留置财产孳息的权利。留置权人在其占有留置物期间,对于留置物的孳息有收取的权利。《物权法》第235条规定:"留置权人有权收取留置财产的孳息。前款规定的孳息应当先充抵收取孳息的费用。"因此,留置权人收取留置财产的孳息,并不能直接取得孳息的所有权,而只能以收取的孳息优先受清偿。一般而言,留置权人收取的孳息应当首先充抵收取费用,其次充抵利息,最后才充抵原债权。

3. 请求返还必要费用的权利。留置权人为保管留置物所支出的必要费用,是为物的所有人的利益而支出的,自应向物的所有人请求返还。所谓保管的必要费用,是指为留置物的保存及管理上所不可缺的费用,如养护费、维修费等。所支出的费用是否为必要,应依支出当时的客观标准而定,而不能以留置权人的主观认识为标准。

4. 就留置物的变价优先受偿的权利。依我国《物权法》第236条的规定,留置权人与债务人应当约定留置财产后的债务履行期限;没有约定或者约定不明确的,留置权人应当给债务人两个月以上履行债务的期限,但鲜活易腐等不易保管的动产除外。债务人逾期未履行的,留置权人可以与债务人协议以留置财产的变价优先受偿:留置权人的优先受偿权是除留置外的又一项基本权利,是留置权发生的第二次效力。

(二)留置权人的义务

1. 妥善保管留置物的义务。《物权法》第234条规定:"留置权人负有妥善保管留置财产的义务;因保管不善致使留置财产毁损、灭失的,应当承担赔偿责任。"留置权人占有留置物期间,除因不可抗力造成留置物毁损、灭失外,留置权人对留置物的毁损灭失均应负保管不善的赔偿责任。留置权人在占有留置物期间是否尽了必要的注意义务,其采取的措施是否得当,对留置物的损失是否有过错,应由留置权人负举证责任。

2. 不得擅自使用、出租或处分留置物的义务。留置权人负有不得擅自使用、利用留置物的义务。除为保管上的必要而为使用外,未经债务人同意的,留置权人不仅不得自己使用留置物,也不得将留置物出租或提供作为担保。留置权人未经留置物所有人同意而使用留置物或将留置物出租或者提供担保的,留置权人应对由此而造成的损害负赔偿责任。

3. 经债务人的请求行使留置权的义务。《物权法》第237条规定:"债务人可以请求留置权人在债务履行期届满后行使留置权;留置权人不行使的,债务人可以请求人民法院拍卖、变卖留置财产。"

4. 返还留置物的义务。在留置权所担保的债权消灭时,留置权人有义务将留置物返还于债务人。在债权虽未消灭,但债务人另行提供担保而使留置权消灭时,留置权人也有返还留置物的义务。

第四节 留置权的实现与消灭

本节主要明确留置权的实现和消灭方式。

一、留置权的实现

留置权的实现又叫留置权的实行,是指债权人享有的对留置物依法进行折价或拍卖、变卖,并以该变现价款优先受偿的权利。"该效力使留置权具有了担保物权最本质的特征。”[4]

（一）实现的条件

1. 留置权人须给予债务人履行债务的宽限期。当债务人不履行到期债务时，留置权人可以留置已经合法占有的债务人的财产，但并不能立即实现留置权，而必须经过一定的期间后才能实现留置权。这个“一定的期间”，被称为宽限期。法律设置宽限期，意在平衡债权人与债务人的利益，以求公平。“期限过长，不利于留置权人实现债权；期限过短，不利于债务人筹集资金，履行义务。”[5]根据我国《物权法》的相关规定，宽限期分为约定宽限期和法定宽限期两种。所谓约定宽限期，是指债权人在留置财产后，与债务人自由协商的一定的债务履行期限。该期限的长短由当事人双方商定。[6] 在约定宽限期的情形下，留置权人不负通知债务人于宽限期内履行债务的义务。所谓法定宽限期，是指留置权人与债务人就债务履行期限没有约定或约定不明确的，留置权人可以自行确定宽限期限，但该期限至少应为 2 个月以上。当然，鲜活易腐等不易保管的动产例如海鲜、水果、蔬菜等不受“2 个月以上”的限制。在法定宽限期的情形下，留置权人负有通知债务人于宽限期内履行债务的义务。留置权人未为此通知的，不得实行留置权。

2. 债务人在宽限期内仍不履行债务且不能另行提供担保。债务人在宽限期内履行了债务或另行提供了担保的，便会导致留置权的消灭，债权人自然不能实现留置权。但是，如果债务人在宽限期内仍不履行债务，又不能另行提供担保的，债权人便可以依照法律规定实现留置权。

（二）实现的方式

留置权实现的方式主要有折价或拍卖、变卖三种。

1. 以留置物折价，是指债权人与债务人约定债权人取得留置物的所有权，以抵销债务人的债务的行为，性质上是代物清偿，即是以移转留置物的所有权以替代债务的清偿。而以折价的方式实现留置权，应注意下面几个问题：第一，

---

〔4〕 孙鹏、王勤劳、范雪飞：《担保物权法原理》，中国人民大学出版社 2009 年版，第 365 页。

〔5〕 全国人大常委会法制工作委员会民法室编：《中华人民共和国物权法条文说明、立法理由及相关规定》，北京大学出版社 2007 年版，第 419 页。

〔6〕 尽管我国有学者认为该约定不得少于法定期限（该观点参见申卫星：《物权法原理》，中国人民大学出版社 2008 年版，第 401 页）。

须是债务人与债权人就移转留置物的所有权以替代债务的清偿达成意思一致；第二，合同是以清偿债务为目的，转移留置物的所有权是为了清偿债务；第三，尊重其他权利人的权利，如在债务人不是留置物的所有人时，折价的行使应获得所有人的同意或者授权，而如果留置物上还有其他的担保物权，如抵押权，则折价应依据《物权法》和其他法律无损于其他担保物权的利益。

2. 依法拍卖留置物，是指依据法律规定，按照法定的拍卖程序，以拍卖所得价金清偿债权的方法，这是留置权人变价留置物取得债务清偿的主要方法。因拍卖的性质不同，拍卖留置物可以分为一般拍卖和强制拍卖。依据《拍卖法》规定，在债务人不履行债务时，债务人可以和留置权人共同委托拍卖留置物，债权人可以就留置物的拍卖所获得的价金优先受偿，如果债权人无法就留置物的拍卖与债务人达成一致意见，则可以向人民法院起诉，请求人民法院拍卖留置物。就强制拍卖而取得的价金，法院在扣除相关费用之后，以留置物担保的债权为限，支付给债权人，超出部分归还债务人。

3. 依法变卖留置物，是指债权人与债务人达成协议，约定将留置物转让给第三人，以获得价金，债权人对价金优先受偿。由于拍卖手续复杂，费用较高，而双方当事人又不愿意以折价的方式清偿，则可以将留置物的所有权转移给第三人，以获得的价金来进行优先受偿留置物担保的债权。

二、留置权的消灭

留置权的消灭，是指因为一定法律事实的发生而使留置权的效力终止。作为担保物权的一种，担保物权乃至物权消灭的一般原因自然也同样适用于留置权，如主债权受偿、担保物权实行、标的物的灭失、权利的抛弃等。除此之外，留置权还有一些特有的消灭原因，主要有：

（一）债务人另行提供新的担保

留置权在成立后实现前，留置权人与债务人均无法使用留置物，这妨碍了物的效用和使用价值的发挥。既然留置权的目的在于确保债权人的债权受偿，那么如果债务人为其债务的清偿提供了另外相当的担保时，即债权人的债权另外获得了受偿的保护，已没有了不能受偿的危险，留置权就没有继续存在的理由，其理应由该担保所替代，留置权因此理应消灭。债务人另行提供的担保可以是其他担保物权，如抵押权、质权，也可以是保证。但无论债务人另行提供的是哪一种担保，都必须能够为债权人所接受。如果债权人不接受新担保的，留置权不消灭。当然，留置权人无正当理由也不得拒绝接受债务人另行提供的担保。

（二）留置权人丧失对留置物的占有

留置权人合法占有债务人的财产，是留置权得以存在的前提和要件，如果债权人丧失了对债务人财产的占有，则法律创设留置权的基础已经失去，留置权自然无法存在。留置权人丧失对留置物占有的情况包括两种：一种是出于留置权人自己的意思，如将留置物返还债务人，留置权自然消灭；另一种情况是非出于留置权人自己的意思而丧失占有，如占有财产被侵夺等，也会导致留置权的消灭。但是，如果留置权人能依占有的保护规定请求返还原物时，留置权人还可以重新获得留置权。

司法考试试题

一、选择题

1. 辽东公司欠辽西公司货款200万元，辽西公司与辽中公司签订了一份价款为150万元的电脑买卖合同，合同签订后，辽中公司指示辽西公司将该合同项下的电脑交付给辽东公司。因辽东公司届期未清偿所欠货款，故辽西公司将该批电脑扣留。关于辽西公司的行为，下列哪一选项是正确的？（2010年）

A. 属于行使抵押权

B. 属于行使动产质权

C. 属于行使留置权

D. 属于自助行为

【答案】 C

【解析】 《物权法》第230条规定，债务人不履行到期债务，债权人可以留置已经合法占有的债务人的动产，并有权就该动产优先受偿。前款规定的债权人为留置权人，占有的动产为留置财产。第231条规定，债权人留置的动产，应当与债权属于同一法律关系，但企业之间留置的除外。法律对企业之间的留置规定较为宽松，不要求留置的动产和债权属于同一法律关系，因此本题应选C。双方没有对担保达成合意，所以AB排除。本题属于留置权行使行为，D可以排除。

2. 方某将一行李遗忘在出租车上,立即发布寻物启事,言明愿以 2000 元现金酬谢返还行李者。出租车司机李某发现该行李及获悉寻物启事后即与方某联系。现方某拒绝支付 2000 元给李某。下列哪一表述是正确的?(2013 年)

A. 方某享有所有物返还请求权,李某有义务返还该行李,故方某可不支付 2000 元酬金

B. 如果方某不支付 2000 元酬金,李某可行使留置权拒绝返还该行李

C. 如果方某未曾发布寻物启事,则其可不支付任何报酬或费用

D. 既然方某发布了寻物启事,则其必须支付酬金

【答案】 D

【解析】 遗失人在遗失后,如果没有发布悬赏广告,此时,拾得人应当返还,如果拾得人为寻找失主指出了必要费用,构成无因管理,遗失人应当向拾得人支付必要费用,故 C 项错误。在发布悬赏广告后,则在悬赏的遗失人和拾得人之间形成的债的关系,但不管理解为单方允诺之债,还是理解为合同之债,当拾得人将遗失物送还之时,遗失人均应当按照悬赏的内容来履行,故 A 项错误,D 项正确。《物权法》第 230 条规定:"债务人不履行到期债务,债权人可以留置已经合法占有的债务人的动产,并有权就该动产优先受偿。"据此,要构成留置权,则必须是合法占有债务人财产,拾得人拾得遗失物,其占有为无权占有,没有正当理由,因此,不是合法占有,故不能行使留置权,故 B 项错误。

3. 下列哪些情形下权利人可以行使留置权?(2015 年)

A. 张某为王某送货,约定货物送到后一周内支付运费。张某在货物运到后立刻要求王某支付运费被拒绝,张某可留置部分货物

B. 刘某把房屋租给方某,方某退租搬离时尚有部分租金未付,刘某可留置方某部分家具

C. 何某将丁某的行李存放在火车站小件寄存处,后丁某取行李时认为寄存费过高而拒绝支付,寄存处可留置该行李

D. 甲公司加工乙公司的机器零件,约定先付费后加工。付费和加工均已完成,但乙公司尚欠甲公司借款,甲公司可留置机器零件

【答案】 CD

【解析】 《物权法》第 230 条规定,债务人不履行到期债务,债权人可以留置已经合法占有的债务人的动产,并有权就该动产优先受偿。前款规定的债权人为留置权人,占有的动产为留置财产。第 231 条规定,债权人留置的动产,应当与债权属于同一法律关系,但企业之间留置的除外。根据上述规定,A 项中,张某的运费不是到期债务,王某拒绝提前履行后,张某不得留置货物。因此 A 项错误。B 项中,刘某租房给方某,此时刘某并未合法占有方某的家具,且方某的家具与租金并不属于同一法律关系,因此 B 项错误。C 项中寄存处合法寄存丁某的行李,丁某拒绝支付寄存费时,寄存处可留置该行李,因此 C 项正确。D 项中甲乙公司属于企业,留置动产可不要求与债权属于同一法律关系,因此 D 项正确。

4. 顺风电器租赁公司将一台电脑出租给张某，租期为2年。在租赁期间内，张某谎称电脑是自己的，分别以市价与甲、乙、丙签订了三份电脑买卖合同并收取了三份价款，但张某把电脑实际交付给了乙。后乙的这台电脑被李某拾得，因暂时找不到失主，李某将电脑出租给王某获得很高收益。王某租用该电脑时出了故障，遂将电脑交给康成电脑维修公司维修。王某和李某就维修费的承担发生争执。康成公司因未收到修理费而将电脑留置，并告知王某如7天内不交费，将变卖电脑抵债。李某听闻后，于当日潜入康成公司偷回电脑。

关于康成公司的民事权利，下列说法正确的有哪几项？（2015年）

A. 王某在7日内未交费，康成公司可变卖电脑并自己买下电脑

B. 康成公司曾享有留置权，但当电脑被偷走后，丧失留置权

C. 康成公司可请求李某返还电脑

D. 康成公司可请求李某支付电脑维修费

【答案】 BC

【解析】 《物权法》第236条第1款规定，留置权人与债务人应当约定留置财产后的债务履行期间；没有约定或者约定不明确的，留置权人应当给债务人两个月以上履行债务的期间，但鲜活易腐等不易保管的动产除外。债务人逾期未履行的，留置权人可以与债务人协议以留置财产折价，也可以就拍卖、变卖留置财产所得的价款优先受偿。由于康成公司仅仅通知王某，而未与王某达成一致，因此“7天”不应作为王某的履行期限，康成公司作为留置权人应当给王某两个月以上履行债务的期间，因此A项错误。第240条规定，留置权人对留置财产丧失占有或者留置权人接受债务人另行提供担保的，留置权消灭。据此规定，康成公司在电脑被李某偷走后，丧失留置权，因此B项正确。李某非法窃取康成公司的留置物，属于侵权行为，康成公司可请求李某返还电脑，因此C项正确。由于李某并未与康成公司有维修债务纠纷，因此康成公司不得请求李某支付电脑维修费，故D项错误。

二、案例分析

甲钢铁厂向乙电机厂订购了一台DQ－338型电机，双方约定：由乙方办理托运，交某铁路分局承运，运费由乙方先行支付，待甲方收到电机支付货款时一并结清。乙电机厂按合同约定将电机交某铁路分局承运，但一直未付运费。后甲钢铁厂又将一批进口的铁矿砂交某铁路分局承运。在甲方运输车队去取该批货物时，某铁路分局扣住不给，要甲方付清运费再运走。押运员向某铁路分局管理员出示了运费付讫的单据，管理员说，不是这笔钱，上次托运电机，货已经拿走好几个月了，运费到现在还未付清，我们要行使留置权。

1. 本案涉及几种民事法律关系？

2. 在货运合同中，托运人不履行债务，承运人能否行使留置权？

3. 在本案中，某铁路分局能否行使留置权？

4. 本案电机运费的支付人是谁?

【解析】

1. 本案中存在的法律关系有:甲钢铁厂与乙电机厂之间的电机买卖或承揽合同关系、乙电机厂与某铁路分局之间的电机运输合同关系以及甲钢铁厂与某铁路分局之间的铁矿砂运输合同。

2. 在货运合同中,托运人不履行债务,承运人可以行使留置权。《担保法》第 84 条和《合同法》第 315 条对此均有明确规定。

3. 本案中某铁路分局不能行使留置权。因为留置权成立,须以留置财产与债权有牵连关系为要件,本案中铁矿砂是铁矿砂运输合同的标的物,属另外一个法律关系,与电机运输合同无牵连关系。

4. 电机运费的支付人应是乙电机厂。因为甲钢铁厂与乙电机厂已经约定由电机厂负责托运,因此在电机运输合同中,电机厂是托运人,是运输合同当事人;甲钢铁厂只享有收货的权利,并不负担支付运费的义务。

思考题

1. 对留置权是否适用善意取得制度?
2. 如何理解"留置权的同一法律关系"?

阅读文献

1. 熊丙万:《论商事留置权》,载《法学家》2011 年第 8 期。
2. 尹田:《留置权若干问题研究》,载《中国政法大学学报》2013 年第 9 期。
3. 常鹏翱:《留置权善意取得的解释论》,载《法商研究》2014 年第 11 期。
4. 孙毅:《论商事留置权的特性与规则》,载《苏州大学学报》2012 年第 10 期。

第六章 定　　金

本章导语

定金作为债的一种重要的担保方式，是指当事人一方为保证债务的履行，预先支付给对方一定数额的金钱。本章第一节主要阐述定金的概念、特征以及种类；第二节为定金的设立，主要讲述定金合同及其内容；第三节为定金的效力，主要包括证约的效力、预先给付的效力、担保的效力等。

第一节　定金概述

本节明确定金的概念、特征和种类。

一、定金的概念和特征

（一）定金的概念

定金是指合同当事人一方以保证债务履行为目的，于合同成立时或未履行前，预先给付对方一定数额金钱的担保方式。所以，定金既指债的担保方式，也指作为担保方式而预先给付的金钱。《民法通则》第89条第3项规定："当事人一方在法律规定的范围内可以向对方给付定金。债务人履行债务后，定金应当抵作价款或者收回。给付定金的一方不履行债务的，无权要求返还定金；接受定金的一方不履行债务时，应当双倍返还定金。"另外《担保法》《担保法解释》以及《合同法》也规定了定金相关内容。

(二)定金的特征

定金作为一种债权担保方式,与其他债权担保方式相比,具有以下特征:

1. 定金担保的效果较弱。定金是订立合同时一方向另一方支付一定数额的金钱来担保合同的履行,故定金为金钱担保。定金和其他形式的担保相比,其担保功能比较弱,只具有象征意义。当事人一方违约,对方并不能从定金中获得充分清偿,只产生双倍返还定金的请求权或实际获得对方交付的定金的后果;违约者也只承担定金损失或双倍返还对方交付定金的义务。实际造成的损失则无法获得有效的补偿。

2. 定金担保的适用范围狭窄。定金是合同之债特有的担保方式。合同当事人一方在订立合同时向对方支付,故法定之债无法适用定金。定金的目的仅为担保合同的履行而设定,定金合同是主合同的从合同,于定金交付时生效。

3. 定金担保的效力仅限于当事人。首先,定金担保的设定人和定金的接收人均为当事人,而其他担保方式中设定人也可以是第三人,如保证人、抵押人、质押人。其次,定金是主合同双方互为担保。其他担保方式以保障债权受偿为目的,具有单向性;而定金的作用则在于督促双方当事人自觉履行合同,任何一方不履行合同都适用定金罚则。

二、定金的种类

定金作为一种法定担保方式,依其不同的交易目的,可分为以下几类:

(一)证约定金

所谓证约定金,是指为了证明合同之成立而交付的定金。这也就是说,双方当事人在订立合同时,为了担保债务的履行及防止毁约的情况,约定一方给付定金,故定金是证明合同订立的证据。

(二)成约定金

所谓成约定金,又称为"手金",[1]是指作为合同成立之要件而交付的定金。这就是说,以定金是否交付的事实作为合同成立的要件,交付了定金,合同

---

〔1〕 郑玉波:《民法债权总论》,中国政法大学出版社2004年版,第312页。

即成立，并发生法律效力；反之，合同不成立，当然也就不发生法律效力。所以，当事人订立合同时应当约定，是否以定金的实际交付作为合同生效要件。

（三）解约定金

所谓解约定金，是指作为保留解除权的代价而支付的定金。也就是说，为了保留解除合同的权利，交付定金方的当事人以丧失定金为代价而解除所订合同，收取定金方的当事人即可以双倍返还定金的代价而解除其合同。设定解约定金的实质，就在于给双方当事人在丧失或双倍返还定金情形下单方解除合同的权利。

（四）违约定金

所谓违约定金，又称反悔定金，[2]是指合同不能履行时，没收或者双倍返还的定金。在合同不能履行时，根据过错原则和定金罚原则，若支付定金方当事人的过错，收取方则没收该定金；反之，若收取定金方当事人的过错，则应加倍返还定金给支付方。此刻其与违约金的功能有相似之处，所以叫作违约定金。《合同法》第115条规定了定金罚则。

（五）立约定金

立约定金，是指为了保证合同的订立而预先支付的定金。也就是说，当事人为了表明订立合同的诚意及保证合同顺利地进行，在合同订立前言明交付的定金，如交付方无故拒绝订立合同，则丧失定金。

第二节　定金的设立

本节明确定金设立的形式、内容。

一、定金的标的物

定金的标的物即定金合同的客体。关于定金的标的物范围，除金钱外，代

[2] 黄立：《民法债编总论》，中国政法大学出版社2002年版，第505页。

替物、不代替物是否包括在内，理论上争议较大。我们认为，除金钱外，无论何种类型的定金，其标的物都可以为其他代替物。这是因为，在市场交易中，代替物与金钱的作用是基本相同的，以代替物或金钱作为定金合同的标的物，二者并无区别，这也是金钱在特定化后可以作为动产质权客体的原因。同时，以代替物作为定金合同的标的物，并不会与动产质权发生混淆。因为在动产质权中，质权人对质押财产并不享有使用权、处分权，而只有占有权。而以其他代替物作为定金标的物的，定金收受人对该代替物不仅享有占有权，而且享有使用权、处分权。在实践中，以代替物作为定金合同的标的物，有利于满足当事人的利益需求。例如，在交付定金的一方缺乏资金的情况下，就可以交付一定的代替物作为定金。当然，由于定金有最高限额的限制，因此以代替物作为定金合同的标的物的，应当将该代替物折算成一定数量的金钱。

不代替物不宜作为定金的标的物。一方面，就立约定金、违约定金、解约定金而言，因有定金罚则的适用，不代替物没有双倍返还的可能性。另一方面，就成约定金而言，因不适用定金罚则，故以不代替物作为成约定金的标的物似无不可。但是，以不代替物作为成约定金的标的物，会发生无法解决的问题。即如果不代替物不转移所有权，则与动产质权无法区分；如果不代替物转移所有权，又会与让与担保发生混淆。因此，不代替物不宜作为定金的客体。[3]

二、定金合同

定金合同是当事人双方约定定金条款的合同。定金合同作为一种合同，其订立程序、成立要件以及生效要件等应遵守合同法的一般规定。这里只就定金合同的几个特殊问题作出阐述。

（一）定金合同的当事人

定金是由当事人一方向对方交付的金钱，因此，定金合同的双方当事人为给付定金的一方和收受定金的一方。但是，由于定金的种类不同，定金合同的双方当事人的身份地位也不一样。例如，在立约定金和成约定金中，定金合同的双方当事人应为立约人或订约人；在违约定金、解约定金中，定金合同的双方当事人应为债务人和债权人。

〔3〕 郭明瑞、房绍坤、张平华：《担保法》，中国政法大学出版社2011年版，第186页。

在定金合同,主合同之外的第三人不能作为当事人。无论何种类型的定金,定金合同的当事人只能是主合同的双方当事人,而不能是主合同当事人之外的第三人。这就是说,定金担保不能是由主合同当事人之外的第三人提供。但是,若当事人约定定金担保,第三人代应交付定金的一方交付定金的,可成立定金担保。

(二)定金合同的形式

关于定金合同的形式,《担保法》第90条规定:"定金应当以书面形式约定。"那么,定金合同是否为要式合同呢?对此,理论上有不同的看法。一种观点认为,定金合同为要式合同,定金的成立必须有书面定金合同。[4] 另一种观点认为,定金合同不为要式合同,虽然定金合同应当采用书面形式,但当事人未以书面形式而以口头形式或其他方式约定定金的,只要当事人能够举证且无相反证明,亦应认定定金合同有效成立。[5] 笔者看来,后一观点较为合理,其理由在于:一方面,定金合同属于实践合同,以定金的交付作为合同的成立条件,因而合同的形式不应影响到合同的成立。另一方面,定金合同没有采取要式合同的必要,因为定金合同只涉及合同当事人的利益,与国家利益、社会利益、第三人利益无关,法律没有必要将其规定为要式合同。因此,我们认为,如果当事人双方仅有口头约定而未交付定金时,则不能认定双方的口头约定的有效。但是,若当事人虽为口头约定,但实际交付了定金,则定金合同仍应为有效。

定金合同的表现形式主要有三种:(1)独立于主合同之外的另一合同,即在主合同之外单独订立定金合同;(2)在主合同中附加的约款,即在主合同中约定定金的条款;(3)当事人以函电等方式约定的定金合同。

(三)定金合同的内容

一般来说,定金合同中主要包括以下内容:

1. 定金的交付期限

《担保法》第90条规定:"……当事人在定金合同中应当约定交付定金的期限……"由于定金的种类不同,其交付期限也存在差别,因此定金合同中应当根据定金的类型约定定金的交付期限。

---

〔4〕 崔建远主编:《合同法》,法律出版社2003年版,第158页。

〔5〕 孔祥俊主编:《担保法例解与适用》,人民法院出版社1996年版,第581页。

2. 定金的数额

定金的数额由当事人自由约定，但为防止当事人之间的利益失衡，《担保法》第91条中规定，定金的数额“不得超过主合同标的额的百分之二十”。如果当事人约定的定金数额超过主合同标的额的20%，其超过部分为无效。这里所谓的无效，是指该部分不能发生定金的效力。《担保法》关于定金数额的限制性规定是针对违约定金而言。其他种类的定金不适用这一限制性规定。立约定金的作用在于担保合同的订立，与合同债权的实现没有直接关系。成约定金的作用在于担保合同的成立或生效，不适用定金罚则。解约定金是自由解约权的代价，有定金罚则的适用，与违约定金的旨趣相同，因此，解约定金的数额应适用《担保法》的限制性规定。

3. 定金的担保性质

当事人应当在合同中对定金的性质作出约定，这种约定有两种方式：一是注明当事人所交付的款项为定金；二是明确约定定金罚则的适用（成约定金不能采用这种方式）。如果当事人在合同中未注明为定金，又没有明确约定适用定金罚则，而仅写明一方应交付一定款项，或者写为“订金”，则一般不能认定其约定为定金。对此，《担保法解释》第118条规定：“当事人交付留置金、担保金、保证金、订约金、押金或者订金等，但没有约定定金性质的，当事人主张定金权利的，人民法院不予支持。”

4. 定金的类型

当事人在合同中对定金的性质作出约定时，应当同时明确定金的类型。当然，如果定金合同中没有对定金的类型作出约定，则应当按照法定定金即违约定金予以解释。

三、定金的交付

《担保法解释》第119条规定：“实际交付的定金数额多于或者少于约定数额，视为变更定金合同；收受定金一方提出异议并拒绝接受定金的，定金合同不生效。”定金具有要物性，只有交付定金，定金合同才能成立。但是，在实践中往往会出现交付定金的一方未按约定的时间、数额交付定金。如果交付定金方未按合同规定的时间交付但却是在合同履行前交付的，应认定为双方已就定金的交付时间协议变更，其后一方违约时，仍应适用定金罚则；若应交付定金的一方是在合同开始履行后才向对方交付的，则该款项不能认定为定金，对双方都不能适用定金罚则;若交付定金的一方未按约定的数额交付定金,而收受定金的一方又接受的,则应当认定为双方就定金的数额协议变更,其后任何一方不履行债务的,均应按变更后的定金数额适用定金罚则。

由于定金合同为实践合同,没有定金的交付,定金合同不成立生效。因此,实际交付的定金数额多于或少于约定数额,并不是"视为变更定金合同"。如果说是变更合同,也只能是变更了定金预约合同。实际交付的定金数额多于或者少于约定数额,以实际交付的数额成立定金合同。[6]

定金于实际交付后,定金的所有权已经发生转移。一方面,如果定金的客体为金钱,则基于"货币属于其占有者"的法谚,取得货币的占有即取得货币的所有权。因此,在定金交付后,给付定金方因丧失占有而丧失所有权,收受定金方因取得占有而取得所有权。如果认为定金交付后不发生所有权的转移,则该定金即须特定化,收受定金方不能为任何处分,此时应成立金钱质权,而不是成立定金担保。另一方面,如果定金的客体为代替物,在该代替物交付时,所有权亦发生转移。这是因为既然是代替物,则完全可以同类物代替,而这就意味着收受定金方有权对该代替物任意为法律上的处分或事实上的处分,这就表明了收受定金方对该代替物享有所有权。若代替物的所有权不发生转移,则该代替物须特定化,收受定金方不能为任何处分,此时则成立动产质权,而不是定金担保。

第三节　定金的效力

定金的效力,亦即定金所发生的法律后果。各类不同的定金具有不同的效力,但同时也具有一些共同的效力,主要包括证约的效力、预先给付的效力、担保的效力等。

一、定金的证约效力

定金的证约效力是指定金具有证明主合同存在的效力。这是因为,定金是

---

〔6〕 房绍坤:《担保法司法解释评析》,载王利明主编:《民商法前沿论坛》(第2辑),人民法院出版社2004年版,第197页。

为担保合同而设定的,具有从属性。没有主合同,当事人之间就不会发生交付和收受定金的事实;反之,当事人之间交付和收受定金的事实,也就证明当事人之间存在合同关系。当然,定金的种类不同,其证约效力的强弱也有所不同。例如,在立约定金中,当事人支付和收受定金的,视为成立本合同之预约合同。在合同订立后,立约定金没有返还的,也具有证明主合同存在的效力。在成约定金中,当事人交付和收受成约定金,促使主合同成立或生效的事实,就足以证明当事人之间存在主合同关系。在解约定金和违约定金中,支付和收受定金的事实,亦可以证明当事人之间存在主合同关系。

二、定金的预先给付效力

定金的预先给付效力是指在债务人履行债务后,定金可以抵作价款。我国《担保法》第 89 条中规定:“债务人履行债务后,定金应当抵作价款或者收回。”所谓抵作价款,是指交付定金方从依主合同应给付的价款数额中扣除已交付的定金额而给付其余额;所谓收回,是指交付定金方于给付主合同规定的全部价金后,由收受定金方将所收定金原额返还。无论是定金抵作价款还是收回时,均不发生交付定金的利息计算。至于定金是抵作价款还是收回,取决于当事人的约定。如果当事人没有约定的,应由交付定金方决定。即交付定金方同意抵作价款的,则应抵作价款;不同意抵作价款的,则应当收回。

我国《担保法》第 89 条的规定主要是针对违约定金而言,但立约定金、成约定金、解约定金也可以参照适用。例如,在立约定金中,当事人订立主合同的,定金的目的既已达到,定金即应返还。当事人也可以约定在主合同订立后,立约定金不予返还而在主合同履行完毕后,抵作价款。在成约定金中,在当事人支付定金使主合同成立或生效后,成约定金的目的即已经实现,合同履行完毕后,成约定金可以返还,也可以抵作价款。在解约定金中,只要当事人没有解除合同并已开始履行合同,定金的目的即为实现。因此,解约定金可以返还,也可以抵作价款。

三、定金的担保效力

定金的担保效力是指通过定金罚则等措施保障当事人获得合同债权并实现。定金的种类不同,其担保效力的表现也有所不同。

（一）立约定金的担保效力

立约定金的担保效力体现为定金罚则，即给付立约定金方拒绝订立主合同的，丧失定金；收受立约定金方拒绝订立主合同的，应当双倍返还定金。可见，立约定金是保留拒绝订约权的代价，即当事人可以通过牺牲定金利益而拒绝订约。通说认为，在立约定金中，无论是交付定金方还是接受定金方，均享有拒绝订约权。交付定金方可以抛弃定金为代价而拒绝订约，接受定金方可以双倍返还定金为代价而拒绝定金。《担保法解释》第115条亦规定了立约定金中的双方当事人均享有拒绝订约权。立约定金正是通过赋予当事人保留拒绝订约权，从而使其获取了交易上的利益并避免损失。因此，立约定金又称为犹豫定约权，从而使其获取了交易上的利益并避免损失。[7] 犹豫应当有期限的限制，即当事人有约定期限的，应当在约定期限内决定是否订约；没有约定期限的，应当在合理期限内决定是否订约。[8]

关于立约定金罚则的适用，还有以下三个问题需要明确：

一是立约定金罚则适用的前提是给付或收受定金的当事人拒绝订立主合同的情形，拒绝订立合同的原因、主合同的效力、当事人是否违反主合同则在所不问。只要当事人订立了合同，立约定金的目的既已达到，定金罚则不能再适用。即使所订立的合同无效或被撤销，定金罚则也无适用的余地。

二是当事人一方拒绝订立合同而适用立约定金罚则后，对方无论有无损害或损害多少，均以定金额为损害赔偿额。因此，立约定金具有预定损害赔偿的性质。

三是合同成立后，立约定金的目的即已达到，定金即失去效力。在此情况下，立约定金可依当事人的约定作两种处理：一是抵作价款或返还，二是转化为解约定金或违约定金。

（二）成约定金的担保效力

成约定金的担保效力并不体现为定金罚则，而主要体现在以下两个方面：

第一，成约定金担保主合同的成立或生效，即主合同以交付定金作为成立或生效条件。但成约定金作为主合同的成立或生效条件，属于必要条件而非充

---

〔7〕 孙森淼：《民法债编总论》（下册），法律出版社2006年版，第593页。

〔8〕 郭明瑞、房绍坤、张平华：《担保法》，中国政法大学出版社2011年版，第193页。

分必要条件。也就是说,没有成约定金的交付,主合同不能成立或生效,但成约定金的交付并不一定意味着主合同一定成立或生效。这是因为,主合同成立须当事人就主合同的主要条款达成一致,主合同的生效须符合法律规定的生效条件。同时,尽管成约定金是主合同的成立或生效条件,但如果主合同已经履行或者已经履行主要部分的,则主合同成立或者生效。这是因为,在这种情况下,应视为当事人双方以履行行为改变了合同成立或生效条件的约定。

第二,在交付成约定金使主合同成立或生效后,成约定金的担保效力并未终结,而是通过其他途径得以实现。对此,有学者认为,在当事人交付成约定金,主合同成立并生效后,成约定金继续发挥担保作用。在当事人违反合同义务时,成约定金与违约定金的作用相同,用来对违约的一方进行处罚。[9] 按照这种观点,在当事人交付成约定金使主合同成立或生效后,成约定金就转化为违约定金。但我们认为,此种观点不妥。因为成约定金的目的在于使主合同成立或生效,并不担保合同的履行,故即使当事人违约,成约定金也不适用定金罚则。当然,如果当事人约定成约定金在主合同成立或生效后转为违约定金的,则该约定有效。我们认为,在主合同成立或生效后,成约定金的担保效力是通过将成约定金视为损害赔偿担保金的形式实现的。也就是说,如果在合同履行过程中,收受定金的当事人受有损害的,可以就成约定金求偿。如果成约定金不足以弥补损失,则受害人还有权要求赔偿;如果成约定金弥补受害人的损失后还有剩余的,收受定金的一方应将余额返还给支付定金的一方。可见,成约定金并不具有惩罚性,也不具有预定损害赔偿的性质。[10]

(三)解约定金的担保效力

解约定金的担保效力体现为定金罚则,即给付解约定金的一方解除主合同的,丧失定金;收受解约定金的一方解除合同的,应当双倍返还定金。解约定金是当事人享有自由解约权的代价,因此,解约定金必须由当事人在合同中特别约定。由于我国《担保法》是以违约定金作为法定定金,因此,解约定金必须在合同中特别约定,否则应视为违约定金。

在解约定金中,关于合同解除权的归属,理论上有不同的看法。通说认为,

---

〔9〕 曾世兵:《中国担保问题的解决和展望》,中国法制出版社2001年版,第354页。

〔10〕 郭明瑞、房绍坤、张平华:《担保法》,中国政法大学出版社2011年版,第193页。

双方当事人都享有自由解除合同的权利。[11] 支付定金的当事人得抛弃定金而解除合同,接受定金的当事人得双倍返还定金而解除合同。从《担保法解释》第117条的规定来看,在解约定金中,双方当事人均享有自由解除合同的权利,即以丧失定金或双倍返还定金为代价解除合同。

定金罚则不排除损害赔偿,在守约的当事人损失大于定金收益的情况下,承担了定金处罚的当事人仍然应承担损害赔偿责任。从《担保法解释》第117条的规定来看,在适用解约定金罚则解除合同后,有关解除主合同后责任的处理,应当适用我国《合同法》的有关规定,而按照我国《合同法》第97条的规定,合同解除后,当事人有权要求赔偿损失,可见,按照《担保法解释》的规定,当事合同解除后,当事人有权要求赔偿损失,即当事人适用解约定金罚则而解除合同的,并不影响损害赔偿的适用。

(四)违约定金的担保效力

违约定金的担保效力体现定金罚则,即给付违约定金的一方不履行合同债务的,丧失定金;收受违约定金的一方不履行合同债务的,应当双倍返还定金。关于违约定金罚则,主要涉及以下三个问题:

1. 违约定金罚则的适用条件

违约定金罚则的适用须具备以下两个条件:

(1)债务人不履行约定的债务。我国《担保法》第89条和《合同法》第115条均将违约定金罚则的适用条件规定为"不履行约定的债务"。如何理解"不履行约定的债务",学者们的观点不一。我们认为,在违约定金中,对"不履行约定的债务"宜作广义理解,应当解释为违约行为,且以构成根本违约为限。对此,《担保法解释》第120条规定:"因当事人一方迟延履行或者其他违约行为,致使合同目的不能实现,可以适用定金罚则。但法律另有规定或者当事人另有约定的除外。""当事人一方不完全履行合同的,应当按照未履行部分所占合同约定内容的比例,适用定金罚则。"可见,债务人不履行约定债务的行为包括以下两种情况:

一是债务人根本不履行债务,即没有实施履行合同债务的行为。这也就是狭义上的"不履行约定的债务",包括拒绝履行、履行不能。债务人根本就没有

---

〔11〕 孙森焱:《民法债编总论》(下册),法律出版社2006年版,第592~593页;王利明:《合同法研究》(第二卷)(修订版),中国人民大学出版社2011年版,第735页。

履行合同的债务,会导致合同的目的无法实现,这也就构成了根本违约,因此,可以适用定金罚则。

二是迟延履行或者其他违约行为。根据《担保法解释》第120条第1款的规定,迟延履行或其他违约行为均适用定金罚则。其他违约行为包括提前履行、瑕疵履行等违约行为。但是,迟延履行或其他违约行为只有构成根本违约,使合同目的不能实现时,才能适用定金罚则。这是因为,迟延履行或其他违约行为只有在构成根本违约的情况下,才会导致合同目的无法实现,合同也就没有继续履行的必要,此时才有通过适用定金罚则予以救济的必要。如果迟延履行或其他违约行为没有构成根本违约,则合同还可以继续履行,而对没有构成根本违约的违约行为可以追究其他违约责任。实际上,法律上是将构成根本违约的迟延履行或其他违约行为,视为根本没有履行债务。

那么,不完全履行合同能否适用定金罚则呢?对此,《担保法解释》第120条第2款规定,在当事人一方不完全履行合同时,应当按照未履行部分所占合同约定内容的比例,适用定金罚则。从该条规定的逻辑结构来看,可以认定不完全履行行为也须以根本违约为条件。《担保法解释》第120条第1款规定了"因当事人一方迟延履行或者其他违约行为,致使合同目的不能实现,可以适用定金罚则",这里并没有将不完全履行排除在外,因此,"其他违约行为"应包括不完全履行在内。既然如此,不完全履行行为适用定金罚则就须以构成根本违约为条件。当合同部分不能履行时,订立合同的部分目的没有实现,应按未履行部分的比例适用定金罚则。合同部分履行时,对未履行部分应当以占合同标的总额的比例,作为定金丧失或者双倍返还的计算比例。合同标的的性质决定合同不能部分履行的,应以全部定金适用定金罚则。

(2)债务人不履行约定的债务须不存在免责事由。《担保法解释》第122条规定:"因不可抗力、意外事件致使主合同不能履行的,不适用定金罚则。因合同关系以外第三人的过错,致使主合同不能履行的,适用定金罚则。受定金处罚的一方当事人,可以依法向第三人追偿。"可见,不可抗力、意外事件是违约定金罚则适用的免责事由,而第三人的过错并不是免责事由。这说明,违约定金罚则的适用实行过错责任原则。

我国《合同法》第117条规定:"因不可抗力不能履行合同的,根据不可抗力的影响,部分或者全部免除责任,但法律另有规定的除外。"可见,不可抗力属于违约责任的一般免责事由。从《合同法》的规定来看,违约定金属于违约责任的一种形式，因此，不可抗力亦属于违约定金罚则的免责事由。但应当指出的是，尽管我国《合同法》第117条根据不可抗力的影响，免除部分或全部责任，但对违约定金罚则而言，只能是全部免除定金罚则。

意外事故是指当事人意料之外的事故，又称为意外事件。既然当事人无法意料事故的发生，就说明当事人对事故的发生没有过错。就违约而言，如果违约行为是因意外事故而发生的，则说明违约方在主观上没有过错。违约定金罚则具有惩罚性，只能对有过错的违约行为才能处罚。因此，如果合同不履行是由意外事故造成的，则违约定金罚自不应适用。当然，违约定金罚则所适用的过错责任原则，应属于推定过错。也就是说，主张适用违约定金罚则的一方当事人只须证明对方不履行债务的事实，而不履行债务的一方则负有证明自己对不履行债务不存在过错的举证责任。若不履行债务的一方能够证明其不履行债务是因不可抗力、意外事故造成的，则因主观上并无过错而不适用定金罚则。

我国《合同法》第121条规定："当事人一方因第三人的原因造成违约的，应当向对方承担违约责任。"可见，因第三人的原因造成违约的，不能免除违约方的违约责任。同理，因第三人的过错造成不履行债务的，也不能免除适用定金罚则。这种情况，既可以解释为是当事人为自己一方的第三人的过错负责，也可以解释为是由于可归责于违约方的原因而承担责任。

2. 违约定金与违约金的关系

合同的一方当事人在不履行约定的债务时，如果适用了违约定金罚则，那么，违约定金与违约金能否并用呢？

我国《合同法》第116条规定："当事人既约定违约金，又约定定金的，一方违约时，对方可以选择适用违约金或者定金条款。"可见，我国《合同法》对违约定金与违约金能否并用问题采取了否定态度。这一规定有其合理性。这是因为，违约定金和违约金均是对违约行为的救济，如果两者并用，可能会造成赔偿数额远远高于因违约所造成的损失，从而不符合全部赔偿原则。但是，违约定金与违约金不能并用也不是绝对的，在特殊情况下，违约定金与违约金也可以并用。

违约定金与违约金不能并用须具备两个条件：一是违约定金与违约金均指向同一违约行为。如果违约定金与违约金并不是指向同一违约行为，如违约定金针对迟延履行，而违约金针对瑕疵履行，则违约金与违约金可以并用；二是当事人没有另外的约定。我国《合同法》第116条关于违约金与违约金禁止并用的规定,应属于任意性规定而非禁止性规定。因此,当事人可以约定排除这一规定的适用。如果当事人在合同中约定,在一方违约时,同时并用违约定金与违约金,则违约定金与违约金可以并用。那么,在违约定金与违约金不能并用时,如果当事人选择其中一种不足以弥补损失时,按照全部赔偿原则,对这部分损失仍应赔偿,具体措施如下:如果当事人选择适用违约金条款,则当事人可以请求法院或仲裁机构增加违约金的数额(《合同法》第114条);如果当事人选择适用定金条款,则当事人可以在定金罚则外要求赔偿损失。

3. 违约定金与损害赔偿的关系

违约定金与损害赔偿可以并用,但并用的结果不得超过当事人的损失总额。其主要理由在于:第一,违约定金和损害赔偿均属于违约责任的表现形式,从性质上说,这两种违约责任的适用并不存在冲突,因此,两者的并用不存在理论上的障碍。第二,从违约定金来看,其并不以实际损失的多少为适用条件,而且法律对定金的数额又有最高额的限制。因此,违约定金不可能是最低的损害赔偿额,也不可能是损害赔偿总额。既然如此,适用违约定金罚则就有可能不足以弥补当事人的损失。此时,如果不允许受害人要求损害赔偿是不公平的。第三,根据违约损害的全部赔偿原则,违约方应当赔偿对方的全部损失。因此,当适用违约定金罚则不足以弥补全部损失时,对这部分损失还应予以赔偿。当然,违约定金与损害赔偿并用的结果不得超过当事人的损失总额,否则也不符合全部赔偿原则。因此,违约定金与损害赔偿并用的结果应受到损失总额的限制。第四,《合同法》第112条规定:"当事人一方不履行合同义务或者履行合同义务不符合约定的,在履行义务或者采取补救措施后,对方还有其他损失的,应当赔偿损失。"因此,在当事人一方违约而适用违约定金罚则时,对方还有其他损失的,违约方还应当赔偿该损失。

—— 司法考试试题 ——

一、选择题

1. 甲乙约定:甲将100吨汽油卖给乙,合同签订后三天交货,交货后十天内付货款。还约定合同签订后乙应向甲支付十万元定金,合同在支付定金时生效。合同订立后,乙未交付定金,甲按期向乙交付了货物,乙到期未付款。对此,下列哪一表述是正确的?(2010年)

A. 甲可请求乙支付定金

B. 乙未支付定金不影响买卖合同的效力

C. 甲交付汽油使定金合同生效

D. 甲无权请求乙支付价款

【答案】 B

【解析】 本题中甲乙约定，买卖合同在支付定金时生效，即以交付定金作为合同生效要件。后来乙未交付定金，但甲已经履行了合同义务。根据《担保法解释》第116条的规定，当事人约定以交付定金作为主合同成立或者生效要件的，给付定金的一方未支付定金，但主合同已经履行或者已经履行主要部分的，不影响主合同的成立或者生效。即并不影响甲乙中间主合同即买卖合同的生效，故B项是正确的。对于A项，根据《担保法》第90条的规定，定金合同从实际交付定金之日起生效。结合本题，定金尚未交付，定金合同还没有生效，乙并没有交付定金的义务，甲不可以请求乙支付定金，因此A项是错误的。对于C项，根据《担保法》第90条的规定，定金合同从实际交付定金之日起生效，因此C项是错误的。对于D项，甲乙之间的买卖合同是有效的，甲有权请求乙支付价款，故D项是错误的。

2. 甲公司与乙公司签订了一份手机买卖合同，约定：甲公司供给乙公司某型号手机1000部，每部单价1000元，乙公司支付定金30万元，任何一方违约应向对方支付合同总价款30%的违约金。合同签订后，乙公司向甲公司支付了30万元定金，并将该批手机转售给丙公司，每部单价1100元。指明由甲公司直接交付给丙公司。但甲公司未按约定期间交货。关于返还定金和支付违约金，乙公司向甲公司提出请求，下列表述正确的是哪一项？（2010年）

A. 请求甲公司双倍返还定金60万元并支付违约金30万元

B. 请求甲公司双倍返还定金40万元并支付违约金30万元

C. 请求甲公司双倍返还定金60万元或者支付违约金30万元

D. 请求甲公司双倍返还定金40万元或者支付违约金30万元

【答案】 D

【解析】 《合同法》第115条规定，当事人可以依照《担保法》约定一方向对方给付定金作为债权的担保。债务人履行债务后，定金应当抵作价款或者收回。给付定金的一方不履行约定的债务的，无权要求返还定金，收受定金的一方不履行约定的债务的，应当双倍返还定金。第116条规定，当事人既约定违约金，又约定定金的，一方违约时，对方可以选择适用违约金或者定金条款，故AB排除。《担保法解释》第91条规定定金的数额由当事人约定，但不得超过主合同标的额的百分之二十。因此本题答案为D。

3. 甲向乙订购15万元货物，双方约定：“乙收到甲的5万元定金后，即应交付全部货物。”合同订立后，乙在约定时间内只收到甲的2万元定金。下列说法哪一个是正确的？（2004年）

A. 实际交付的定金少于约定数额的，视为定金合同不成立

B. 实际交付的定金少于约定数额的，视为定金合同不生效

C. 实际交付的定金少于约定数额的，视为定金合同的变更

D. 当事人约定的定金数额超过合同标的额20%，定金合同无效

【答案】 C

【解析】 定金的数额由当事人约定，但不得超过主合同标的额的20%，超过部分人民法院不予保护。实际交付的定金数额多于或者少于约定数额，视为变更定金合同。

4. 甲欲购买乙的汽车。经协商，甲同意3天后签订正式的买卖合同，并先交1000元给乙，乙出具的收条上写明为“收到甲订金1000元。”3天后，甲了解到乙故意隐瞒了该车证照不齐的情况，故拒绝签订合同。下列哪一个说法是正确的？（2003年）

A. 甲有权要求乙返还2000元并赔偿在买车过程中受到的损失

B. 甲有权要求乙返还1000元并赔偿在买车过程中受到的损失

C. 甲只能要求乙赔偿在磋商买车过程中受到的损失

D. 甲有权要求乙承担违约责任

【答案】 B

【解析】 根据《担保法解释》第115条规定的双倍返还罚则，以及第118条的规定，当事人交付留置金、担保金、保证金、订约金、押金或者订金等，但没有约定定金性质的，当事人主张定金权利的，人民法院不予支持。

本题中最容易出现问题的就是该“订金”是否为“定金”而适用定金罚则。根据上引两条的规定，该1000元不能认为为成约订金，而只能是一般的“订金”，不适用定金罚则。因此虽然双方最终没有订立合同，甲也无权要求乙返还2000元。既然双方没有订立合同，则合同也没有成立，故不存在违约责任。根据《合同法》第42条规定，属于可以主张缔约过失责任的情形，B项正确。

二、案例分析

原、被告于2012年2月11日签订《楼宇认购书》，约定原告认购被告位置为光耀雅苑二期（楼盘）的某号房屋，原告认购单位售价为人民币2236521元，按原告选择的银行按揭付款方式，享有一口价折扣，最终实价为人民币1832354元。认购书签署当日原告交付了500100元定金，并约定应七日内交首付款。同时合同中约定，若因原告违反限购令导致合同无法履行，则定金不予返还。至成讼时原告未交付首期款及余款。原、被告签订此《楼宇认购书》之前，原告名下已有三套房产。

庭审中进一步查明，2011年1月26日，国务院发布了国办发〔2011〕1号《国务院办公厅关于进一步做好房地产市场调控工作相关问题的通知》，规定：“原则上对已拥有1套住房的

当地户籍居民家庭，限购1套住房（含新建商品住房和二手住房）；对已拥有2套及以上住房的当地户籍居民家庭，要暂停在本行政区域内向其售房。”2011年2月18日，天津市发布了津政办发〔2011〕19号《印发关于贯彻国务院办公厅文件精神进一步做好我市房地产市场调控工作实施意见的通知》，规定“对已拥有1套住房的本市户籍居民家庭……限购1套住房（含新建商品住房和二手住房）；对已拥有2套及以上住房的本市户籍居民家庭……要暂停向其售房；违反规定购房的，不予办理房地产登记”。

另查：被告于2011年12月2日已取得《天津市商品房销售许可证》。（参见国家法官学院案例开发研究中心编：《中国法院2014年度案例》）

请回答下列问题：

1. 本案中的定金是何种类型的定金？

2. 定金的数额是否合法？

3. 原告能否请求返还定金？

【解析】

1. 本案所涉的定金性质为违约定金。因为合同中约定：若因原告违反限购令而导致合同无法履行，则定金不予返还。说明此定金主要是担保合同履行，因此为性质是违约定金。

2. 不合法。根据法律规定，定金数额不得超过合同标的额的20%。本案中合同标的额为1832354元，定金数额最高为366470.8元，而本案中定金为500100元，因此定金数额不合法。

3. 不能，因原告已经违反了天津市的限购令而无法履行合同，因此不能要求返还定金。并且本案双方签订合同的时间发生在限购令颁布之后，对于限购令以及合同的履行应有一定的预期，因此不能要求返还定金。

思考题

1. 什么是定金？定金的种类有哪些？
2. 定金合同的成立与生效要件有哪些？
3. 简述定金的效力。

阅读文献

1. 王利明：《合同法》，中国人民大学出版社2015年版。

2. 崔建远:《合同法》,北京大学出版社 2016 年版。

3. 姚明斌:《论定金与违约金的适用关系——以〈合同法〉第 116 条的实务疑点为中心》,载《法学》2015 年第 10 期。

4. 黎乃忠:《定金契约要物性批判与重构》,载《现代法学》2015 年第 11 期。

5. 黎乃忠:《分期交付之定金契约效力研究——以完成部分交付行为为对象》,载《法律适用》2015 年第 7 期。

6. 黎乃忠:《定金定性与所有权归属的理论批判》,载《上海交通大学学报》(哲学社会科学学报)2015 年第 7 期。

7. 王鸿晓:《定金合同效力的从属性原则及其例外情形》,载《人民司法》2011 年第 3 期。

8. 张忠野:《论私法自治下定金罚则的有限适用》,载《政治与法律》2012 年第 9 期。

第七章　非典型担保

本章导语

非典型担保与典型担保相对应，根据我国《担保法》《担保法解释》《物权法》之规定，我国现行法承认的典型担保类型为：抵押权、质押权、留置权、保证、定金，此五种担保类型为法律明文规定且赋予特定名称的担保种类。其实，在民间存在多种多样地担保方式，只是因其未发展到足够规模，法律尚未明确赋予其特定名称或予以类型化规定，亦未明确其担保性质，但这并不妨碍私人间基于意思自治订立具有担保性质的非典型担保合同，亦不影响此类合同的法律效力。需要注意的是：一般而言，典型担保中担保物权人享有的是他物权，所有权仍然是担保人享有，而非典型担保一般属于权利移转型担保，通常以担保物的财产性权利（主要表现为所有权）进行担保；担保物权不仅由《担保法》调整，亦受《物权法》规范，根据物权法定的物权法基本原则，担保物权的类型必须由法律明确规定，法律未予承认的，不发生物权法上的效力。民间经常设立的一些以物为担保的非典型担保合同，由于其为真实意思表示故合同有效且发生担保之效力，但由于其违背物权法定原则故其不能按担保物权发生物权法上之效力。

通过本章的学习，应掌握让与担保、所有权保留的含义与特征，知晓两种非典型担保的设立规则，深刻理解两种担保方式的效力，明确其实现方式与消灭原因的特殊性。

第一节　让与担保

本节主要明确让与担保的概念与特征、让与担保合同的设定、让与担保的

效力及实现方式、消灭原因。

我国现行法并无关于让与担保的具体规范，关于让与担保的规则多见于学说理论[1]，然而随着实践的需要，让与担保在实务中应用越来越广泛，故有必要予以类型化规范。

一、让与担保的概念与特征

让与担保有广义与狭义之分，广义的让与担保泛指以担保债权为目的而让与一定财产于债权人，包括买卖式担保与让与式担保。买卖式担保又称为卖渡担保，即以买卖形式进行信用之授受，授信者并无请求返还价多之权利，但受信者则享有通过支付一定金额而请求返还自己所让与的标的物的权利。[2] 让与式担保又称为让渡担保，是狭义的让与担保，是指债务人或第三人为担保债权的实现，将一定的财产权利移转给债权人，在担保的债权实现后将财产权利返还于债务人或第三人，而在担保的债权未实现时，债权人可以就该财产权利优先受偿的担保。实践中通常所说的让与担保仅指狭义的让与担保。

让与担保的设定人可以是第三人也可以是债务人，而让与担保权人只能是债权人。让与担保设立的外观是让与担保设定人让与债权人一定的财产权利，通常表现为所有权，但让与财产权利并非该合同的成立目的，该合同的宗旨是为债权人债权的实现提供担保。让与担保性质上属于一种物的担保，但我国《物权法》并未规定让与担保制度，而根据物权法定原则，让与担保在性质上不能认定为担保物权，其不能发生物权法上之效力，但其实质是一种担保方式且以物为担保标的物，故应认定其为物的担保，发生司法纠纷时，可以适用最相类似的抵押权、质押权规则。

让与担保的特征主要表现在以下几个方面：

1. 让与担保是一种非典型的物的担保。(1)让与担保是一种非典型的担保方式。虽然让与担保在民间屡见不鲜，但我国现行法并未明确予以规范，更无具体的类型化规则，故其不具有典型性。(2)让与担保是一种物的担保。让与

---

〔1〕 也有学者试图将让与担保明文规定于法律中，如有学者起草的物权法草案建议稿第408条规定："让与担保，是指债务人或第三人为担保债务人的债务，将担保标的物的权利移转于债权人，于债务清偿后，标的物应返还于债务人或第三人，于债务不履行时，担保权人可就该标的物优先受偿的权利。"参见梁慧星主编：《中国物权法草案建议稿：条文、说明、理由与立法例》，社会科学文献出版社2000年版，第83页。

〔2〕 白非主编：《担保法》，浙江大学出版社2004年版，第298页。

担保的标的物既可以是动产也可以是不动产,还可以是其他财产性权利,包括有形财产和无形财产,适用范围非常广泛,但皆为一定的物为担保标的物,而不似保证以人的信用作为担保的基础。

2. 让与担保以担保债权的实现为目的。让与担保虽然是将债务人或第三人的财产权利让与给了债权人,在实践中,让与的财产权利多为所有权,在外观上表现为所有权转移,但事实上当事人的真实目的并非转移财产权利,而是以转移财产权利的方式担保债权人债权的实现。当债务人履行债务后,债权人仍会将财产权利返还于债务人或第三人,故让与担保中,"让与"财产权利是表象,"担保"债权实现是真实目的。

3. 让与担保通常由让与担保的设定人对标的物占有、使用、收益。让与担保通常表现为让与所有权,此时,对让与标的物的占有、使用、收益的权利一般仍由让与担保的设定人(债务人或第三人)享有。让与担保制度的设立是一种权利的平衡:既使债务人或第三人不丧失对标的物的占有、使用、收益,不妨碍其对物的利用使资源利用效率最大化,又通过让与财产权利的方式保障了债权人债权的实现,达到了双赢的目的。当然,如果当事人之间有特别约定由债权人享有标的物的占有、使用、收益权利的,当事人的约定有效。

4. 让与担保具有一般物的担保所具有的特征。因让与担保在性质上为物的担保,故一般物的担保所具有的特征,让与担保亦具有。主要表现为以下几个方面:(1)让与担保具有从属性。让与担保以被担保的债权有效存在为前提,被担保的债权无效或被撤销时让与担保亦随之消灭。即让与担保的成立、消灭从属于被担保的债权。但被担保债权转移的,让与担保并不必然随之转移。(2)让与担保权的行使具有不可分性。即以担保物全部价值担保全部债权的实现,无论标的物是否被分割或让与,无论被担保的债权是否被分割,担保权人仍可对担保物的全部行使权利以担保全部债权的实现。(3)优先受偿性。即让与担保的债权人优先于让与担保设定人的其他债权人受偿。(4)物上代位性。即担保期间,担保财产毁损、灭失或被征收等,担保权人可就获得的保险金、赔偿金或者补偿金等优先受偿,被担保债权的履行期未届满的,可以提存该保险金、赔偿金或者补偿金等。

二、让与担保的设定

(一)让与担保合同的当事人

让与担保设定的当事人为让与担保设定人(又称为让与担保供与人、让与担保提供人)、让与担保权人。让与担保设定人既可以是债务人,也可以是第三人,而让与担保权人只能是债权人。

(二)让与担保合同订立的前提与形式

让与担保合同是为了实现担保债权实现的目的,其性质为物的担保,故担保物权合同订立的前提与形式亦适用于让与担保合同。基于让与担保合同的从属性,让与担保合同的有效成立不仅需要合同本身符合有效要件,还需要其所担保的主债权合同有效存在。让与担保合同在性质上为担保合同的一种,我国现行法要求典型担保合同皆为要式合同,必须采取书面形式,故笔者认为,让与担保合同亦应采取书面形式。

(三)让与担保的标的物

让与担保的标的物为财产权利,一般表现为所有权,但不限于所有权。一般财产权利只需具备可转让性、特定性条件即可成为让与担保的标的物。让与担保的标的物既可以是动产,也可以是不动产;既可以是有形财产,也可以是无形财产,其范围非常广泛,只要不违反法律的禁止性规定,皆可以成为让与担保的标的物。

(四)让与担保标的物财产权利的移转

让与担保标的物财产权利的移转不仅需要让与担保合同的当事人具有转移财产权利的合意,还需要有财产权利移转的行为,即让与担保须以一定的方式进行公示。

关于让与担保的公示方式众说纷纭,有学者认为,因财产权利多表现为物之所有权,故主张根据物的分类,将公示方式分为:动产以交付为标准转移所有权,动产的让与担保未经登记的不得对抗第三人;不动产以登记为标准转移所有权。[3] 笔者认为,让与担保的公示应依以下规则进行:(1)动产区分是否需转移占有,如需要转移占有,则以交付为标准转移财产权利;如无须转移占有,即意味着以占有改定方式转移财产权利,此时,多通过订立租赁合同、借用合同

---

〔3〕 邹海林、常敏:《债权担保的理论与实务》,社会科学文献出版社2005年版,第403页。有类似观点的还有黄良友:《担保法教程》,对外经济贸易大学出版社2008年版,第235~236页,该书中将物区分为不动产;动产;机动车、船舶、航空器;知识产权、债权等等,并主张适用不同的公示方式。

等方式进行转移财产权利,故以租赁合同、借用合同等合同生效为标准转移财产权利。(2)不动产以登记为标准转移财产权利。(3)权利适用《物权法》权利质权的设立规则为标准转移财产权利。

笔者不赞同将机动车、船舶、航空器单独设立一类规则,虽然根据《物权法》的规定,物权变动的一般规则为:不动产以登记为标准;动产以交付为标准;船舶、航空器、机动车虽然以交付为标准,但未经登记的不得对抗善意第三人。[4]但这只是物权变动的一般性规则,而在《物权法》规范的担保物权规则中,并未对机动车、船舶、航空器单独设立特殊规则:《物权法》第188条虽规定了正在建造的船舶、航空器抵押的,抵押权自抵押合同生效时设立,未经登记的不得对抗善意第三人,但该规则与普通动产抵押权设立规则并无区别;动产质权、留置权的设立并未区分机动车、船舶、航空器与普通动产。故在担保物权范围内,机动车、船舶、航空器与普通动产的担保权设立规则相同,因此,在让与担保的设定中,无须专门针对机动车、船舶、航空器制定特殊的设立、公示规则。

三、让与担保的效力

(一)让与担保所担保的债权范围

让与担保作为一种物的担保,其所担保的债权范围与担保物权的规则类似,首先由让与担保合同的当事人自由约定,当当事人没有约定或约定不明时,应推定担保范围为主债权之全部即主债权、利息、违约金、损害赔偿金以及实现担保的费用。

(二)让与担保效力及于标的物的范围

让与担保效力所及的范围由当事人自由约定,当事人无约定或约定不明时,适用《物权法》担保物权的最相类似规则。一般而言,让与担保的效力不仅及于标的物本身,还及于标的物的从物或从权利,但以与标的物同时进行公示为限。基于担保物权的物上代位性规则,让与担保的效力还及于标的物的保险

---

[4] 《物权法》第9条规定:"不动产物权的设立、变更、转让和消灭,经依法登记,发生效力;未经登记,不发生效力,但法律另有规定的除外。依法属于国家所有的自然资源,所有权可以不登记。"《物权法》第23条规定:"动产物权的设立和转让,自交付时发生效力,但法律另有规定的除外。"《物权法》第24条规定:"船舶、航空器和机动车等物权的设立、变更、转让和消灭,未经登记,不得对抗善意第三人。"

金、赔偿金或者补偿金等代位物。

（三）让与担保对债权人的效力

让与担保法律关系中，债权人的主要权利义务有：

1. 债权人享有担保物的财产权利。该财产权利或为所有权，或为其他当事人约定的财产性权利。债权人获得该权利只是为了实现担保债权的目的，并非为了真正意义上获得财产权利，故该财产权利受到一定的限制，如债权人一般对担保物不享有占有、使用、收益的权利，对标的物不具有完全的处分权，等等。但债权人仍然享有担保物的以下权利：(1)优先受偿权；(2)在设定人破产时，债权人可依所有权而对担保物行使取回权；(3)在设定人财产被强制执行时，债权人可依其所享有的财产权利提出异议。

2. 债权人占有担保物的，负有妥善保管义务、不得擅自使用担保物的义务。债权人基于让与担保享有担保物的财产权利，但其目的仅限于担保债权获得实现，故债权人不得擅自使用担保物，并在占有担保物期间负有妥善保管义务。

3. 债权得到清偿时，债权人负有及时返还担保物的义务。当担保债权得到清偿时，让与担保设立的目的即获实现，让与担保消灭，债权人无权再享有担保物的财产权利，故应及时返还担保物于设定人。

（四）让与担保对让与担保设定人的效力

让与担保法律关系中，让与担保设定人的主要权利义务有：

1. 对担保物的占有、使用、收益的权利，同时负有妥善保管义务。一般情形下，让与担保以占有改定的方式转移财产权利，故让与担保设定人仍然是担保标的物的直接占有人，其对标的物享有占有、使用、收益的权利。因担保物由设定人占有，故其保管、维护义务应由设定人承担。

2. 对担保物的处分权。虽然财产权利转移于债权人，但该转移的目的只是为了实现担保债权，并非真正意义上的转移财产权利，故作为财产权利的实际享有者，让与担保设定人仍然享有一定的处分权。如其可以在征得出卖人同意的情形下或受让人代为清偿的情形下将担保物处分于第三人，或者在担保物上再次设立担保物权或让与担保权。

3. 担保物的返还请求权、损害赔偿请求权。当债务人依约履行债务后，让与担保的目的即获实现，让与担保权消灭，让与担保设定人有权要求债权人返还担保物。在担保物转移于债权人占有时,因债权人原因导致担保物毁损、灭失的,设定人有权要求债权人承担损害赔偿责任。

(五)让与担保对第三人的效力

让与担保法律关系中,涉及第三人的主要情形有:

1. 担保物遭第三人侵害的。无论担保物是由债权人占有还是由让与担保设定人占有,皆可向第三人主张停止侵权、返还原物、恢复原状、赔偿损失等请求权。该规则依物权的基本法理而设,与担保物的占有人是谁并无关系,让与担保在此并无特殊之处。

2. 担保物由第三人受让的。如符合让与担保合同当事人的约定或法律规定或法律原理,则为合法转让,第三人取得担保物的合法权益。如为擅自处分,则须区分第三人的主观状态:第三人为善意时,可依善意取得获得担保物的财产权利;第三人为恶意时,不得获得担保物的财产权利,应将其返还于出让人。此时,善意的认定标准应与财产权利移转的公示方式挂钩,区分动产、不动产、权利的不同公示方法来认定善意。

因让与担保合同当事人行使让与担保权利而涉及第三人时,如债权人行使取回权可能涉及设定人的债权人、设定人的债权人主张对担保物强制执行时债权人可主张异议等等,在上文已述,在此即不再赘述。

四、让与担保的实行

让与担保的实行是指当债务人届期不履行担保债务时,债权人以让与担保标的物的价值优先清偿让与担保所担保的债权。让与担保实行一般须具备以下几个条件:第一,须让与担保权有效存在;第二,须债务已届清偿期;第三,须债务人未清偿担保债务。

让与担保的实行方式由当事人自由约定,一般表现为以下两种方式:第一,变价让与担保标的物优先受偿。即将让与担保标的物变卖于第三人以取得价金清偿担保债权。变卖的方式既可以采取拍卖的方式,亦可以采取与第三人协商的方式进行。第二,以估价方式由债权人取得担保物。即将让与担保标的物予以公正估价,由债权人完全享有标的物的全部所有权(而非以担保为目的仅在外观上享有标的物的财产权利)。当估价金额高于担保债权额时,超过部分返还于让与担保设定人;当估价金额低于担保债权额时,由债权人享有让与担保标的物的所有权，剩余债权由债务人继续承担，只是债权人不再享有优先受偿权。

需要注意以下两点：第一，让与担保的实行无论采取何种方式，不得损害其他利害关系人的利益。如让与担保的实行损害了其他利害关系人的利益，则其他利害关系人可以在一年内向人民法院申请撤销该行为。第二，流质条款的禁止。即让与担保的实行不得以直接将标的物财产权利移转于债权人的方式进行。此类规则与《物权法》第186、211条[5]规定设立的原理相同，为保护担保人的利益而制定，亦为维护合同的实质公平而制定。

五、让与担保的消灭

让与担保的消灭与一般的物的担保的消灭原因基本相同，主要有以下几种：(1)担保债权消灭。基于让与担保的从属性，当担保债权消灭时让与担保随之消灭。此时，标的物的财产权利应复归于让与担保设定人，如标的物由债权人占有的，让与担保设定人有权请求其返还标的物。(2)让与担保标的物灭失且无代位物。让与担保标的物灭失且无代位物时，让与担保合同履行不能，债权人权利无法实现，此时，让与担保权无实质意义，亦无法落实，故消灭。(3)让与担保实现。当债权人行使了让与担保权后权利当然消灭。

第二节　所有权保留

本节主要明确所有权保留的概念与法律性质、所有权保留合同的设定规则、所有权保留对内与对外的效力。

一、所有权保留的概念与法律性质

所有权保留，是指在买卖合同中，当事人双方约定，出卖人虽将标的物交付买受人，但标的物的所有权不发生转移，待买受人完成约定义务（通常为价款的

---

[5] 《物权法》第186条规定："抵押权人在债务履行期届满前，不得与抵押人约定债务人不履行到期债务时抵押财产归债权人所有。"第211条规定："质权人在债务履行期届满前，不得与出质人约定债务人不履行到期债务时质押财产归债权人所有。"

部分或全部清偿)后,标的物的所有权转移给买受人的一种法律制度。《合同法》第134条规定:“当事人可以在买卖合同中约定买受人未履行支付价款或者其他义务的,标的物的所有权属于出卖人。”所有权保留制度一般多用于分期付款的买卖合同,但分期付款的买卖合同未必皆保留标的物的所有权。买卖合同是否采取所有权保留形式由当事人自由约定。所有权保留制度是出卖人利益与买受人利益的一个平衡,既可以使买受人不需要支付全额价款即可占有、使用、收益标的物,又可使出卖人在提高销售额的同时通过保留所有权的方式保障剩余价款的取得,从而提高消费者的购买力、刺激消费,促进市场的流通性。

关于所有权保留法律制度的性质,学界有不同的观点,有“部分所有权转移说”,有“所有权移转和特殊质权产生说”,有“附停止条件所有权转移说”,有“法定所有权说”,有“担保物权说”,有“担保权益说”。〔6〕不仅在我国理论界对所有权保留制度的法律性质存在争议,各国立法对其也持不同态度。《德国民法典》第455条首次以立法形式肯定了所有权保留买卖:“动产的出卖人在支付价金前保留所有权者,在发生疑问时应认为,所有权的移转以支付全部价金为停止条件,并在买受人对支付价金有迟延时,出卖人有解除契约的权利。”《意大利民法典》将“保留所有权的买卖”规则置之于“动产买卖”中,《瑞士民法典》将所有权保留规定于物权编的动产所有权一章,美国、我国台湾地区则将所有权保留规定在担保法中。笔者比较偏向将所有权保留的性质认定为一种担保权益,虽然其多适用于分期付款的买卖合同,是买卖合同的一种较为特殊的交易方式,但该制度设立的初衷是以所有权保留的方式来为出卖人的价金获取权设立保障,其本质是为出卖人(债权人)权利的实现赋予一重担保,只是担保物为买卖标的物本身,而非债务人或第三人的其他物或信用。

二、所有权保留的设定

所有权保留并非法定制度,其设立除当事人另有约定外,一般需要符合以下几个条件:

1. 买卖合同有效存在。所有权保留的设定是为了担保出卖人利益的实现,主要是为出卖人价金的获得多设一重保障,因此,其前提条件必须是买卖合同有效存在,否则,皮之不存,毛将焉附?笔者将所有权保留的性质认定为一种担

---

〔6〕 车辉、李敏:《担保法律制度新问题研究》,法律出版社2005年版,第231~233页。

保权益,根据担保权的从属性,其从属于主债权,当主债权消灭时,从权利当然消灭,故买卖合同有效存在是所有权保留成立的前提条件。

2. 买卖合同仅限于动产买卖。虽然《合同法》第 134 条并未规定所有权保留制度的适用范围,但《买卖合同解释》第 34 条规定:“买卖合同当事人主张合同法第一百三十四条关于标的物所有权保留的规定适用于不动产的,人民法院不予支持。”可见,我国将所有权保留的适用范围限定为动产。[7] 在我国,除法律另有规定外,不动产的所有权转移以登记为准,当事人约定亦无效,故当事人通过约定保留不动产所有权的方式与民众不动产所有权登记公示的观点相悖,无适用之空间。其实大多数国家皆将所有权保留限制于动产范围内,如《德国民法典》第 925 条、《瑞士债务法》第 217 条等。

3. 买卖合同中有关于保留所有权的约定。所有权保留制度与留置权不同,其并非法定制度,设立由当事人自由约定产生,故要求当事人之间必须存在关于保留所有权的约定,否则按普通买卖合同的所有权转移规则处理。为节省司法资源、提高诉讼效率,笔者认为,保留所有权的约定应以“书面”为要件,以立法的形式督促当事人采取书面形式,降低事后纠纷概率。

4. 标的物已经由买受人占有。所有权保留制度的设立还需要出卖人已经实际交付买卖标的物。所有权保留制度设立的初衷即为平衡出卖人、买受人之间的利益,使买受人享有对标的物的占有、使用、收益的权利,而出卖人通过约定保留所有权的方式保障其剩余价款的获取,故将标的物转移买受人占有是所有权保留制度设立的前提基础和价值存在的应有之义。而当事人约定以占有改定方式转移占有的,因其不具有公示性,亦难以实现制度设立的价值与目的,应不予承认。

---

〔7〕 部分传统学者认为物的分类为动产、不动产、准不动产,准不动产的典型代表为车、船舶、航空器。笔者不赞同此分类方式,动产、不动产分类的标准即为是否能够移动并是否因此损害其价值,而与标的物本身价值的大小无关,将车、船舶、航空器单独归类在法理上并无相应根据。传统观点认为此类物品价值较大应单独设立规则(以《担保法》规则为典型,如第 42 条等),但其在现行生活中并无太大适用空间,亦与现代发展趋势并不相符,如车为普通民众代步工具,价值大小各异,而盛世古玩潮流下一些近现代画作、古董价值动辄逾千万元、过亿元,难道因此将其定性为准不动产,则司法部门以多大价值为限界定动产与准不动产的界限?是否应根据当地经济发展水平分不同档次?此类分法将引起一系列的法律问题与实务纠纷,故《物权法》在规范“担保物权”时摒弃了将“车、船舶、航空器”特设特殊规则的做法,将其重归动产规则之列,并所设规则与普通动产无异,此类做法溯本清源,厘清了动产、不动产区分的初衷。因此,笔者不认为《买卖合同解释》第 34 条之规定有存在准不动产是否适用之疑义。

5. 买受人未完成约定义务(通常为价款的部分或全部清偿)。出卖人保留所有权并非目的,而是通过该方式督促买受人尽快履行约定义务以保障自身权益之实现,故买受人未完成约定义务方有设立所有权保留制度之必要,否则,买受人完成约定义务,则出卖人所有权保留之制度价值实现,出卖人所享有的权利当然消灭。买受人的约定义务通常表现为价款的部分或全部清偿,但并不仅限于此,也可能是当事人约定的其他特定义务的履行或特定条件的实现。

至于所有权保留制度的设立是否需要登记、登记的效力如何,不同国家有不同的规定。我国并未要求适用所有权保留制度时必须登记,但司法解释在规定所有权保留时规定所有权人不得对抗善意取得人,可见,如对所有权保留的约定不予登记,则不发生对抗效力,无法证明第三人的非"善意"。但关于动产买卖合同所有权保留条款的登记是否应区分标的物种类、登记的效力如何、登记的部门如何确定等,由于种种原因,我国现行法并未明确予以规范。《意大利民法典》第1524条规定:"保留所有权,仅在书面文件有明确的扣押前的日期时,才对买受人的债权人具有抗辩力。买卖契约以机械为标的物且价格超过15欧元的,保留所有权可以抗辩第三买受人,但是以保留所有权的约款在对机械物有司法管辖权的法院文书室的专设登记簿上进行了登记,并自第三人处得到机械物时该物尚在实施登记之地为限。有关在公共登记簿登记的动产的规定,不在此限。"根据该规定,所有权保留的登记因不同的登记方式而有不同的对抗效力,且受标的物和价值的限制。此类规则值得我国参考借鉴。

三、所有权保留的效力

所有权保留不仅涉及出卖人与买受人之间的权利义务,还可能涉及第三人,因此,其效力的体现分为对内与对外两方面。出卖人与买受人之间基于买卖合同所发生的权利义务当然存在,但其与普通买卖合同并无过多区别,笔者在此仅就因所有权保留制度而产生的法律关系进行阐述。

(一)所有权保留的对内效力

所有权保留的对内效力是指因所有权保留而发生在出卖人与买受人之间的权利义务。

1. 出卖人的取回权。出卖人的取回权是指当买受人未完成约定义务前,发生法律规定或当事人约定的特定情形,出卖人所享有的取回标的物的权利。

《买卖合同解释》第 35 条第 1 款规定:“当事人约定所有权保留,在标的物所有权转移前,买受人有下列情形之一,对出卖人造成损害,出卖人主张取回标的物的,人民法院应予支持:(一)未按约定支付价款的;(二)未按约定完成特定条件的;(三)将标的物出卖、出质或者作出其他不当处分的。”该规则明确规定了出卖人行使取回权的条件:第一,必须当事人约定所有权保留;第二,行使取回权必须发生在标的物所有权转移前;第三,买受人实施了法律规定的特定行为;第四,买受人的行为对出卖人造成损害。需要注意的是,《买卖合同解释》第 35 条第 1 款第 3 项中规定的“其他不当处分”是兜底条款,不仅包括买受人在标的物上擅自设定负担,亦包括买受人针对标的物的恶意毁损行为。

出卖人行使取回权后并不代表出卖人与买受人之间权利义务完全消灭。行使取回权的法律后果表现在两个方面:第一,当取回的标的物价值显著减少时,出卖人有权要求买受人赔偿损失。《买卖合同解释》第 35 条第 2 款规定:“取回的标的物价值显著减少,出卖人要求买受人赔偿损失的,人民法院应予支持。”第二,买受人享有回赎权。合同法的精神是鼓励交易,市场经济亦要求立法尽可能促成交易达成,因此,尽管出卖人取回了标的物,但只要符合法定或约定条件,买受人仍可赎回标的物,以继续履行合同。《买卖合同解释》第 37 条第 1 款规定:“出卖人取回标的物后,买受人在双方约定的或者出卖人指定的回赎期间内,消除出卖人取回标的物的事由,主张回赎标的物的,人民法院应予支持。”该规定一定程度上保护了买受人的利益,因买受人已经对标的物占有使用一定期间,赋予其赎回权能够使资源利用效率最大化。

出卖人的取回权并非绝对,在一定情形下并不能适用。根据我国现行法的规定,在下列情形下出卖人的取回权被排除适用:第一,买受人已经支付标的物总价款的 75% 以上的。《买卖合同解释》第 36 条第 1 款规定:“买受人已经支付标的物总价款的 75% 以上,出卖人主张取回标的物的,人民法院不予支持。”当买受人已经支付标的物总价款的 75% 以上时,买受人已经履行了主要义务,出卖人获得价金的目的基本实现,所有权保留的担保目的大部分实现,故不允许出卖人行使取回权,但并不妨碍出卖人继续要求买受人以其他方式要求买受人继承支付剩余价款,只是不得以取回标的物的方式主张权利,以平衡出卖人与买受人之间的利益。第二,第三人善意取得标的物所有权或其他物权的。《买卖合同解释》第 36 条第 2 款规定,当买受人将标的物出卖、出质或者作出其他不当处分时,第三人根据物权法善意取得的规则已经善意取得标的物所有权或其他物权的,出卖人主张取回标的物的,人民法院不予支持。此规定是为了保护第三人利益,维护交易安全。

2. 出卖人的再卖权。当出卖人行使取回权后,符合法定或约定条件的,可以再将标的物出卖给买受人以外的第三人。《买卖合同解释》第 37 条第 2 款规定:"买受人在回赎期间内没有回赎标的物的,出卖人可以另行出卖标的物。"买受人虽然享有回赎权,但该权利并非永久性权利,当买受人未在回赎期内回赎标的物时,则法律的天平转向对出卖人利益的保护,允许出卖人另行出卖标的物以维护自身价款获取权的实现。

《买卖合同解释》第 37 条第 3 款规定:"出卖人另行出卖标的物的,出卖所得价款依次扣除取回和保管费用、再交易费用、利息、未清偿的价金后仍有剩余的,应返还原买受人;如有不足,出卖人要求原买受人清偿的,人民法院应予支持,但原买受人有证据证明出卖人另行出卖的价格明显低于市场价格的除外。"该规定确立了以下规则:第一,出卖人行使再卖权后所得价款按顺序扣除。其顺序依法律规定为取回和保管费用、再交易费用、利息、未清偿价金。第二,出卖人行使再卖权后所得价款按顺序扣除后仍有剩余的,应当返还给买受人。该规定再次说明立法者认为所有权保留性质上应为一种担保权益,保留所有权的目的是为了保障出卖人对价款获取权的实现,当出卖人以行使再卖权的方式实现所有权保留后,其担保目的已然实现,故仍存在的剩余价款应返还给买受人而非由出卖人享有。即所有权保留仅为一种担保方式,其从属于主债权债务合同,所有权保留的实现(再卖权的行使)并不影响主买卖合同的权利义务,故出卖标的物所得剩余价款仍然应由主买卖合同的标的物权利人买受人(买受人享有占有、使用和收益的权利,其只是因担保而未享有处分权,现担保目的实现,处分权的限制解除,买受人的权利回复至圆满状态)享有。第三,出卖人行使再卖权后所得价款按顺序扣除后仍有不足的,出卖人有权要求原买受人清偿,但原买受人有证据证明出卖人另行出卖的价格明显低于市场价格的除外。所有权保留只是一种担保方式,并不影响主买卖合同的履行与实现,当行使担保权后出卖人的价金并未获得全部清偿时,当然有权要求原买受人继续履行支付价款义务,但如出卖人行使再卖权时价格明显低于市场价格的例外。但书条款的规定是为了防止出卖人恶意行使再卖权获益,以维护买受人利益。是否明显低于市场价格的举证责任由原买受人承担,符合"谁主张,谁举证"的民事诉讼规则。

3. 买受人的期待权。买受人的期待权是指基于买卖合同而使买受人对获得标的物所有权而享有了一定的期待权。所有权保留中买受人的期待权与普通买卖合同中买受人的期待权并无过多区别，只是普通买卖合同中买受人的期待权一般在动产交付前、不动产登记前享有，而所有权保留制度中买受人的期待权在约定义务完成前享有，其余并无实质性区别，故笔者在此不再赘述。需注意的是，买受人义务的履行程度与期待权紧密相连，买受人履行义务越多则出卖人对标的物所有权的效力越弱，买受人对标的物所有权的期待权的效力越强，当买受人履行全部约定义务，则取得所有权，而最终实体权利的获取即意味着期待权的消灭。

（二）所有权保留的对外效力

所有权保留的对外效力是指因所有权保留而与买卖合同以外的第三人之间所发生的法律关系。

1. 出卖人将标的物出卖于第三人。出卖人将标的物出卖于第三人分为两种情形：

（1）出卖人擅自将标的物出卖给第三人。因所有权保留时标的物的占有已然转移于买受人，即出卖人丧失对标的物的占有，在此种情形下，出卖人擅自将标的物出卖于第三人，第三人很难主张善意取得，因“善意”认定的标准为对无权处分行为[8]不知道或不应当知道，而动产以占有为权利推定的标准、不动产以登记为权利推定的标准，在出卖人未对动产占有的情形下第三人主张自己善意不符合交易习惯，故第三人不能获得标的物的所有权。

笔者并不主张仅以所有权保留是否登记作为判断第三人善意的标准。有的学者认为在标的物转移占有情形下，如所有权保留办理了登记则处分行为不发生法律效力；如所有权保留未办理登记则买受人的期待权不能对抗第三人，除非证明第三人订立合同时主观上为恶意。[9] 笔者并不赞同该观点：第一，以登记为标准虽然鼓励了当事人进行登记，有利于公示，但人为地增加了交易成本，不利于交易的展开。第二，登记并非动产交易的交易习惯。动产买卖一般

---

〔8〕 虽然出卖人保留了所有权，外观上有处分权，但该处分权却受所有权保留这一担保权利的限制，即出卖人的处分权受到所有权保留的限制，出卖人擅自将标的物出卖于第三人时在性质上应认定为无权处分，此时与抵押人未经抵押权人同意擅自处分抵押物的规则（参见《物权法》第 191 条）类似。

〔9〕 黄良友：《担保法教程》，对外经济贸易大学出版社 2008 年版，第 250 页。

“一手交钱,一手交货”,即便是分期付款的买卖合同,或其他特种买卖合同,一般交易亦在见到标的物的情形下展开,很难想象买受人未见到出卖人对标的物的占有即成立买卖合同,且此时即便买卖合同成立有效也不代表所有权的转移,因动产所有权的转移一般以转移占有为标准,而此时出卖人因丧失对标的物的占有而无法转移占有于第三人,故第三人仅享有普通债权请求权而无法获得所有权。因此,在第三人无法获得对标的物占有的情形下,无所谓所有权保留制度是否登记,第三人皆无法获得标的物的所有权。

当然,在以下两种情形下例外,第三人可以获得标的物的所有权:

一是虽然买受人享有对标的物的占有,但出卖人在与第三人订立合同时于外观上享有对标的物的占有并转移占有于第三人,且所有权保留制度并未登记的,第三人可以获得标的物的所有权。无论因何原因,在订立合同时,第三人见到出卖人占有标的物,且出卖人享有标的物的所有权,在此情形下,除非证明第三人订立合同时主观上为恶意,否则法律推定第三人为善意,因为此时出卖人具有一切动产标的物的权利外观,外观是完全处分人。在第三人善意情形下,且第三人获得标的物的占有,符合了善意取得的构成要件,在所有权保留制度并未登记时,法律应优先保护第三人利益,使第三人获得标的物的所有权。

二是所有权保留虽然设立,但基于当事人的特殊约定,标的物的占有并未转移于买受人,且所有权保留并未登记的,第三人如符合善意取得的构成要件,应获得标的物的所有权。所有权保留设立的一般条件虽然需要标的物转移占有于买受人,但如果当事人之间有特别约定的,基于意思自治的私法精神,应予允许。此时,因买受人未取得对动产的占有,无法享有权利外观的保护,故在所有权保留未登记情形下,第三人有足够理由相信出卖人有完全的处分权,其可以依据善意取得而获得标的物的所有权。

两种例外情形皆为出卖人享有对标的物的占有,此时,之所以考虑所有权保留是否登记是因为买受人并未获得对标的物的占有,此为极为例外的情形,买受人支付了一定价款却无法占有标的物,其因未占有而无法享有动产的权利外观,为保护自身利益当然得通过其他公示方式予以证明,故需要以登记为标准来区分。而普通所有权保留因买受人享有对标的物的占有而具有权利外观,足以保护买受人利益,故无须登记再次予以强化。

(2)出卖人基于再卖权将标的物出卖给第三人。在此种情形下,出卖人是在行使《买卖合同解释》第37条第2款规定的法定权利,此为法律赋予的权利应予准许,第三人当然取得标的物的所有权。

2. 买受人将标的物处分于第三人。买受人虽然基于买卖合同享有对标的物的占有、使用、收益的权利,但并无处分权,故买受人将标的物处分于第三人为无权处分,如符合善意取得的构成要件则第三人取得标的物的所有权,出卖人向买受人主张赔偿损失;如第三人不符合善意取得构成要件,则第三人不能取得标的物的所有权,所有权仍然在出卖人手中,第三人可以向买受人主张赔偿损失。当然,所有权保留制度设立的立法宗旨即为出卖人剩余价款的获取进行担保,故在以下两种情形下第三人亦可取得标的物的所有权:第一,买受人征得出卖人同意将标的物处分于第三人。此时,为有权处分,第三人当然取得标的物的约定权利。在此种情形下,相当于买受人将对标的物的期待权让与给第三人,而根据《合同法》第 84 条的规定,买受人让与期待权的,应当事先取得作为债权人的出卖人之同意方具有效力,此时,买受人因取得出卖人同意而具有了授权,故让与成立,第三人取代了买受人在买卖合同中的地位。第二,第三人代为清偿买受人债务。所有权保留的设立目的即为担保出卖人价金的实现,当第三人代为清偿买受人债务时,所有权保留的设立价值即获实现,出卖人与买受人的买卖合同履行完毕,故出卖人无权干涉买受人与第三人之间的权利义务。

3. 第三人侵害标的物。第三人侵害标的物的方式可能为对标的物进行非法占有,亦可能为毁损标的物。无论何种侵害方式,出卖人基于所有权人、买受人基于占有人和所有权期待权人皆可以向第三人主张侵权之诉,要求其承担返还原物、赔偿损失等民事责任。当然,出卖人、买受人在行使权利时应告知另一方权利受损害的事实,以便另一方积极主张权利。

4. 标的物致第三人损害的。标的物以及标的物上的搁置物、悬挂物致第三人损害的,应由买受人承担损害赔偿责任。虽然《侵权责任法》第 85、86 条规定物件及搁置物、悬挂物致他人损害由所有人、管理人或使用人承担赔偿责任,但其适用范围为"建筑物、构筑物或者其他设施",范围局限于不动产。而所有权保留的适用范围为动产,该动产本身的毁损灭失风险、致他人损害所产生的风险皆应从标的物转移交付给买受人时起由买受人承担。

有学者主张标的物意外灭失的风险因所有权仍保留在出卖人手中故应由出卖人承担。[10] 笔者并不赞同该观点:

---

〔10〕 黄良友:《担保法教程》,对外经济贸易大学出版社 2008 年版,第 251 页。

第一，所有权转移与风险转移并无必然联系，两者适用不同规则。所有权转移，除当事人另有约定或法律另有规定外，动产一般以交付为标准，不动产一般以登记为标准。而风险的转移，根据《合同法》第 142 条的规定："标的物毁损、灭失的风险，在标的物交付之前由出卖人承担，交付之后由买受人承担，但法律另有规定或者当事人另有约定的除外。"即如无法律另有规定或当事人另有约定，则买卖合同的风险转移以交付为标准，交付前由出卖人承担，交付后由买受人承担。《合同法》第 142 条的买卖合同风险转移规则不仅适用于动产亦适用于不动产，为免传统观点将所有权与风险挂钩以此得出不动产风险转移以登记为准的规则，最高人民法院《关于审理商品房买卖合同纠纷案件适用法律若干问题的解释》第 11 条特意明确规定："对房屋的转移占有，视为房屋的交付使用，但当事人另有约定的除外。房屋毁损、灭失的风险，在交付使用前由出卖人承担，交付使用后由买受人承担；买受人接到出卖人的书面交房通知，无正当理由拒绝接收的，房屋毁损、灭失的风险自书面交房通知确定的交付使用之日起由买受人承担，但法律另有规定或者当事人另有约定的除外。"即在商品房买卖合同中，除当事人另有约定或法律另有规定外，房屋的风险转移以交付为标准，交付前由出卖人承担，交付后由买受人承担，此规则与《合同法》第 142 条的买卖合同风险转移规则一脉相承。而不动产的所有权转移，除法律另有规定外，以登记为准，当事人约定亦无效，可见，风险的转移与所有权的转移并无必然联系。

第二，关于所有权保留，并无特殊规则规定风险转移不适用《合同法》第 142 条的规定。《合同法》第 142 条的买卖合同风险转移的规则适用于整个买卖合同，当然适用于所有权保留方式的买卖合同，法律上并无所有权保留合同适用特殊规则的规定。相反，倒是出现过典型所有权保留买卖合同致他人损害而出卖人不承担民事责任的规定，如《最高人民法院关于购买人使用分期付款购买的车辆从事运输因交通事故造成他人财产损失保留车辆所有权的出卖方不应承担民事责任的批复》（法释〔2000〕38 号）规定："采取分期付款方式购车，出卖方在购买方付清全部车款前保留车辆所有权的，购买方以自己名义与他人订立货物运输合同并使用该车运输时，因交通事故造成他人财产损失的，出卖方不承担民事责任。"可见，在所有权保留的车辆买卖合同中，车辆致第三人损害的，出卖人不承担民事责任，即风险因转移占有而从出卖人身上转移出去，不能因为出卖人是所有权人而要求其承担民事责任。其实《侵权责任法》第六章

"机动车交通事故责任"的规定基本亦是"机动车使用人负责制",缘由即在于风险应由直接占有人(即使用人)承担,否则易造成权利不公。其实,国外基本亦如此规范,如《意大利民法典》第1523条规定,在保留所有权的分期付款买卖中,买受人自支付最后一期价金时起获得物的所有权,但风险自物交付时起转移。

笔者认为,所有权保留中,标的物自身的毁损灭失风险转移规则,当事人另有约定的应依当事人的约定,当事人无约定则应以交付为准,交付前由出卖人承担,交付后由买受人承担。所有权保留中,标的物致第三人损害的,亦应以交付为准,交付前由出卖人承担,交付后由买受人承担,当事人另有约定的不能以其内部约定对抗第三人,但可以作为出卖人与买受人之间内部分担责任的依据。

需要注意的是,因所有权保留的担保权益性质,故所有权保留消灭的原因主要有以下几种:一是买受人完成约定义务。当买受人完成了约定义务,则所有权保留的担保目的实现,则所有权完全转移于买受人,所有权保留消灭。二是买卖合同消灭。无论买卖合同因无效、被撤销或解除等何等缘由消灭,基于所有权保留的担保从属性,当主合同消灭时,从合同当然消灭。三是标的物被出卖人行使再卖权。即所有权保留的担保方式实现,则权利本身消灭。四是标的物权利被第三人依善意取得获得。此时,善意取得制度的适用阻断了出卖人的所有权保留的担保权利实行。五是标的物灭失且不存在代位物的。此时,担保标的物因自身灭失且无代位物,担保权利无法实现。六是出卖人放弃所有权保留条款。权利是可以放弃的,当出卖人放弃所有权保留条款,即意味着出卖人放弃了由所有权保留约款所约定的由出卖人享有的特殊权利,标的物所有权直接由买受人获得。七是出卖人直接放弃标的物所有权。当出卖人放弃标的物所有权时,并未直接表明将标的物所有权转移于买受人,此时,标的物成为无主物,基于物权法先占原则和占有制度,买受人即取得标的物所有权,所有权保留条款即丧失意义。

司法考试试题

一、选择题

1. 甲将其1辆汽车出卖给乙,约定价款30万元。乙先付了20万元,余款在6个月内分期支付。在分期付款期间,甲先将汽车交付给乙,但明确约定付清全款后甲才将汽车的所有权移转给乙。嗣后,甲又将该汽车以 20 万元的价格卖给不知情的丙,并以指示交付的方式完成交付。下列哪一表述是正确的?(2012 年)

A. 在乙分期付款期间,汽车已经交付给乙,乙即取得汽车的所有权

B. 在乙分期付款期间,汽车虽然已经交付给乙,但甲保留了汽车的所有权,故乙不能取得汽车的所有权

C. 丙对甲、乙之间的交易不知情,可以依据善意取得制度取得汽车所有权

D. 丙不能依甲的指示交付取得汽车所有权

【答案】 B

【解析】 本题主要考点在于所有权保留的买卖合同。《合同法》第 134 条规定,当事人可以在买卖合同中约定买受人未履行支付价款或者其他义务的,标的物的所有权属于出卖人。甲与乙之间的买卖为所有权保留买卖,既然当事人对于所有权的变动有着明确约定,那么车辆的所有权就不是随着交付移转,而是待买受人付清价款时方转移,所以本题中乙并未取得所有权,A 项错 B 项对。CD 项的考点在于所有权保留方式的买卖合同中,出卖人将标的物出卖于第三人,此时,分两种情形:第一,出卖人基于再卖权将标的物出卖于第三人。根据《买卖合同解释》第 37 条第 2 款规定,买受人在回赎期间内没有回赎标的物的,出卖人可以另行出卖标的物。显然,本题并不属于该种情形。第二,出卖人擅自将标的物出卖于第三人。此时,关于该处分行为的性质学说上存在争议,一种认为因标的物的所有权保留于出卖人手中,故出卖人将标的物出卖于第三人属于有权处分;一种认为因受所有权保留担保权利的限制,故出卖人将标的物出卖于第三人属于无权处分,笔者即持该观点。显然,本题的出题人持有权处分说,因为该题为单项选择题,如认同无权处分说,则 C 项正确,与单项选择规则不符。

在出题人将出卖人将标的物出卖于第三人性质认定为有权处分的情形下,C 项当然错误,因善意取得制度适用的前提为无权处分。既然甲将汽车卖给丙是有权处分,那么丙当然能依据有效的买卖合同和指示交付取得汽车的所有权,D 项亦错。

但笔者仍然坚持认为出卖人擅自将标的物出卖于第三人的性质为无权处分,法理依据在前面理论部分已然阐述,法律依据为《买卖合同解释》第 36 条第 2 款的规定:"在本解释第三十五条第一款第(三)项情形下,第三人依据物权法第一百零六条的规定已经善意取得标的物所有权或者其他物权,出卖人主张取回标的物的,人民法院不予支持。"而第 35 条第 1 款第 3 项的规定为"将标的物出卖、出质或者作出其他不当处分的",《物权法》第 106 条规定的是善意取得制度,可见,司法解释认为出卖人将标的物出卖、出质或者作出其他不当处分时,是有可能出现善意取得情形的,即司法解释认为出卖人擅自将标的物出卖、出质或者作出其他不当处分的,其性质应认定为无权处分。故笔者认为,C 项应为正确。

2. 甲于1972年将房屋出典给乙，典价5000元，典期20年。1992年典期届满，甲以5000元向乙回赎，乙主张甲必须以该房现价3万元回赎。依照有关法律规定，甲应按照哪一价款回赎典物？（2004年）

A. 5000元

B. 3万元

C. 1.25万元

D. 1.5万元

【答案】 A

【解析】 本题主要考点在于典权。典权是指承典人基于典权合同支付典价，对出典人的不动产进行占有、使用和收益的权利。典权的内容主要有用益权、转典权、出租权、退典权、留买权。典期届满后典物的处理方式主要有回赎、绝卖、找贴。回赎时，"房"不计租，"价"不计息，故典权人乙无权要求出典人甲以房屋现价支付3万元，甲只需按典价5000元支付即可。

需要注意的是，典权是我国传统民法上一直存在并广泛运用的制度，但现行《物权法》并未规定典权制度，基于物权法定原则，典权不能发生物权法上的效力。但有的学者在民法典草案建议稿里明确规定了典权、不动产典质。[11]

二、案例分析

2016年1月10日，自然人甲为创业需要，与自然人乙订立借款合同，约定甲向乙借款100万元，借款期限1年，借款当日交付。2016年1月12日，双方就甲自有的M商品房又订立了一份商品房买卖合同，其中约定：如甲按期偿还对乙的100万元借款，则本合同不履行；如甲到期未能偿还对乙的借款，则该借款变成购房款，甲应向乙转移该房屋所有权；合同订立后，该房屋仍由甲占有使用。2016年1月15日，甲用该笔借款设立了S个人独资企业。为扩大经营规模，S企业向丙借款200万元，借款期限1年，丁为此提供保证担保，未约定保证方式；戊以一辆高级轿车为质押并交付，但后经戊要求，丙让戊取回使用，戊又私自将该车以市价卖给不知情的己，并办理了过户登记。2016年2月10日，甲因资金需求，瞒着乙将M房屋出卖给了庚，并告知庚其已与乙订立房屋买卖合同一事。2016年3月10日，庚支付了全部房款并办理完变更登记，但因庚自3月12日出国访学，为期4个月，双方约定庚回国后交付房屋。2016年3月15日，甲未经庚同意将M房屋出租给知悉其卖房给庚一事的辛，租期2个月，月租金5000元。2016年5月16日，甲从辛处收回房屋的当日，因雷电引发火灾，房屋严重毁损。根据甲卖房前与某保险公司订立的保险合同（甲为被保险人），某保险公司应支付房屋火灾保险金5万元。2016年7月13日，庚回国，甲将房屋交付给了庚。2017年1月16日，

〔11〕 徐国栋主编：《绿色民法典草案》，社会科学文献出版社2004年版，第394～396页。

甲未能按期偿还对乙的100万元借款，S企业也未能按期偿还对丙的200万元借款，现乙和丙均向甲催要。

请回答下列问题：

1. 就甲对乙的100万元借款，如乙未起诉甲履行借款合同，而是起诉甲履行买卖合同，应如何处理？请给出理由。

2. 就S企业对丙的200万元借款，甲、丁、戊各应承担何种责任？为什么？

3. 甲、庚的房屋买卖合同是否有效？庚是否已取得房屋所有权？为什么？

4. 谁有权收取M房屋2个月的租金？为什么？

5. 谁应承担M房屋火灾损失？为什么？

6. 谁有权享有M房屋火灾损失的保险金请求权？为什么？

【解析】

1. 答案一：本案应按照民间借贷法律关系作出认定和处理。理由是：根据《民间借贷司法解释》第24条的规定，当事人以签订买卖合同作为民间借贷合同的担保，借款到期后借款人不能还款，出借人请求履行买卖合同的，人民法院应当按照民间借贷法律关系审理，并向当事人释明变更诉讼请求；当事人拒绝变更的，人民法院裁定驳回起诉。根据按照民间借贷法律关系审理作出的判决生效后，借款人不履行生效判决确定的金钱债务，出借人可以申请拍卖买卖合同标的物，以偿还债务；就拍卖所得的价款与应偿还借款本息之间的差额，借款人或者出借人有权主张返还或补偿。

该答案主要从《民间借贷司法解释》第24条的规定出发，但关于第24条的性质如何界定，目前仍未定论。其应为让与担保的特征与主要适用情形，但最高人民法院在该条第1款中给出的处理态度是按民间借贷审理，而第2款中给出的处理结果为“出借人可以申请拍卖买卖合同标的物，以偿还债务”，此时，最高人民法院的态度不清，既承认了债权人可以对买卖合同标的物（事实上为担保物）主张权利——申请拍卖以偿债务，但在立法上却不肯明确此时债权人对该标的物是否具有优先受偿权。该立法在一定程度上承认了债权人的权利，但因未明确优先受偿性，即因未明确担保性质，债权人在与债务人其他债权人冲突时处于较为被动的地位，易造成因不同法官对该条理解差异而致同案不同判。

答案二：应当按照抵押合同处理。根据《民法总则》第146条第1款“行为人与相对人以虚假的意思表示实施的民事法律行为无效”的规定，认定买卖合同无效；进而根据《民法总则》第146条第2款“以虚假的意思表示隐藏的民事法律行为的效力，按照有关法律规定处理”的规定，认定隐藏的行为为抵押合同，应当按照抵押合同处理。

无论是从《民间借贷司法解释》出发还是从《民法总则》虚假意思表示出发，在分析理由时，应把握的关键点在于：名为买卖，实为担保。

2. 甲仅于S企业财产不足以清偿债务时以个人其他财产予以清偿；根据《个人独资

企业法》第31条的规定,“个人独资企业财产不足以清偿债务的,投资人应当以其个人的其他财产予以清偿”。丁应承担连带保证责任;根据《担保法》第19条的规定,未约定保证责任形式的按照连带责任保证承担责任。戊不承担责任,其质权因丧失占有而消灭。

笔者认为,戊应当承担质押责任,丙之质权仍然存在,只是因丧失占有而无对抗效力。关于质权人丧失占有后质权是否存在,学理上存在争议,但根据现行法的规定,笔者认为,质权人将质物返还给出质人的,其质权仍然存在,只是不得对抗善意第三人。担保物权中,质权与留置权的成立皆须占有标的物,但《物权法》第240条明文规定:“留置权人对留置财产丧失占有或者留置权人接受债务人另行提供担保的,留置权消灭。”而《物权法》第212条只规定了动产质权的成立条件为:“质权自出质人交付质押财产时设立。”关于动产质权的消灭原因并未在立法上明确规定丧失占有质权消灭。通过《物权法》第240条的规定可以窥见,立法者意识到担保物权人可能在占有标的物后丧失占有的情形,但其只在留置权里明确丧失占有的法律后果而未在动产质权里规定,可以推论出动产质权人将质物返还给出质人时并不会产生消灭质权的法律后果,而《物权法》第212条关于动产质权的设立只规定了交付即成立,并未要求成立后必须一直保持占有状态质权方能存续,故认为质权人因返还质物而丧失质权的观点在现行法上并无依据。

当然,在本题中,因质物返还后出质人又将质物出卖于不知情的己,质权人丙因无法对抗善意第三人己而事实上无法实现质押权,但实现与否并不影响该实体权利的本身存在,如同诉讼时效经过后的债务人行使了抗辩权,债权人无法实现债权但债权仍客观存在。

3. 合同有效,庚知情并不影响合同效力。庚已取得所有权,甲系有权处分,庚因登记取得所有权。

4. 甲有权收取。甲为有权占有,租赁合同有效,甲可收取房屋法定孳息。

5. 应由甲承担。根据《合同法》第142条的规定,除非当事人另有约定,标的物风险自交付时起转移。

6. 庚享有请求权。根据《保险法》第49条第1款的规定,保险标的转让的,保险标的的受让人承继被保险人的权利和义务。

思考题

1. 让与担保的特征有哪些?
2. 让与担保财产权利转移的公示规则有哪些?
3. 所有权保留的性质是什么?为什么?

4. 所有权保留中，出卖人的取回权适用情形与例外规则有哪些？

5. 所有权保留中，风险转移规则如何确定？

阅读文献

1. 车辉、李敏：《担保法律制度新问题研究》，法律出版社 2005 年版。

2. 叶金强：《担保法原理》，科学出版社 2002 年版。

3. 张俊岩：《担保法典型案例》，中国人民大学出版社 2003 年版。

4. 郭明瑞、房绍坤、张平华：《担保法》，中国人民大学出版社 2008 年版。

5. 白非主编：《担保法》，浙江大学出版社 2004 年版。

6. 朱泉鹰、林建伟：《担保法》，厦门大学出版社 2007 年版。

图书在版编目(CIP)数据

担保法实训教程 / 赵林青主编. -- 北京 : 法律出版社, 2018
ISBN 978-7-5197-1718-6

Ⅰ. ①担… Ⅱ. ①赵… Ⅲ. ①担保法-中国-教材 Ⅳ. ①D923.2

中国版本图书馆 CIP 数据核字(2017)第300694号

担保法实训教程
DANBAOFA SHIXUN JIAOCHENG

赵林青 主编

责任编辑 陈 慧
装帧设计 凌点工作室

出版 法律出版社
总发行 中国法律图书有限公司
经销 新华书店
印刷 三河市龙大印装有限公司
责任校对 杨锦华
责任印制 沙 磊

编辑统筹 法律教育出版分社
开本 720毫米×960毫米 1/16
印张 14.25
字数 230千
版本 2018年1月第1版
印次 2018年1月第1次印刷

法律出版社/北京市丰台区莲花池西里7号(100073)
网址/www.lawpress.com.cn
投稿邮箱/info@lawpress.com.cn
举报维权邮箱/jbwq@lawpress.com.cn
销售热线/010-63939792
咨询电话/010-63939796

中国法律图书有限公司/北京市丰台区莲花池西里7号(100073)
全国各地中法图分、子公司销售电话:
统一销售客服/400-660-6393
第一法律书店/010-63939781/9782
西安分公司/029-85330678
重庆分公司/023-67453036
上海分公司/021-62071639/1636
深圳分公司/0755-83072995

书号:ISBN 978-7-5197-1718-6
定价:29.00元